講談社選書メチエ
631

大東亜共栄圏

帝国日本の南方体験

河西晃祐

MÉTIER

目次

はじめに

ビルマへビルマへ、日本の戦車が、千古《せんこ》斧鉞《ふえつ》のジャングルを越えて、イギリスに、いじめられてゐたビルマを救ふため、ごうごうと進撃して来ました。

こんなジャングルは、まさか、越えられまいと、安心してゐたのに、堂々と、進撃して来た日本戦車隊を見て、胆《きも》を潰したのは、イギリス兵でした。

胆をつぶしながら、屁っぴり腰で、イギリス兵は日本の戦車めがけて撃って来ました。

（中略）

「ピシリ」その時でした。先頭の村田伍長の戦車は、機関部に弾をうけ、擱座《かくざ》してしまったのです。

友軍を先に行かせて修理中だった村田伍長と

紙芝居『ビルマ少年と戦車』より（作・山本和夫，画・木俣清，大日本画劇株式会社，1944年）

大森上等兵の戦車に迫るイギリス軍の魔の手。そのことを二人に知らせたのは一人のビルマ少年であった。

「私のお父さんはビルマ独立義勇軍の小隊長だったので、三日前の夜、憎いイギリス兵にだましうちにあったのです」。「さうか、そいつは気の毒だ。俺が仇をとってやらう」と意気投合した村田伍長は、「少年を戦車の中に入れて、イギリス兵の来るのを、今か、今かと、待ち構えました」。少年のおかげで一度はイギリス軍を撃退した二人に、今度は迫り来るイギリス軍の大軍団。その危機を救ったのはまたもや、同じビルマ人少年。今度は水牛にまたがったビルマ義勇軍を引きつれ、馳せ参じました。水牛に牽引してもらってエンジンの再起動に成功した日本軍戦車と、ビルマ義勇兵は一致団結してイギリス兵に逆襲。見事撃退に成功しました。

明るい大東亜共栄圏

これは一九四四年三月に発行された紙芝居『ビルマ少年と戦車』のストーリーである。一九四四年三月から七月にかけて行われた、インパール作戦と呼応するかのように発刊された紙芝居には、ビルマ人少年と日本軍が助け合う「明るい」大東亜共栄圏の姿があふれていた。

「昭和十七年中の全国の紙芝居刊行種類が三百種、一部平均二〇〇〇部として六十万部。一作品が仮に千人に見せられたとするとこの延人員六億」人とされたように(砥上峰次『紙芝居実演講座』慶文堂書店、一九四四年)、大きな影響力を持った紙芝居は、児童に対して東南アジア各地の地名や民族習俗といった情報をもたらした。例えば『ビルマ少年と戦車』に描かれたのは、水牛にまたがって槍を構える裸足のビルマ兵や、笠をかぶりロンジーという腰布をまとった民衆の姿である。

一九七〇年代から始まった大東亜共栄圏の研究は、経済史分野を中心として政治外交史分野からも進められてきた。[1] その後は東南アジア史の立場からの研究が始まり、[2] 二〇〇〇年代からは文化政策や人々の体験に焦点を当てた研究も進められつつある。[3] だが大東亜共栄圏の広大さを考えれば、研究の切り口はまだまだ無数に存在するのではないか。

初めての「国際化」体験

近代日本において最初に東南アジアを訪問した総理大臣は誰だったのだろう？　そしてそれはいつのことだったのか？

多くの読者はそれを戦後のことだと思うかもしれない。だがその人物は東條英機であり、それは大東亜共栄圏が存在していた一九四三年のことであった。東條の東南アジア訪問は、格好の題材として『写真週報』や『アサヒグラフ』といったメディアに取り上げられた。日本国民の多くが東南アジアのリーダーらの姿を目にしたのも、この時のことであった可能性も高い。

大東亜共栄圏によってはじめて東南アジアを体験したのは東條のみではなかった。その構想は二〇〇万人ともいわれる日本人を将や兵、軍属として東南アジア各地に送り込んだ。そのような体験を伝える史料を残したのは徴用作家と呼ばれた人々である。

マレーに神保光太郎、海音寺潮五郎、井伏鱒二、ジャワには大宅壮一、北原武夫、浅野晃、武田麟太郎、阿部知二、フィリピンに今日出海、石坂洋次郎、尾崎士郎、ビルマには高見順、清水幾太郎らが送り込まれた。このような自然主義リアリストから旧人民文庫主宰者、転向左翼から国粋主義者まで、ありとあらゆる思想背景を持った人材は、広域軍政における宣伝宣撫《せんぶ》工作の担い手として徴用されたのである。

それは多くの作家らにとって初めての東南アジア体験であった。彼らはその職務として、あるいはそれを超えた好奇心に駆られてさまざまな体験記や小説を発表し、自己の体験を日本国内にフィードバックした。「その記載内容は本当か否か」という考証を目的とする歴史学では軽視されてきたが、職業文化人らが残した記録は、多くの一般兵士の体験を代弁する史料となりえる。

大東亜共栄圏において初めて東南アジアに渡ったのは文学者だけではなかった。ジャワ島を占領した日本陸軍第一六軍の宣伝班には、漫画「フクチャン」の作者、横山隆一が派遣され、その他の多くの画家も南方全域に派遣された。たとえば現在では平穏な農村を描いた画家として知られている向井潤吉や、戦後は裸体画で有名となる宮本三郎も、大東亜共栄圏を経験して多くの作品を残している。この点もともすれば戦争責任論との関わりばかりが問われてきたが、それだけが研究の切り口でよかったのだろうか。

二〇一三年度のデータによれば、日本人海外旅行者数は一七四七万人にのぼる。だがそのうち一年以上の長期滞在者の帰国人数はわずか一四万七〇〇〇人余りにすぎない。それに比べて、大東亜共栄圏は、それまで縁もゆかりも、関心すらなかったであろう二〇〇万人を超える日本人に、少なくとも一年以上の東南アジアを体験させた。

なお実際に派遣された人数が定かではないのは、民間人や軍属だけではなく、各連隊、師団ごとの移動、人的損失と補塡の比率といった基本データが確定していないためである。たとえばニューギニアにおいてアメリカ軍と戦った第三六師団（青森・岩手・山形出身兵中心）は、一九三九年二月に編成されて中国大陸を転戦した後に、補充兵員を洋上編成したものであった。マッカーサー率いる米軍部隊との消耗戦を強いられた同師団は、四四年六月に師団単位での攻勢をとることはできなくなり、生き残った兵士らはニューギニアにとどまり続けたが、その人数を把握することは容易ではない。

滞在人数と共に滞在期間を把握することも困難である。徴用期間から考えるともっとも短かったと考えられる徴用作家らでも一年前後の長期滞在者であった。負傷した者を除けば、それより短かった将兵や軍属はいなかったであろう。では最長滞在期間はいかほどか。宮城・福島・新潟出身者によって編成された第二師団は、四二年三月にジャワ島攻略戦に従事した。同師団はその後ガダルカナル島戦に投入されて壊滅したが、敗北の事実を隠すためか、内地へ還送されることなくフィリピンでの人員補充後にビルマに送られ、インパール作戦の後備を任された。その後は仏印において明号《めいごう》作戦に従事し、終戦をサイゴンで迎えている。全歩兵連隊長が戦死したほどの激戦を経験した同師団の場合、連隊単位での生存者数も明確ではない。だが同師団には太平洋戦争末期までを東南アジアで過ごした兵士もいた可能性がある。

すでに拙著『帝国日本の拡張と崩壊――「大東亜共栄圏」への歴史的展開』(法政大学出版局、二〇一二年)で紹介した引用であるが、文部省民族研究所員であった小山栄三は、一九四四年当時に大東亜共栄圏体験について次のように述べていた。

満洲事変以前までの日本人は殆んど異質民族に対する認識を持たなかった。単に上流階級又は学者の一部が洋行の名の下に異質民族に接したのであるが――それらの多くはホテルの窓と自動車の窓から異質民族を眺めてゐたに過ぎなかった――然るに現在では幾百万の日本人が兵として上の階級から下の階級まで血を流しながら異質民族を体験してゐるのである。[4]

大東亜共栄圏期とは、この通りに「幾百万の日本人が兵として上の階級から下の階級まで血を流しながら異質民族を体験」した特異な時代であった。たかだか三年半余りしか存在しなかったことは、結果論に過ぎない。

大東亜共栄圏は二〇〇万人を優に超える日本人に東南アジアでの生活を強いて、さらに数千万人に及ぶ東南アジアの人々に、初めて「日本人」と「日本文化」を目撃させた、帝国日本の途方もない到達点であった。

広大な非戦闘空間

このように、大東亜共栄圏を異文化体験の場としてとらえるためには、大東亜共栄圏には広大な「非戦闘空間」が存在していたことを認識する必要がある。筆者を含めた戦後世代は、戦争と戦闘行為を混同してしまう傾向が強い。だが南方に渡った戦前・戦中世代に属する元兵士の方々への聞き取り調査から浮かび上がってくるのは、大東亜共栄圏における生活者としての日常である。

無論、この点は苛烈な戦闘行為を体験した方々との生存率の差とも関わることは重々承知しているが、実際に地域別にみていくとしても、ジャワ島、スマトラ島などでは一九四二年の三ヵ月余りの時期を除けば、その後に大規模な戦闘は行われなかった。東南アジア大陸部に目を向ければ、日本の同盟国であったタイ王国領はもとより、現在のベトナム、ラオス、カンボディアにあたる仏領インドシナ（仏印）でも、対日協力を明確にしたヴィシー政権のもとに進駐した日本軍は、一九四五年三月から五月にかけての明号作戦期を除けば、大規模な軍事作戦は展開しなかった。マレー、シンガポールにおいても、一九四一年一二月八日のマレー半島上陸から、四二年二月のシンガポール陥落までの時期を除くと、それ以降はマラヤ共産党との局地的な戦闘を除けば、大規模な戦闘はなかった。大陸部において最も激しい戦闘空間となったビルマにしても一九四二年五月から四四年四月までは非戦闘空間が存在していたのである。

このようにみてくると、大東亜共栄圏において継続的に戦闘空間が存在し続けていたのは、一九四二年三月の日本軍の上陸以降も戦闘が継続したまま、同年一二月からアメリカ軍の攻勢を受けたニューギニアと、四二年五月の制圧後もアメリカ軍の支援を受けたゲリラ部隊との戦闘が継続し、さらに四四年以降に民間人をも巻き込んだ熾烈な戦場と化したフィリピンということになる。

無論、非戦闘空間というだけであり、そこで行われていた宗教行為への介入といった、構造的暴力については本書第三章でも考察していく。だが戦闘と戦争を区別しなくては、本書で取り上げていく井伏鱒二のように、シンガポールにおける日常生活だけを描いた作家らの価値が見えてこない。

複層的な接触領域

本書で扱う南方体験とは、徴用作家や将兵らの現地生活の場面にとどまるものではない。東南アジアの多様な主体と向き合い、その「異質性」にとまどったのは、彼らと独立をめぐる外交交渉を重ねた軍政幹部や外交官らも同様であった。帝国日本がやってくる以前からオランダ、フランス、イギリス、スペイン、アメリカといった諸帝国との交渉や闘争を経験していた東南アジアの政治主体らは、決して日本の指導下に甘んじる相手ではなかった。

いささか批判めいたことを述べるのであれば、日本が解放してやったという「解放戦争史観」ではその意味を問うことはできない。だが一方で、それへの批判として多くの研究者が依っている、大東亜共栄圏を日本の植民地支配の一形態にすぎないと考える「植民地支配延長論」もまた、大同小異の過ちを犯しているといわざるをえない。第四章でみていくように、朝鮮半島と台湾島の民族運動を刺激するリスクを抱えながらも、ビルマとフィリピンに独立を許さなくてはならなかった意味は、植民地支配延長論からでは十分に把握することができない。植民地支配延長論も、大東亜共栄圏を批判するつもりでありながら、逆に日本の指導力なるものを過大に評価してしまっているのである。

本書の構成

本書は次のような章構成をとっている。第一章「大東亜共栄圏構想の誕生」では、大東亜共栄圏構想が発表された背景を検証する。大東亜共栄圏構想は一九四〇年八月一日に外務大臣松岡洋右《ようすけ》によって公表された。大東亜構想を発表した当事者らは、対米開戦を考えていたわけでもなく、ましてや東南アジア全域の軍事占領を想定していたわけではなかった。本書で最初に検証していくのは、公表当初の大東亜共栄圏構想が何を意図したものだったのか、という点である。

第二章「大東亜共栄圏構想と対米開戦」では、一九四一年一二月の対英米戦争開戦が選択されるまでの状況を描いていく。大東亜共栄圏に「戦後国際秩序」の姿を託した松岡外交の破綻は、大東亜共栄圏構想に何をもたらしたのか。そしてなぜ「国力が劣る」ことを十分に認識していた政策決定者らが対米開戦を選択したのか。また大東亜共栄圏を表徴する用語として考えられている「八紘一宇《はっこういちう》」は、本来は大東亜共栄圏とは関係のない用語に過ぎなかった。ではその両者が結びついていったのは何故だったのか。第二章ではこのような内容を論じていきたい。

第三章「異文化体験の空間」では、南方統治を推し進めた軍政部の政策方針をおさえたうえで、井伏鱒二や堺誠一郎、武田麟太郎や北原武夫といった大東亜共栄圏を体験した徴用作家らの作品を取り上げていきたい。とかく言論統制や出版規制といったイメージが先行するが、太平洋戦争初期の軍部は、前線の様子を描いた作品を積極的に出版させていた。井伏や武田らは何を見て、何を描いたのか。そして何を描けなかったのか。そこからは解放か支配か、という二項対立的な図式ではとらえきれない、大東亜共栄圏下の南方体験の意義が表れてくるはずである。

第四章「「アジア解放」をめぐる異文化交渉」においては、東條首相の東南アジア訪問や、ビルマとフィリピンへの独立許与、大東亜会議が開催された一九四三年以降を取り上げていく。ともすれば日本の「指導性」ばかりがクローズアップされてきたが、一次史料からは、日本に協力しながらも、大東亜共栄圏の建前を武器に自己の要求を呑ませようとした東南アジアの政治主体らの姿が見えてくる。また一九四三年からはフィリピン、スマトラ、ジャワ、ビルマから二〇〇名を超す学生が来日した。彼ら南方特別留学生と内地の市井の日本人らは交流を深め、中には恋文を交わす者もあらわれてくる。これもまた無視することはできない大東亜共栄圏の一側面であったといえよう。

なお本書では、引用文中において適宜旧字体を新字体に改め、カタカナ表記は平仮名に直し拗促音も小さくしている。引用文中の「欧洲」「濠洲」「満洲」についても「州」に統一した。また引用文中の現在では差別的な用語とされる地名などについても、その当時の政治性を問う意味もあるのでそのまま記載した。

第一章

大東亜共栄圏構想の誕生

一　ドイツ勝利への危機感

われわれの視野の狭さ

大東亜共栄圏建設の「目的」は何だったのだろう？　日米戦争のための建前、資源獲得のためのスローガン、あるいはアジアを植民地支配から解放することなど、研究者に尋ねたとしてもその答えは様々なものになるだろう。今までの大東亜共栄圏をめぐる議論において見落とされてきたのは、その目的自体が短期間に変化しつづけていったという事実である。

大東亜共栄圏構想が初めて公表された一九四〇年八月という時期が、現在よりはるかに先の読めない時代であったことを否定できる人は少ないだろう。現在の我々が一〇年後の世界を正確に予測できているわけではないように、政策決定に関わっていた当事者らは、後世を知ってしまっているわれわれが容易には把握できないような多様な情勢の変化を想定し、自らの判断を細かく修正していった。

われわれは日本がアメリカに戦争を仕掛けて敗北したという、その後の歴史を知ってしまっているために、ともするとこの時代を「より大きな物語」である太平洋戦争に引きつけてとらえてしまう。だが本書を執筆している二〇一六年で考えてみたい。もし今から数年後に日本のあり方を変えるような大事件が発生したとすれば、後世からみれば、我々はその「大事件の前史」を生きているようにみえるかもしれない。だが地域差はあるだろうが、現在の多くの人々が生きているのは、未曾有の大災害となった二〇一一年三月一一日以降の時間であり、あるいは戦後七一年目という時代にすぎない。

一九四〇年当時の人々も、太平洋戦争への過程を生きていたのではなく、眼前のより大きな事件の最中を生きていた。まずはこの四〇年八月という時代を考えるために、少し時間をさかのぼった三九年九月から世界を一次史料を用いて再現してみたい。

一九三九年九月という世界

一九三七年七月の盧溝橋事件から始まった日中戦争は、戦火が上海、南京、徐州へと拡大する中でも日中共に宣戦布告を行なわないままの長期戦となっていった。一方、ヨーロッパでは、一九三三年一月に首相に任命されたヒトラーは、三四年八月には総統に就任して政権を掌握した。[1] そして三五年からは再軍備に着手し、三六年三月には突如ラインラント進駐を行った。そして三八年三月にはオーストリアを併合したが、それに対してイギリスは、ドイツとの衝突を回避する融和政策をとりつづけた。同年九月にはズデーテン地方領有後、イギリス、フランス、イタリア、ドイツの首脳らが集ったミュンヘン会談が行われ、領土的要求はこれで最後にするというヒトラーを信じたイギリス首相ネヴィル・チェンバレンによって融和政策は継続された。だがその後もヒトラーは領土拡大政策を取り続け、三九年三月にはチェコスロバキア解体へと進むことになる。

このようなヨーロッパ情勢の中で、在欧各国の日本人外交官らは必死になって情報を集め、本国の外務省に電報を打ち続けていた。まずはそれらを手掛かりにして一九三九年八月から九月の欧州情勢認識の変化をみていきたい。

まず対外認識面での大きな変化が生じたのは、チェコスロバキア解体後の三月三一日に、ドイツからのポーランド攻撃への予防策として、イギリス、フランス、ポーランド間の相互防衛協定が発表されたことであった。それまでのイギリス政府の融和的姿勢は、国内の戦争動員体制が整っていないためだと認識していた駐英大使重光葵《まもる》らにとっても、この協定は「英国外交政策の画期的転換」だとみなされた。[2]だがその時点でも戦争勃発の危険性が察知されていたわけではなかった。たとえば三九年八月上旬の時点で注目されていたのは、ドイツを封じ込めるための「英仏蘇交渉」の行方であった。[3]

外交官らが外務省に送付していた情報を分析する限り、戦争勃発の危険性が認識されていったのは、同交渉が停滞しつつあることが明白となった八月二〇日以降のことである。八月二二日にロンドンから重光葵大使が本省に送付した情報では、大使館一等書記官であった加瀬俊一《としかず》が英国「外務省中欧部係官」から得た情報として、「情勢は険悪にして戦争誘発の危機を多分に包蔵す」るという認識を伝え、[4]ほぼ同時期には在オランダ公使石射《いしい》猪《い》太《た》郎《ろう》からも、オランダ外務省政務局長から得た情報として「「ダンチヒ」の事態は何等かの切掛《きっかけ》あらは直に戦争となる惧《おそれ》あり」という情報がもたらされた。[5]

そのような情勢判断を確たるものにしていったのは、広く知られているように八月二三日の独ソ不可侵条約の締結である。当初はポーランド分割協定の存在は秘匿されており、ソ連の意図が正確に把握されていたわけではなかったが、この時以降の各国での軍事動員開始という情報は、戦争の勃発は避けがたいという確証を生じさせていった。

ではそのような欧州戦争勃発間近という情勢判断は、日本外交にとってどのような意味を持つとされていたのだろうか。八月二五日、外務省欧亜局第二課は「帝国外交施策要領〔綱〕私案」という文書を作成した。「独蘇不可侵条約の締結により独逸の波蘭《ポーランド》侵入の態勢整ひたる」状況下で、「欧州に於ける独伊対英仏の対立関係は愈々《いよいよ》激化の徴あり　仮令《たとえ》今直ちに戦争勃発せさる迄も　欧州の不安なる情勢は容易に解消するに至らさるへき形勢なり」と、開戦の可能性も明記されていた同試案では、日本の外交への影響について次のように述べられていた。[6]

右欧州の逼迫せる情勢に基き　帝国は極東に於て「フリーハンド」を有するに至り　帝国は支那事変処理、東亜新秩序の建設に独往邁進《どくおうまいしん》するの好機を得たるものと言ふへし

ここには当事者らにとっての来るべき欧州戦争の意味が明確に表れていた。想定されていた欧州戦争の勃発は「好機」と捉えられていたのである。ではそれはなぜだったのか。そしてそのような認識が生まれた、「当事者の生きていた世界」とはどのようなものだったのか。

九月一日のドイツ軍のポーランド侵攻、三日の英仏両国の対独参戦をうけて日本政府がまず行ったことは、欧州情勢に対する「不介入声明」の通告であった。これは一面では情勢が読めない中での、消極的な選択だったようにもみえる。だが政府は実際には積極的にこの情勢を利用しようと考えていた。九月五日、外務次官澤田廉三は、イギリス、フランス、アメリカ、ドイツ、イタリア、ポーランド駐日大使らを招いて、九月四日に日本政府が発表した不介入声明を通告し、「帝国政府は列国の支那事変に対する態度乃至《ないし》動向に付　重大なる関心を有する次第を申入れ　且支那に於て交戦国との間に不慮の事端を誘発するの虞《おそれ》ある原因を除去することに付　交戦国の深甚《しんじん》なる考慮を促し」た。[7]

この通告からは、先に述べた日本の外交当事者らが生きていた世界の姿が明らかとなる。彼らにとっての一九三九年九月とは、ドイツと手を組む前段階ではなく、ましてや二年後の対米開戦の序章でもなかった。一九三七年七月の盧溝橋事件以降、三八年一〇月の武漢三鎮の占領によっても終わりのみえなかった日中戦争の最中であることがすべてであったのである。

そして、先述の外務次官通告にあった「支那に於て交戦国との間に不慮の事端を誘発するの虞《おそれ》ある

原因を除去する」ために行われたのが、欧米各国の中国駐留部隊への撤退要請であった。[8] これは文面通りに、中国大陸でのドイツ軍とフランス・イギリス軍との軍事衝突を避けるという意味合いもあったが、それ以上に租界からの各国軍部隊の撤去を主眼としたものであった。実際にも九月八日には広東総領事であった岡崎勝男が「英仏領事を招致し御訓令の趣旨を申入れ」、さらには「海軍側も当方申入に呼応し、略々《ほぼ》同時刻に英艦長に対し　撤退するか又は自発的に武装を解除することを友誼的《ゆうぎてき》に勧告せり」と、広東に停泊中であった英国海軍軍艦に対する撤退勧告がなされたと、外務省本省に伝えていることも確認できる。[9] このように日本の政策主体らは、日中戦争を有利に進めるための好機として欧州戦争の勃発を利用したのであった。

漂う解放感

この時に想定されていた具体策は多岐にわたるが、注目すべきは「租界に関しては戦争遂行上（治安の維持、軍隊の生存及戦争自給圏の確保等）の見地より要すれば封鎖、直接手入等所要の措置を講し又真に已むを得さる場合軍事占領をも行ふことあり」と、日中戦争遂行を名目とした租界の接収までもが検討されていたことであった。[10] 先の中国駐留部隊への撤退要請はそのための施策でもあったのだが、香港ルートの存在などを鑑みても、租界を通じた物資の流入を断つことができれば、日本にとってのベネフィットは大きかった。

だがこのような点のみが解放感の源ではなかった可能性も存在した。たとえば外務省欧亜局の作成した「帝国外交施策要領〔綱〕私案」を受けて同省情報部第一課の事務官が提出した意見書においては、従来の外務省内部の親英派と親独派の対立そのものが無益となったという見通しが述べられていたが、これはどういうことなのだろうか。[11]

広く知られているように、独ソ不可侵条約の締結を受け、平沼騏一郎首相は「本月二十三日莫斯科《モスクワ》に於て正式調印を了せる独蘇不可侵条約は　防共協定の精神に背馳《はいち》し　複雑怪奇なる情勢を顕現せり　因て従来の方針を改め　別に対欧政策を樹立して　更始一新の体制に出てさるへからす」として退陣した。[12] これはかつての研究では、日本の指導者らが国際情勢を判断する力を失い、自主的な外交政策を立てられなくなったことの証であると理解されたこともあったが、[13] 実際にはそうではなかった。日独伊防共協定強化を進めてきた内閣の退陣によって、外務省内部では親独路線か親英路線か、あるいは「防共」政策か「容共」政策かという既存の外交方針そのものが、いわばリセットされたと肯定的にとらえはじめていたのである。八月二五日の「帝国外交施策要領〔綱〕私案」を欧亜局がまとめなおした「帝国対欧外交基本方針案」にも、そのことが次のように明示されている。

帝国は右の如き欧州の逼迫せる情勢下に於て独蘇不可侵条約の締結を転機とし　不取敢《とりあえず》従来の日独伊防共協定強化交渉の全般的取止を決定せるか　此の際右政策変更に順応し対欧政策の速かなる再検討、再建立を緊要とす　而して対欧政策の再検討は今や情勢の変化により帝国か極東に於て全然自主的に世界の変局に対処し得るに至れること及右は帝国か支那事変処理及東亜新秩序の建設に独往邁進するの絶好の機会たることに出発せさるへからす[14]〔傍点は引用者、以下同じ〕

欧州戦争に対してあいまいな態度をとることで、両陣営からの協力要請を引き出せる可能性があった日本は、それによって各国の対中支援を停止させ、日中戦争を「処理」する「絶好の機会」を手に入れており、これこそが解放感の背景だったといえよう。だがその解放感は長くは続かなかった。そしてそのことが大東亜共栄圏の対外公表へとつながっていくのである。

急転する欧州戦線

それではそのような楽観的な解放感はいつまで続いたのだろうか。従来の研究では一九四〇年四月から開始されたドイツ軍の西部方面への快進撃は、日本国内に「バスに乗り遅れるな」という「好機便乗」意識を生んだとされてきた。もしそうであれば、欧州戦争当初の楽観的見解は継続していたどころか、さらに浮わついたものになったはずである。

だが本当にそうだったのか。これからみていくように、実際に当事者らが残した一次史料から浮かびあがってくるのは、一九四〇年六月のフランスの降伏以降の「ドイツ勝利」への警戒感、より具体的にはフランスとオランダという植民地宗主国を占領したドイツが開催するであろう「講和会議」への危機感であった。その危機感はどのように醸成されていったのか。そしてなぜそれが松岡による大東亜共栄圏構想の公表と関連していったのか、ここからその点をみていくことにしたい。

一九三九年九月一日にポーランドへの電撃作戦を開始したドイツ軍は一ヵ月余りで同国を席捲し、独ソ不可侵条約の秘密協定に従ってソ連との分割占領をおこなった。しかしながらその後、半年余りの間、大規模な地上戦は起こらなかった。重光葵が「双方の争闘は其の結果に付見透し付け難く　平和提唱の如きも容易に期待を掛け得さる状況なり」という見通しを本省に送ったのが四〇年三月一六日のことだったように[15]、四〇年三月末ごろまではドイツと英仏のどちらが勝利を収めるかを見通すことはできなかった。

そのような情勢が大きく動いたのは、一九四〇年四月にドイツがデンマークとノルウェーに侵攻し、五月にベルギー、オランダ、ルクセンブルクを占領してフランスへの攻勢をかけて以降である。ドイツ軍はマジノ要塞を迂回してフランス国境を突破し、四〇年六月一四日にパリ入城を果たした。

それではこのような情勢の急転に対して、日本の政策主体らはどのような対応を取ろうとしたのだろうか。そのことを示すのが、パリ陥落直後の六月一七日に、外務省本省から在イタリア大使天羽《あもう》英二に宛てて送られた電報である。そこでは、[16]

仏国か　伊国の参戦、巴里《パリ》の陥落等実現したる今日単独媾和の挙に出つる可能性増大せるを以て急速の間に独伊か我方に何等《なんら》諮《はか》る所なく仏領印度支那の処分に手を附くる如き場合も予想せられさるに非す　右は帝国政府として蘭領印度に対すると同様黙過《もっか》し得さる所なり

と、パリを失ったフランスが単独講和を行ない、戦勝国となるドイツとイタリアが、フランス領インドシナとオランダ領東インドの「処分に手を附」ける危険性が生じたと伝えられていた。

国際政治上の常識としても、本国を支配下に置いたドイツが、植民地の処遇に対する発言権を得る可能性は高かった。それに対して、独ソ不可侵条約以降に防共協定強化交渉を打ち切ってしまっていた日本に対して、ドイツとイタリアが事前に何かを「諮る」義務などはなかった。それでは日本が打つ手はあるのか。この点こそが大東亜共栄圏構想公表が行われていく重要な背景となるのである。

欧州戦争の終結に備えよ

ここまで重ねて述べてきたように、後世を知るわれわれの視野は「当事者の想定していた未来像」を見落としてしまう危険性をはらんでいる。またともすれば、「その予測が当たっていたのか否か」、という観点に引きずられてしまう傾向もある。だが将来を知る術もない当事者らにとって、より重要だったのは、予測が的中するかどうかではなく、想定し得る限りの事態に備えることができるか否かであった。一九四〇年六月の場合、当事者らが予測したのは疑いなく、日本が関わることなく欧州戦争が終結してしまう事態であった。そのことは在米大使堀内謙介が六月二六日に本省に送った次のような確信にみちた電報文面からもうかがうことができる。

欧州情勢激変の経過並に現状に鑑みるに　今後時局推移か時間的並に地理的関係に於て如何なる過程を経るにしても　結局独伊側に有利なる状況の下に局を結ひ　英の世界に於ける威力鮮《すくな》からす失墜すへきこと推察に難からす[17]

堀内はそのうえで、「東亜に於ける外国領土か　新に他国の領有に帰するは帝国の存立上看過し得る所にあらす」とし、戦勝国となる「独伊側に対し東亜に於ける領土権の変更を論議する場合には予め帝国に協議すへきことを申入れ　其の確約を取付け置くこと」を主張した。堀内も欧州戦争の勝者となるドイツとイタリアが、蘭印と仏印の「領土権の変更」を行う可能性が高いと判断し、それへの対処が必要であると進言していたのである。

このような報告に加えて、外務省省内では戦後の欧州情勢に備えるための組織であった「戦時対策及平和対策委員会」の設置が進められた事実も注目すべきである。委員長に外務次官、委員には東亜局長、欧亜局長、亜米利加局長、通商局長、条約局長、情報部長、調査部長らがあてられる予定であった同委員会設立の意義について、外交文書は次のように伝えている。

欧州大戦の進展に鑑み　我国としても戦局に対応し有効適切なる方策を講するの要あり　又媾和会議の開催及平和恢復後の世界状勢に対応する為　戦後世界の新秩序に関する研究を為すは素《もと》より　我対外施策を今より考究し　且《かつ》之か為必要なる資料を整備し置くこと緊急なるを以て　概《おお》ね《む》別紙要綱に依り戦時対策及平和対策委員会を設置すること必要なりと認む[18]

同委員会の設立は、直後に外相となった松岡洋右による「松岡人事」によって立ち消えてしまうのだが、同時期には海軍省においても「欧州戦争後の国際情勢」を研究するための「Z委員会」が設置され、「欧州戦争後に於て帝国の執るべき外交的、思想的、経済的諸方策」が検討された。[19]このように日本側の政策主体らの間では、パリ陥落によって、もはやドイツ勝利は疑い得ないという認識が共有され始めていた。そしてそれは七月二二日に外務大臣として入閣した松岡洋右も同様であった。

二　松岡洋右の登場と大東亜共栄圏構想

松岡洋右とは何ものだったのか。その経歴を追うことは容易である。一八八〇年に山口県に生まれ、一三歳から九年余りアメリカへ留学し、その後は外務省勤務を経て満鉄理事となり、国際連盟脱退演説を行った人物である。そして一九四〇年七月の外務大臣就任後には、先に言及した「松岡人事」とよばれた大量の外務官僚の「首切り」を実行し、「松岡外交」を推し進めた。だがこのような経歴をたどっても、その歴史的意義は明確にはならないだろう。

松岡外交の研究は一九九〇年代後半から二〇〇〇年代初頭に盛んになった[20]。だが松岡外交の評価もいまだ定まっていない。確かに今から見ていくように、外相時代全体を俯瞰してみた場合、松岡のアイディアには大きすぎる振れ幅が存在したことは事実であった。それは第二章で後述していくように、会議に同席した他の政策主体から「松岡は頭が変ではないか」と言わせるほどであった[21]。だが松岡を無批判に弁護するつもりはないが、少なくとも大東亜共栄圏構想に関しては松岡は確たる軸をもっており、検討すべき価値がある。では松岡はなぜ大東亜共栄圏を主張し、なぜ最終的にはその構想を捨てていったのだろうか。まずは松岡がその構想を公表した理由から分析していきたい。

「荻窪会談」と「基本国策要綱」

松岡を含めた近衛内閣のメンバーに、欧州戦争の終結は間近いという予測が共有されていた証拠と

松岡洋右

なるのは、近衛文麿が次期内閣を組織する東條英機陸軍中将、吉田善吾海軍中将、松岡らを自らの別邸に呼んで政策構想を討議した「荻窪会談」の文書である。同会談では、「対世界政策」として「東亜及隣接島嶼に於ける英仏蘭 葡《ポルトガル》 殖民地を東亜新秩序の内容に包含せしむる為 積極的の処理を行ふ 但し右に関し列国会議を排除するに力《つと》む」とされていたことを確認できる。[22]

ここで「排除」すべきとされた「列国会議」とは何だったのか。戦争が継続されている段階で、植民地の帰属を討議する会議が開催されることは想定できない。東條、吉田、近衛、そして松岡らは眼前の欧州戦争がドイツの勝利で終わると想定していたとみなくてはならない。

このような認識の下で作成されたのが、近衛内閣の基本政策として七月二六日に閣議決定を受けた「基本国策要綱」であった。[23] 従来は、この要綱の根本方針として「八紘《はっこう》を一宇《いちう》とする肇国《ちょうこく》の大精神」といった、のちの大東亜共栄圏構想で多用された用語が掲げられたことが注目されてきた。

だが重要だったのは、この要綱には大東亜共栄圏という用語そのものは登場しなかったことであり、その一方で「世界は今や歴史的一大転機に際会し 数個の国家群の生成発展を基調とする 新なる政治経済文化の創成を見ん」という情勢認識が示されていたことではなかったのか。

では世界が「際会」している「歴史的一大転機」とは何を意味していたのか。この要綱が作成されたのは、欧州戦争の勃発から一〇ヵ月を過ぎた時点であり、欧州戦争の勃発そのものが一大転機を指していたとは考えられない。ここで述べられていた転機とは、ドイツ勝利後の世界秩序、すなわちアメリカ、ドイツ、ソ連、そして日本が作り出す勢力圏という「数個の国家群」によって区分される世界秩序の出現であろう。

　そしてこの一週間余り後に、松岡洋右によって大東亜共栄圏が公表されたことを考えれば、そこにもこのような予測が関連していたと捉えることが妥当であろう。

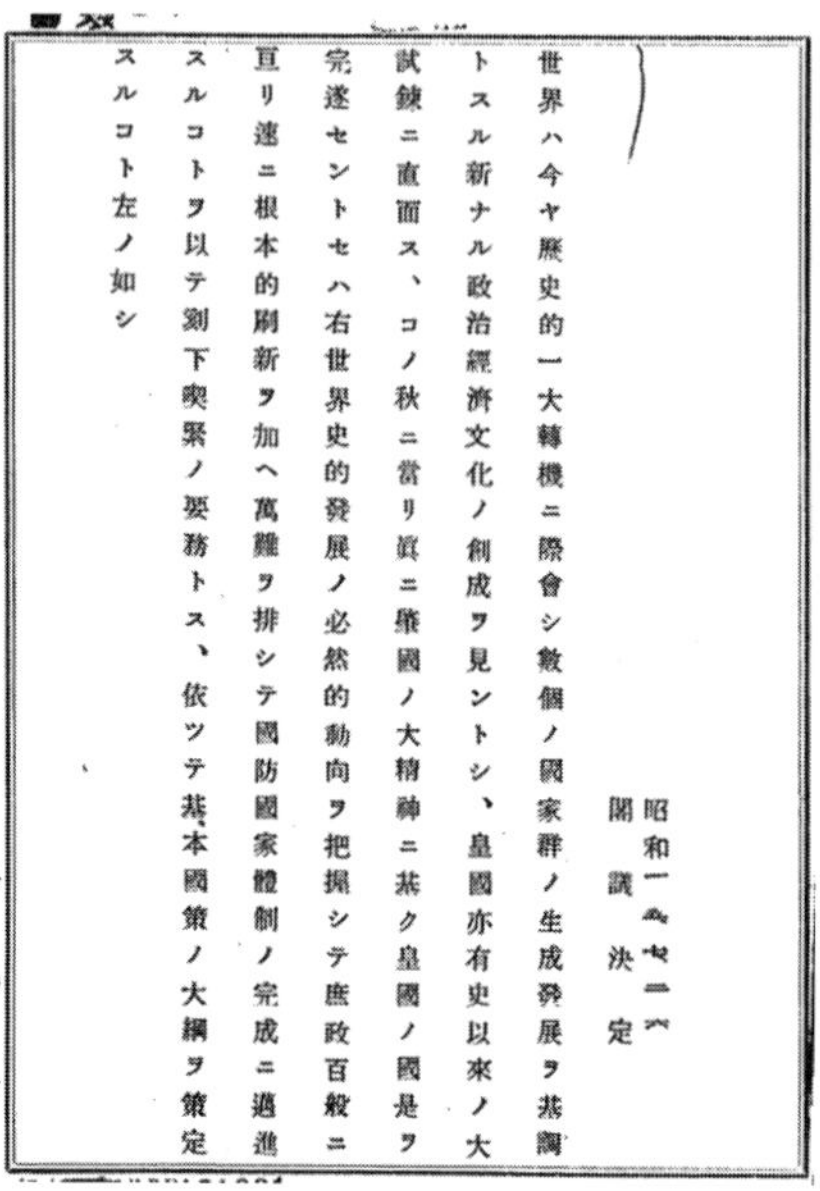
昭和一五、七、二六
閣議決定
世界ハ今ヤ歷史的一大轉機ニ際會シ數個ノ國家群ノ生成發展ヲ基調トスル新ナル政治經濟文化ノ創成ヲ見ントシ、皇國亦有史以來ノ大試錬ニ直面ス、コノ秋ニ當リ眞ニ肇國ノ大精神ニ基ク皇國ノ國是ヲ完遂セントセハ右世界史的發展ノ必然的動向ヲ把握シテ庶政百般ニ亘リ速ニ根本的刷新ヲ加ヘ萬難ヲ排シテ國防國家體制ノ完成ニ邁進スルコトヲ以テ刻下喫緊ノ要務トス、依ツテ基本國策ノ大綱ヲ策定スルコト左ノ如シ
外務省

「基本国策要綱」冒頭部

大東亜共栄圏という用語は松岡洋右の発案だったのか？

　大東亜共栄圏という用語を初めて松岡洋右外務大臣が公表したのが、四〇年八月一日の談話と[24]、八月一〇日の車中談話においてだったことは広く知られているとおりである。[25]たしかに大東亜共栄圏という用語を積極的に打ち出していったのが、松岡であったことは事実である。だが松岡自身が大東亜共栄圏という用語の発案者だったのだろうか。残された一次史料から、その点を検証しておきたい。

　史料的には、七月二二日の松岡の外務大臣着任直後の四〇年七月二四日に起草され、二六日と二七日に修正された次頁に掲載した「帝国外交方針案」に、欧州戦争への対外政策方針として初めて、「東亜共栄圏」という用語が書き込まれていることを確認できる。[26]

もう少し慎重にこの書き込みをみておこう。同方針案の冒頭の「一般方針」には、「帝国外交の基本目標は、肇国《ちょうこく》の本義に則り、日満支三国の鞏固《きょうこ》なる結合を根幹として南方諸地域との間に政治的経済的共栄圏を確立し、以て南洋を含む東亜の新秩序を具現し、進て世界の新秩序を招来するにあり」として、「政治的経済的共栄圏」という表現が登場した。その上で「対露方針」として、印字された「東亜新秩序」という箇所に手書きの修正が入り、「東亜共栄圏」という用語に書き直されている。

それではこれは松岡による書き込みなのだろうか。様々な事務の引き継ぎや着任後の挨拶回りといった煩雑な雑務を考えると、着任後わずか二日から五日ほどの間に、外務大臣自らがこの草案に手を加える時間があったのかは疑問が残るところではあるが、その可能性は残されている。だがその判断を保留したとしても、大東亜共栄圏という用語自体が松岡の発案であったとは断定できない事実がある。

それは、松岡の外相就任以前の七月九日に作成された次頁の「世界情勢の変動に対処すべき帝国外交施策要綱（案）」という文書に、すでに極めて類似した表現である「東洋共栄圏」という用語が使用されていることを確認できるからである。[27]

この文書には作成者名が明記されていないが、その時点では外務官僚でもなかった松岡が関与できたものとは考えられない。それに加えて先行研究でも、一九三八年の時点で、陸軍省軍務局軍事課の岩畔豪雄《いわくろひでお》中佐と参謀本部第一部第二課の堀場一雄少佐が作成した文書において「共栄圏」という用語が用いられた事例が存在することも指摘されている。[28]

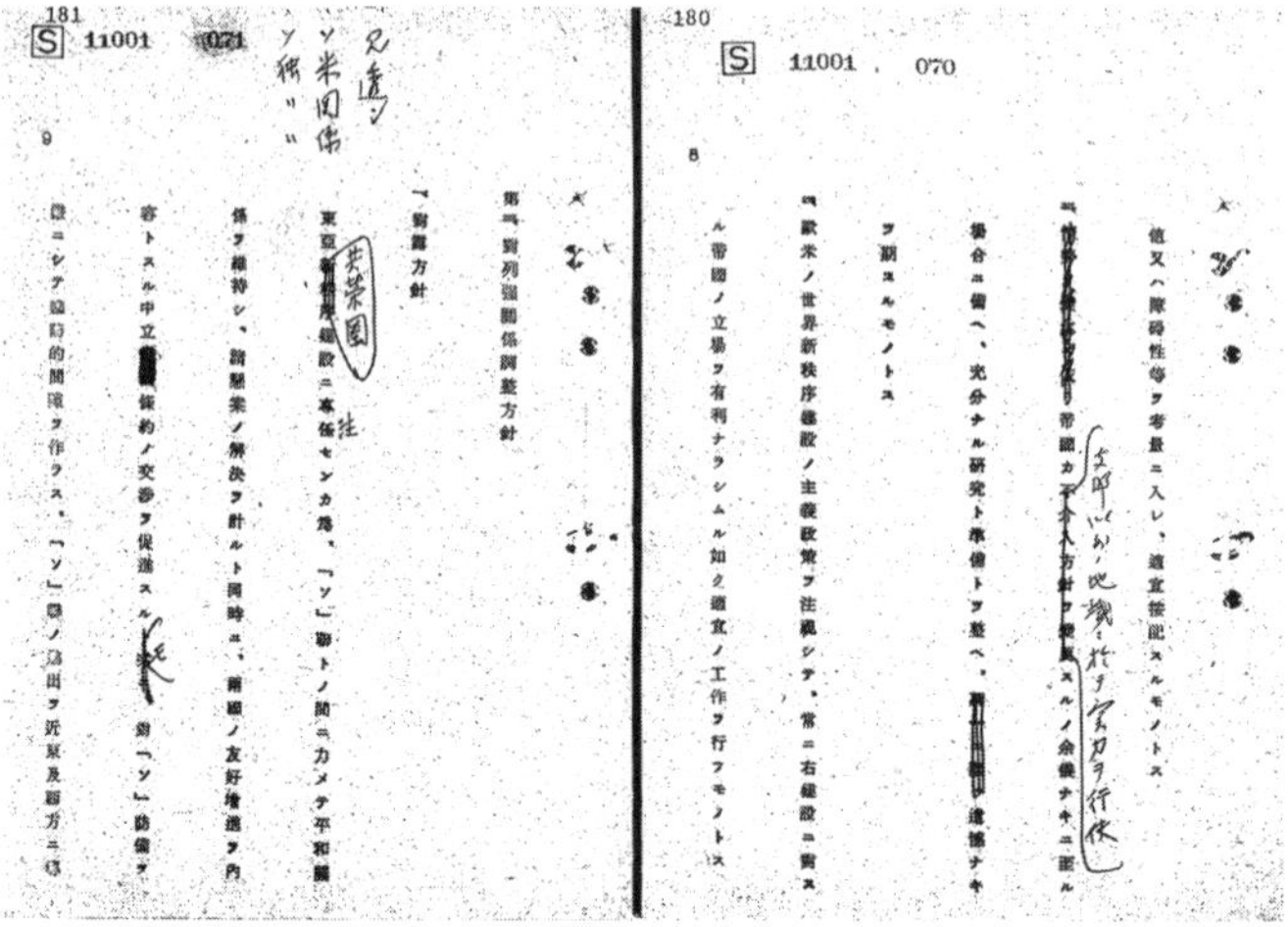

「帝国外交方針案」(40年7月24日作成, 26, 27日修正) 左頁3行目に「東亜共栄圏」という書き込みがある。

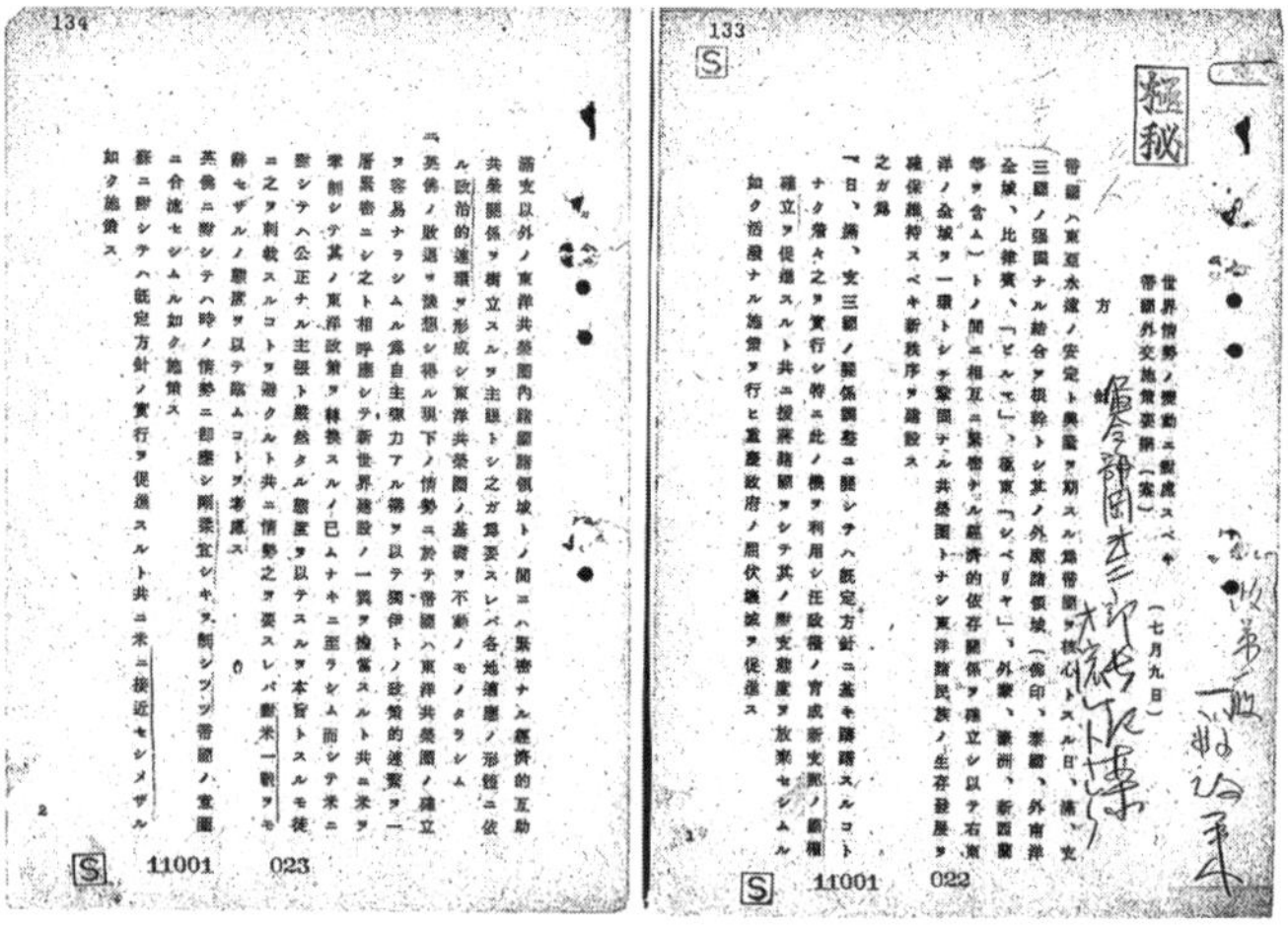

「世界情勢の変動に対処すべき帝国外交施策要綱(案)」(40年7月9日作成) 左頁1行目に「東洋共栄圏」とある。

無論、すべての史料が保存されているわけではない以上、外交文書における「東亜共栄圏」という用語の初出時期を特定することは不可能ではある。だが七月九日の文書に類例といえる「東洋共栄圏」という用語の使用例を確認できる一方で、外務大臣に就任する前の松岡が関わっていた七月一九日の荻窪会談の史料や、先述した「基本国策要綱」には大東亜共栄圏に類する用語が見当たらないことを考えれば、松岡は外相に就任した後になって省内の文書において用いられていた「共栄圏」という用語に着目し、それを自己のアイディアに援用した可能性が高いといえよう。

だが、それではなぜ松岡は、このタイミングでそれまでに広く一般に流布していた「新秩序」ではなく、大東亜共栄「圏」という用語を利用しようとしたのだろうか。

三国同盟締結交渉と大東亜共栄圏

従来の研究でも黙過されてきたが、その点を考える上で重要な外交交渉が、松岡が初めて大東亜共栄圏を公表した翌日の八月二日に行われている。それがドイツのオイゲン・オット大使との外交交渉であった。ドイツ外務省に残された外交文書によれば、同会談中に松岡は大東亜共栄圏構想を提示して日本の勢力圏を認めさせようとしていたことを確認できる。[29]

この事実が示していたのは、松岡の狙いが、欧州戦争に参加しないままの日本が、講和会議の開催前に、仏印と蘭印を自国の勢力圏内に含めることへの事前承認をドイツから得ることにあったことである。別の言い方をすれば、当初の大東亜共栄圏構想とは、来るべき講和会議の際にドイツによる植民地再編の対象から東南アジア地域を除外させるためだけに発案された実体のない外交スローガンにすぎなかった。

しかしながら松岡はその構想を単なる声明に留まる形にしておいたわけではなかった。彼はその確約を国際条約締結によって得ようとしたのである。それが三国同盟締結であった。具体例を挙げれば、三国同盟締結交渉中、ドイツ大使来栖《くるす》三郎に対して外務省本省から「独逸側としては仏印蘭印の政治的指導権は　仏国及和蘭《オランダ》を通して自己の手中に収め　只《ただ》或程度の経済的利益のみを日本に分ち与へんとする意向を抱き居るやにも想像せらるる」以上、「独逸の態度にして前述の如しとせば　独逸との相当の摩擦をも覚悟して　帝国の意図実現を計る覚悟なり」という指令が出されていることを確認できる。[30]

そもそも独ソ不可侵条約の締結によって途絶していた「日独伊提携強化」が、フランス降伏後の四〇年七月以降に急がれた理由は、

本提携強化具現の為には　独伊が全力を挙げて英国打倒に邁進《まいしん》しおる今の機会を逸すべからず独伊の戦勝確定後右折衝を開始することとならば　其の効果は極めて減少せらるるに至るべきのみならず　南洋に関して相当の関心を有する独逸の態度にも亦　何等《なんら》かの変化を来す虞《おそれ》なしとせざればなり[31]

と、南洋地方の処遇に対して強い関心をいだいていたドイツの態度が変化する前に、日本の要求をドイツに確約させなくてはならなかったからであった。このように日本側では戦勝国ドイツが、来るべき講和会議において東南アジア植民地の再編に着手することへの警戒心が高まっていた。[32]その可能性を封殺するために、松岡は地域性が明確となる表現としての大東亜共栄「圏」という用語を公表し、

それを三国同盟という形で明文化したのである。

ドイツの意図とは？

ここまで話を進めると、本当にドイツに蘭印や仏印を領有する意図があったのか、あるいは日独伊提携を急ごうとした日本側の施策主体らが、「国内対策として」無用の危機感をあおっただけではないか、という疑いを持たれるかもしれない。そこで次にドイツ側の意図を確認しておきたい。

一九四〇年五月二二日にドイツのオイゲン・オット大使が日本側に、ドイツは南洋地方（仏印、蘭印）への関心を持っていない、と通達していたことは事実であった[33]。従来はこの通達によってドイツへの警戒感が解消したとされることもあった[34]。だがこれは、ドイツがパリを占領する前の口約束にすぎなかった。ドイツ側はフランスの降伏後にその方針を変えていたことを見ておかなくてはならない。

ヨアヒム・フォン・リッベントロップ

四〇年七月八日に行われた佐藤尚武元外相とリッベントロップ外相との会談においても、会談後に佐藤が「独側にては蘭印、仏印等に関し伊首相の与へたるか如き明確なる態度を一切見受くるを得す　確約言質等を取り付くるを得さりしは甚《はなは》た遺憾にして　独側にては之等《これら》諸問題に対し寧《むし》ろ確定的前約を与ふるを避けんとする様子に見受けられたり」と本省に報告していたように[35]、リッベントロップは日本側に仏印や蘭印の処

ヒトラーと枢軸国外交官たち（1941年）

遇についての言質《げんち》を与えない態度に終始した。

また外務次官ヴァイゼッカーも、オットの通達を引き合いに出しながらも、七月三〇日付のドイツ外務省の内部文書において「個人的にはあらゆる意味でも、〔蘭印の処遇に関わる〕この海外〔領土〕問題（oversea problem）の検討を拒否すべきではないと考えている」としていたことを確認できる。[36]

このような方針転換を受けて、オット大使も態度を変えることになった。先述した四〇年八月二日の松岡との会談において、[37]松岡が大東亜共栄圏を明示して日本の政治的支配権を求めたのに対して、オットは「日本側が具体的提案を提示するまではドイツ側の見解を述べることは出来ない」と返答し、慎重な態度を崩さなかった。オットは本国への電報の中で、明言を避けることでドイツ側に「価値のある利益が保証される」と述べてもいたように、[38]三ヵ月前から態度を変えていたのである。日本側が、ドイツによる仏印と蘭印の支配権獲得を恐れるだけの根拠は存在していたといえよう。

三国同盟締結時の大東亜共栄圏構想

日独伊三国同盟条約は、九月一九日の御前会議を経て二七日に正式署名されたが、その第一条は「日本国は独逸国及伊太利国の欧州に於ける新秩序建設に関し指導的地位を認め且《かつ》之を尊重す」、第二条が「独逸国及伊太利国は日本国の大東亜に於ける新秩序建設に関し指導的地位を認め且《かつ》之を尊重す」と、「戦勝国」となるドイツに対して、参戦もしない日本が大東亜共栄圏を認めさせる形で成文化した。[39]

日本に認められた「大東亜」が、交戦中であった中国や米領であったフィリピンやグアムを含むのか否か、あるいは当然アフリカを含むと考えられる「欧州に於ける新秩序」がどの程度の範囲であるのかは明記されていないが、想定できる範囲を示せば掲図のようになる。

だがこれを逆に考えれば、ドイツに向けて戦後の東南アジア植民地再編の可能性を放棄させるためだけに考え出された大東亜共栄圏の当初の目的は、実は三国同盟の締結によって、ほぼ達成されていたともいえるのである。

それではその後の大東亜共栄圏構想は、どのように変化していったのだろうか。その点を見るうえで最も有益な分析対象は、主張者であった松岡洋右を他においてはないであろう。

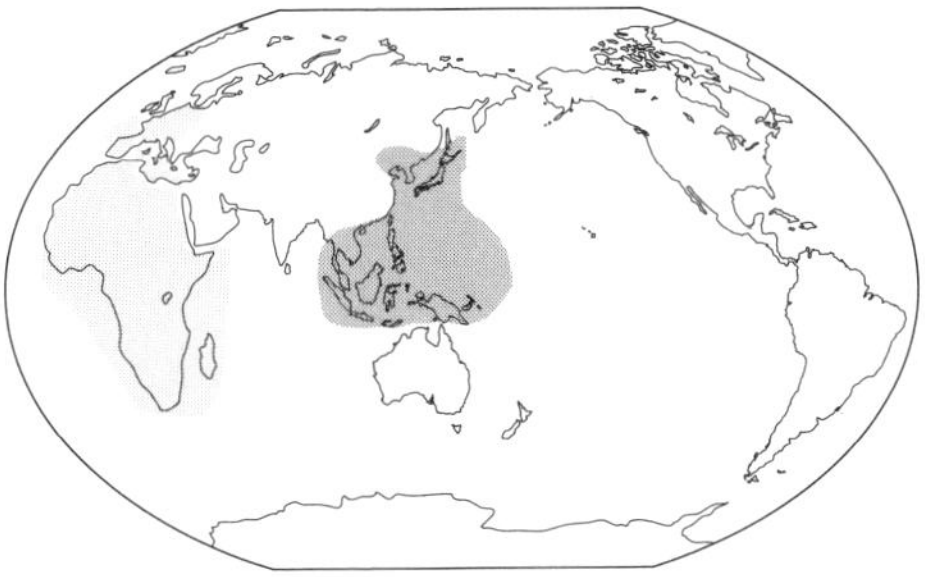

三国同盟締結時の勢力圏構想図

「帝国外交方針要綱」の重要性

ここで注目したいのは、今まで顧みられてこなかった一つの文書、三国同盟締結の翌日に松岡が作成した「帝国外交方針要綱」である。[40] 幾分古い研究では、「三国条約の効果の書生論的展開の夢を描いた」ものにすぎないともされていたように、[41] その意義が評価されてはこなかった。だがこれは実際には「速に独伊枢軸との間に世界政策を基調とする提携を強化し　進んで日蘇国交の飛

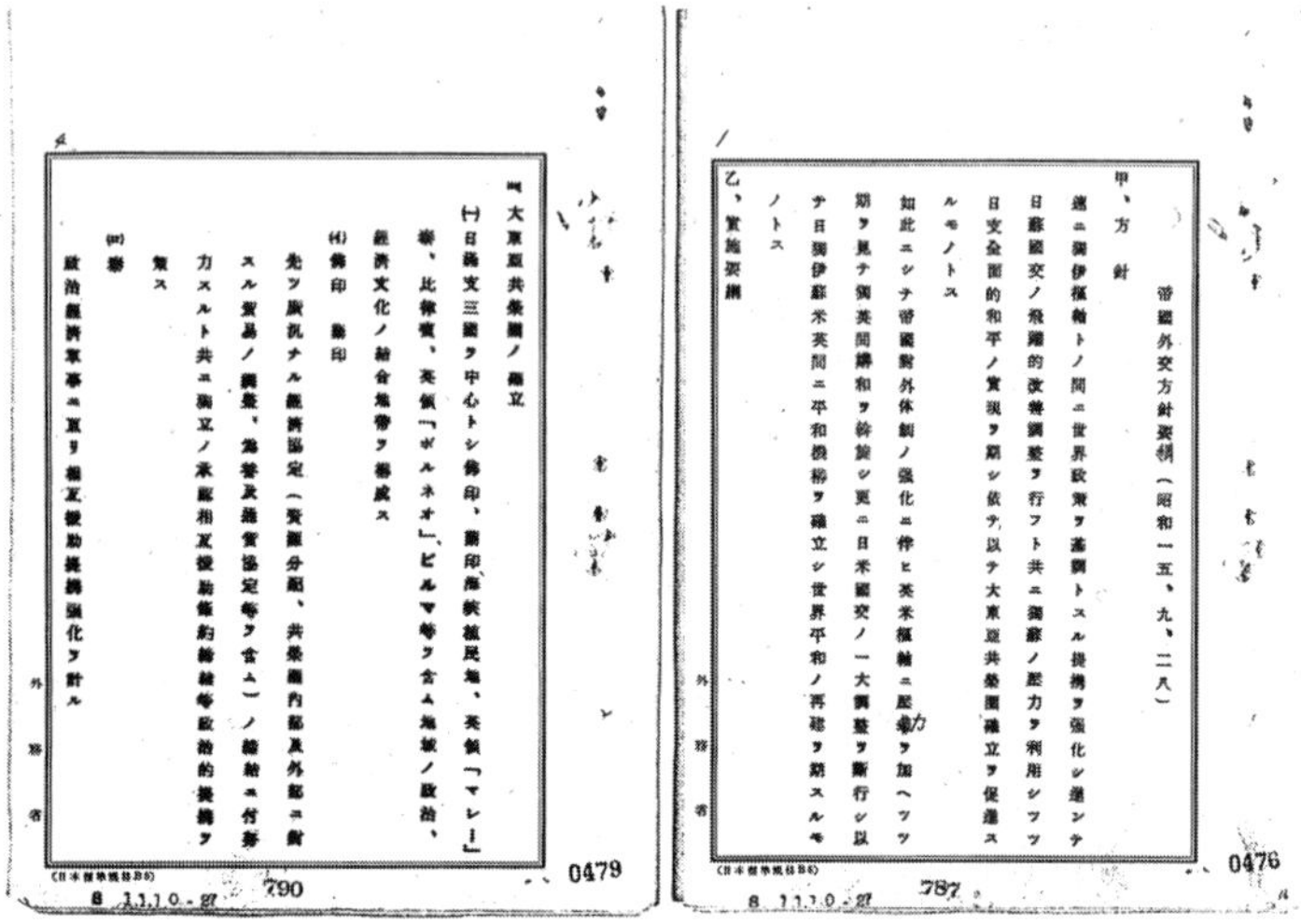
帝國外交方針要綱（昭和一五、九、二八）

甲、方針

速ニ獨伊樞軸トノ間ニ世界政策ヲ基調トスル提携ヲ強化シ進ンテ日蘇國交ノ飛躍的改善調整ヲ行フト共ニ獨蘇ノ壓力ヲ利用シツツ日支全面的和平ノ實現ヲ期シ依テ以テ大東亜共榮圏確立ヲ促進スルモノトス

如此ニシテ帝國對外体制ノ強化ニ伴ヒ英米樞軸ニ壓力ヲ加ヘツツ期ヲ見テ獨英間講和ヲ斡旋シ更ニ日米國交ノ一大調整ヲ斷行シ以テ日獨伊蘇米英間ニ平和機構ヲ確立シ世界平和ノ再建ヲ期スルモノトス

乙、實施要綱

外務省

四、大東亜共榮圏ノ確立

(一)日滿支三國ヲ中心トシ佛印、蘭印、海峡植民地、英領「マレー」泰、比律賓、英領「ボルネオ」、ビルマ等ヲ含ム地域ノ政治、經濟文化ノ結合地帯ヲ構成ス

(イ)佛印　蘭印

先ツ廣汎ナル經濟協定（資源分配、共榮圏内部及外部ニ對スル貿易ノ調整、為替及通貨協定等ヲ含ム）ノ締結ニ付努力スルト共ニ獨立ノ承認相互援助條約締結等政治的提携ヲ策ス

(ロ)泰

政治經濟軍事ニ亘リ相互援助提携強化ヲ計ル

外務省

「帝国外交方針要綱」（1枚目、3枚目を合成）

躍的改善調整を行ふと共に　独蘇の圧力を利用しつつ　日支全面的和平の実現を期し　依て以て大東亜共栄圏確立を促進する」と、三国同盟に加えてソ連とも「国交の飛躍的改善」を行い、さらに日中戦争を解決して大東亜共栄圏を確立しようとした、松岡外交そのものの「要綱」だったと見なくてはならない。この時点で松岡が考えていた大東亜共栄圏とは次のようなものであった。

大東亜共栄圏の確立

（一）　日満支三国を中心とし仏印、蘭印、海峡植民地、英領「マレー」泰《タイ》、比律賓《フイリピン》、英領「ボルネオ」、ビルマ等を含む地域の政治、経済文化の結合地帯を構成す

（イ）仏印　蘭印

先つ広汎なる経済協定（資

源分配、共栄圏内部及外部に対する貿易の調整、為替及通貨協定等を含む）の締結に付努力すると共に独立の承認相互援助条約締結等政治的提携を策す

（ロ）泰

政治経済軍事に亘り相互援助提携強化を計る

（二）共栄圏外に属する諸国に対しては我共栄圏建設を認め之に協力する様あらゆる工作を為す

ここには三国同盟締結直後の大東亜共栄圏構想のすべてが表れている。やや意外にも思われるかもしれないが、松岡のアイディアでは、仏印、蘭印の「独立の承認」とあったように、構想当初から大東亜共栄圏内の特定地域の「独立」が想定されていたのであった（その理由については後述していく）。

先述のように先行研究では評価されてこなかったこの要綱は、一見すると日本の利益のみを一方的に述べただけのように映る。例えば前掲史料一枚目の後半部分には、次のように記されている。

帝国対外体制の強化に伴ひ英米枢軸に圧力を加へつつ　期を見て独英間媾和を斡旋し　更に日米国交の一大調整を断行し　以て日独伊蘇米英間に平和機構を確立し　世界平和の再建を期するものとす

この部分などは、その後の松岡の行動を知る我々の眼には、現実性の乏しかった美辞麗句にしか見えない。だが前節でみたように、現行の欧州戦争が近々終わる可能性が想定されていたと考えればど

うであろうか。「平和機構を確立し世界平和の再建を期する」という文意もまた、直近の第一次世界大戦の経験にならって、国際連盟と同様の「平和機構」が確立されるはず、という現実的な判断に立ったものであった。

松岡にとって日独伊三国同盟の締結とは、欧州戦争後の世界秩序の再編に日本が参画する機会を得たことも意味していたのであろう。ドイツと協調関係を築くにいたった日本が、ドイツ有利という状況のままにイギリスとの講和を斡旋し、ソ連、イギリス、アメリカとも関係を改善できれば、日本が戦後の世界秩序再編のイニシアティブを握ることになる。これが要綱の趣意だったのであり、それは単に「三国条約の効果の書生論的展開の夢を描いた」ものではなかった。それでは英、米、ソ三国に対して日本から提示できるとされた戦後構想とはどのようなものだったのか。

「夫々の共栄圏」という世界秩序

従来の研究では看過されてきたが、松岡がこの「帝国外交方針要綱」で想定していたのは、「夫々《それぞれ》の共栄圏尊重」というアイディアであった。

それを各国別に見ていけば、ソ連に対して想定されていたのは「近東より亜細亜大陸（含む支那）に関する生活圏の協定を為す（蒙疆《もうきょう》及北支に於ける日本の地位を〔原文ママ「と」〕外蒙古《そともうこ》、新疆《しんきょう》、西蔵《チベット》等支那辺疆に於ける蘇聯の地位を相互に認容す）」と、蒙疆及び北支を日本の勢力圏とする一方で、外蒙古からチベットまでをソ連の勢力圏として承認し合う構想である。

敗北するはずのイギリスに対しては、大東亜共栄圏を認めるのであれば、その対価として「濠州新西蘭《オーストラリアニュージーランド》を含む英帝国の保全を約す」と、英帝国の縮小を前提としてオーストラリアとニュージーランドを勢力圏として認めていた。

そして米国に対しては、「太平洋を東西に分つ勢力範囲容認を前提とする相互不可侵協定を締結す(比律賓《フィリピン》の領土不可侵独立尊重をも含む)」と、フィリピンの領土不可侵を前提に、日米両国で国家を超えた「太平洋を東西に分つ」広域圏の相互承認を想定していた。これを大まかな図で示すと次頁掲載図のようになる。

さらにこれは単に日本と対象国の二国間のみでの取り決めではなかった。松岡は「世界平和の確立」の具体案として、「夫々の共栄圏尊重」を基本とする「日、独、伊、蘇、米及英六国間」の平和条約を締結させようとした。

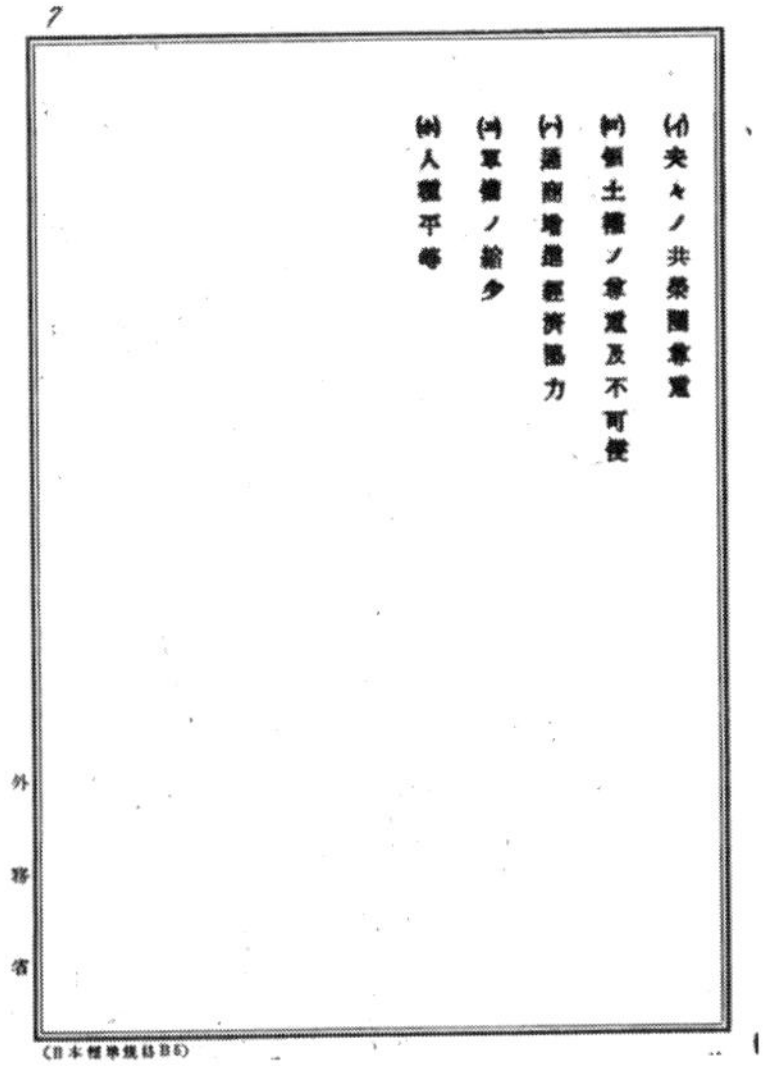
(イ)夫々ノ共栄圏尊重
(ロ)領土権ノ尊重及不可侵
(ハ)通商増進経済協力
(ニ)軍備ノ縮少
(ホ)人種平等

外務省

「帝国外交方針要綱」末尾の「夫々の共栄圏」という表記

このように、三国同盟によって大東亜共栄圏とドイツとイタリアの欧州・アフリカ圏を相互承認させることに成功した松岡は、ソ連、米国、英国とも勢力圏を相互承認しあうことで、実は「基本国策要綱」の内容通りに、「数個の国家群の生成発展を基調とする」、欧州戦争後の世界秩序をつくろうとしたのであった。そして松岡はこの「帝国外交方針要綱」のアイディアを持ち続けて、対米、対ソ外交に臨んでいくのである。

別の見方をすれば松岡にとっての大東亜共栄圏とは、そのような「戦後」世界に複数存在する「夫々の共栄圏」の一つにすぎないものだったのだが、圏内の諸地域の処遇については、どのように考えていたのであろうか。次にその点を別の史料から考えていきたい。

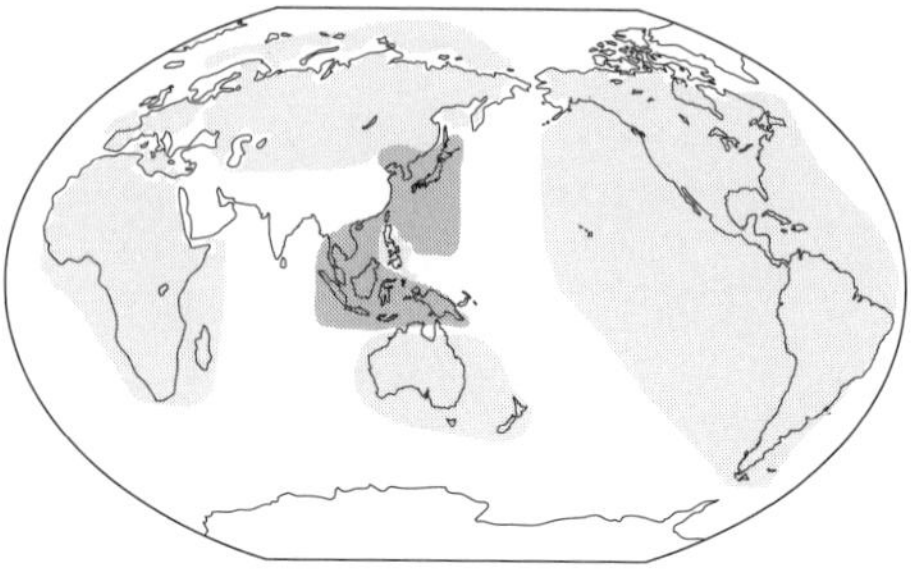

「帝国外交方針要綱」の勢力圏想定図

松岡洋右の南方独立論

実のところ、松岡自身が大東亜共栄圏における各地域をどのような政治状態にすべきだと考えていたのかを知る手がかりは多くはない。だが例外的にそれを記したと考えることができる文書が残されている。それが「帝国外交方針要綱」の一週間ほど後の四〇年一〇月四日に作成された「対南方策試案」である。[42]

これは「帝国の南方進出の第一階梯としては　一応比律賓《フィリピン》及「ガム《グアム》」島を除く布哇《ハワイ》以西の全地域を目標とするも　右の内仏領印度、蘭領印度、英領緬甸《ビルマ》、英領馬来《マレー》及海峡殖民地を第一次的に実権を掌握する地域とし　漸次《ぜんじ》他地域に及ふ　但《ただ》し米国の態度如何《いかん》に依り比律賓及「ガム」をも包含せしむ」とあるように、フィリピンとグアムを「一応」除外した東南アジア全域を対象とした試案であった。

ここから各地域別の施策を見ていくが、いずれの地域に対しても「独立工作」が想定されていたことがカギとなる。まず対仏印施策としては、「独立運動蜂起を工作し仏蘭西の主権を抛棄」させた上で、日中和平工作が成功した場合には、トンキン地方は蒋介石軍に、カンボジア地域はタイ軍に「処理」させた上で、残りの地域を「独立国」にさせようとした。独立とはいっても、その後には「帝国との間に軍事経済同盟を名目とする保護条約を設定し実権を掌握す」とされていたのだが、そのことの意味は後述していきたい。

対英領ビルマについても蒋介石政権との和睦が成功した場合と、不成功であった場合が想定されていたが、前者の場合には、「直ちに独立運動蜂起を工作し之か支援を名として」蒋介石軍を侵攻させ、「英国の主権を離脱せしむ」ことが想定された。後者の場合には、「新嘉坡《シンガポール》地域に帝国の実権を樹立したる後　独立軍〔原文ママ「運」〕動を起さしめ　英国の主権を離脱せしむ」とされていたが、やはり仏印と同様に「帝国との間に経済及軍事同盟を締結す」るとされている。

そして英領マレーと海峡植民地については、「独立」は想定されず、まずは「蘭印に於ける資源破壊の危険を避くる為　戦略上可能なる限り　蘭印に先立ち本地域に実力を行使す」と、日本軍による占領が想定され、そのタイミングは、ドイツ軍の英国本土上陸作戦に呼応させる目論見であった。

蘭領東インドに対しては、「新嘉坡《シンガポール》攻略の進行中又は直後」に、ロンドンにあった亡命オランダ政府の存在は、国際法上認められていないとして「独立」を認めさせ、それが拒否されれば「実力を行使す」るとされた。蘭印の場合にもやはり「蘭印地域独立したる後は　之と軍事同盟を名目とする保護条約を締結し　権力を有すへき本邦人軍事経済両顧問を置」き、「軍事上の重要地点は之を租借す」とされた。

それではこのような各地域ごとの差異をふまえて、総体としての松岡の構想はどのように理解すればよいのだろうか。この「対南方策試案」は一見すると先に取り上げた勢力圏構想と齟齬《そご》をきたしているようにも見える。だが考慮しなくてはならないのは、松岡の抱いていたドイツの勝利を前提とした新秩序構想においては、フランスやオランダの勢力圏はもはや存在していなかったことである。

よって同試案の対仏印、対蘭印政策とは、先述の「夫々の共栄圏」において、日本の勢力圏とされた地域「内」の処遇をめぐる案にすぎなかった。松岡の狙いは、日本が極力戦争という手段に訴えることなく仏印や蘭印の実権を握ることにあり、その手段が蔣介石軍やタイ軍を導引することや、「独立運動蜂起を工作」することだとされたのである。

同様に「帝国外交方針要綱」では、オーストラリアとニュージーランドのみがイギリスの勢力圏として想定されていた。だが欧州戦争が終わる以上、日本がそのままイギリスの「旧植民地」を継承できるわけではなかった。そこで、ビルマやマレー半島も「独立」という形で英帝国の主権を放棄させた上で、日本の勢力圏に組み込もうとしていたのである。

後述していくように、一九四一年六月の対米開戦決定以前に、大本営政府連絡会議で南方の独立が提示されていた唯一の政策案であった、松岡が作成した「対独、伊、蘇交渉案要綱」（昭和一六、二、三連絡会議決定）においても、「帝国は大東亜共栄圏地帯に対し政治的指導者の地位を占め秩序維持の責任を負ふ」として、「右地帯居住民族は独立を維持せしめ又は独立せしむるを原則とするも　現に英、仏、蘭、葡等の属領たる地方にして　独立の能力なき民族に付ては各其能力に応し　出来得る限りの自治を許与し　我に於て其統治指導の責に任す」と明記されていたことも考慮すれば[43]、松岡が日本軍による占領ではなく、英領マレーやシンガポールを除いた地域に対しては、独立あるいは自治を許容しようと考えていたことは疑いえない。

無論、その「独立」とは、あくまでもその後に日本が保護国化を図る前提であり、完全な意味での独立ではありえないが、それでも松岡の構想では当初から南方諸地域は独立すべきものであったことは確かであった。

だがそれでもなぜ、独立という形式が想定されたのであろうか。別の言い方をすれば、松岡が南方各地を独立させたとしても日本の政策目的は充分に達成できると考えていた理由は何だったのか。筆者はそのヒントは松岡や他の政策主体らにも共有されていた「勢力圏」という側面にあると考えている。そもそも勢力圏とは何だったのだろうか。

「勢力圏」とは何だったのか

勢力圏という言葉は大東亜共栄圏のために作られたものではなく、それ以前からすでに国際的な常識として定着していたものであったことは言うまでもない。日本外交においてそれが特に強く意識され始めたのは、いわゆる満蒙生命線論が唱えられたあたりからであろうが、この概念の検討がより現実的な課題とされたのは、第一次世界大戦後のことであった可能性が高い。

外務省には一九一八年に作成されたと考えられる「講和の基礎条件の東洋に於ける帝国の地位に及ほす影響に就て」という文書が残されている。[44] ここでは第一次世界大戦の講和条約締結に際して「米国の宿論たる勢力圏撤廃問題」が提起されてくると考え、それへの対応策が練られていた。本書の関心はそこで、次のように明確に勢力圏とは何かが示されていることである。

勢力圏なるものは極めて漠然《ばくぜん》と考ふれは一種の政治的意味あるに過きさるも具体的に煎し詰むれは㈠租借地㈡不割譲約定㈢一般的投資優先権又は鉄道鉱山等に関する優先権（殊に一省若《もしく》は数省

に亘るもの）㈣鉄道借款㈤満蒙に関する日支条約の如き所謂《いわゆる》勢力圏を前提とせる諸条約にも及ふへし

このように勢力圏とは、直接的な占領統治を必要とせず、一部地域の有期貸借（租借地）、もしくはある一国による優先権（不割譲約定、投資優先権など）によって成立する排他的広域圏であったということができる。

やや教科書的な理解を提示するのであれば、日清戦争後の中国大陸に対して、イギリスは長江流域、ロシアは中国東北部、ドイツが山東半島、フランスが南部沿岸部に勢力圏を設定していった、という説明を思い起こしてみることも有益であろう（左掲図参照）。

ロシアは遼東半島のみを租借し、それに後に満鉄に引き継がれることになる鉄道敷設権を組み合わせ、イギリスは九龍半島を租借地としながら、長江流域に投資優先権や鉄道敷設権などを設定して勢力圏を形成したが、対象地域全域を占領していたわけではなかった。

松岡が作成した「対南方策試案」中の、仏印と「帝国との間に軍事経済同盟を名目とする保護条約を設定し実権を掌握す」るという発想、あるいは「蘭印地域独立したる後は之と軍事同盟を名目とする保護条約を締結し権力を有すへき本邦人軍事経済両顧問を置」き、「軍事上の重要地点は之を租借す」るというアイディアは、文字通りの勢力圏構想に他ならなかった。

仏印がフランスの、蘭印がオランダの主権下にある限りは、当然のことであるがその排他的指導権は植民地宗主国が保有している。松岡はその「主権を抛棄せしむ」ために独立運動を支援し、各地域を独立させたうえで、あらためて日本の「保護国」とすることで、大東亜共栄圏という勢力圏を設定しようと考えたのである。

このように、そのことが道義的か否かという点とは関係なく、そもそもの大東亜共栄圏構想は、勢力圏構想であったがゆえに、当初から「手段としての独立」を想定しえたものであった。無論その目的として独立が掲げられていたとしても、それはあくまでも日本が「保護国化」する上での一段階にすぎなかった以上、その目的が植民地支配からの「解放」にあったとみることは極めて困難である。

だが太平洋戦争中の軍事的劣勢によって、はじめて独立が志向された訳でもなかったといえよう。

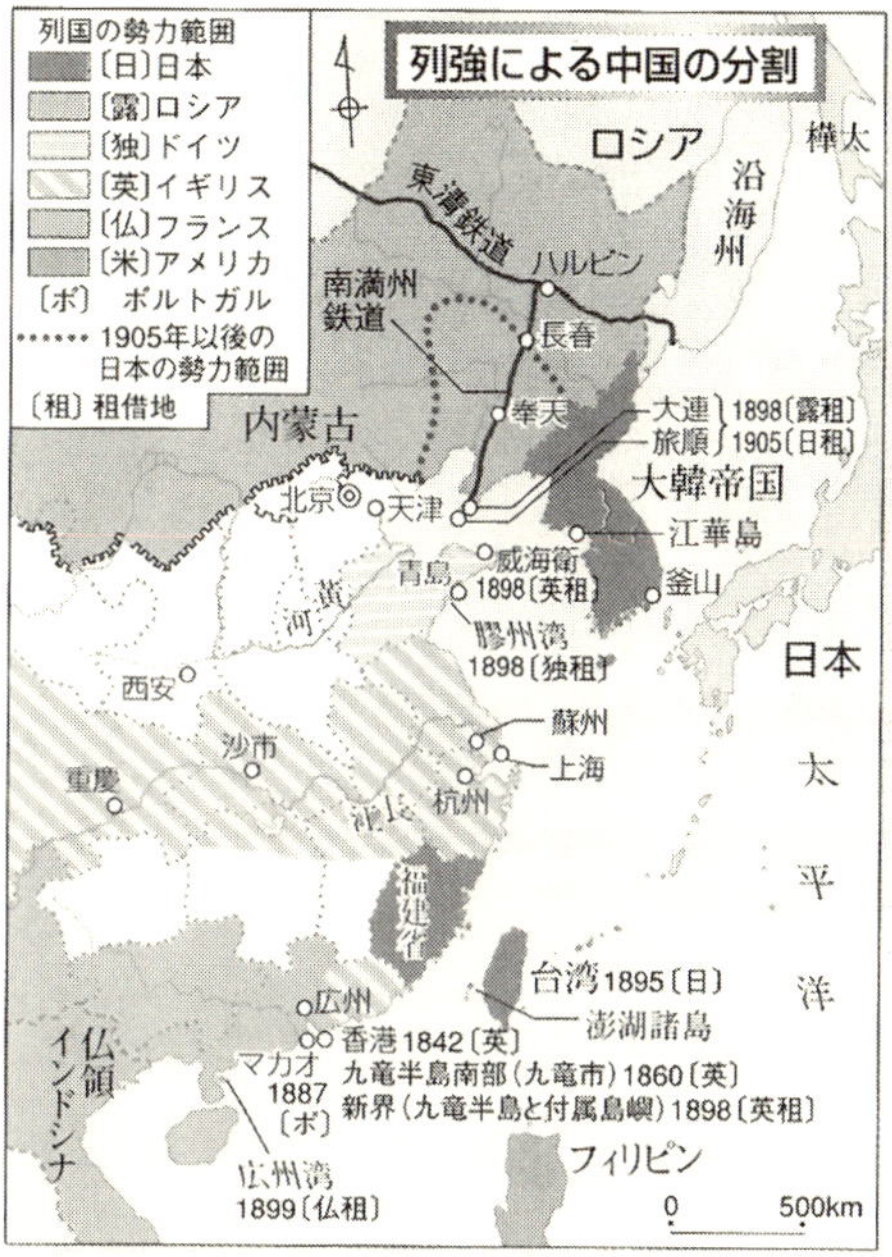

『高校日本史B』（山川出版社，2014年）より

三　動き出した東南アジア情勢

ドイツ「勝利」という予測がもたらした新局面

ここまで見てきたように、一九四〇年六月のドイツ軍のパリ入城は、日本海軍や外務省といったアクターの間に、ドイツ勝利が間近いという認識を生み出した。現在からみれば見通しの甘さで片づけられてしまうような予測である。だが、これは日本国内のみで生じたものではなかった。ドイツ勝利を予測して新たな政策を選択したのは、アメリカ合衆国も同様であった。

アメリカ連邦議会はドイツ軍のパリ入城の翌一九四〇年七月、合衆国史上最大の海軍増強プランである「両洋艦隊法」(Two-Ocean Navy Act, Vinson-Walsh Act) を成立させた。連邦議会は一九四〇年六月初旬までに自国の海軍力を一一%増強させる法案を成立させていた。だが六月一四日のドイツ軍パリ入城の直後の一七日に、アメリカ海軍作戦部長であったハロルド・スターク (Harold Stark) は、四〇億ドルの追加予算を求めた。そしてわずか一時間余りの議論のみで、翌一八日にはアメリカ上院は三一六対〇の全員賛成をもって総額八五億ドルにのぼる追加予算を承認したのである。

その内容もまた、既存装備の更新だけではなく、航空母艦一八隻、アイオワ級戦艦二隻、モンタナ級戦艦五隻、アラスカ級大型巡洋艦六隻、その他巡洋艦二七隻、駆逐艦一一五隻、潜水艦四三隻、航空機一万五〇〇〇機を新造し、米国の海軍力を七〇%増強させるという、途方もないものとなった。

そのネーミングにある「両洋」とはいうまでもなく、大西洋と太平洋を指すのだが、みるべきはこの時にアメリカ連邦議会が想定したのが、眼前の欧州戦争がドイツ勝利で終わるだけではなく、最悪の場合、イギリス艦隊がドイツ海軍に編入されるケースであったことである。これは一見すると絵空事のようにも見えるかもしれない。だが現にこの直後の一九四〇年七月三日には、そのような事態を裏付ける事件が発生している。その一ヵ月前までは味方同士であったはずのイギリス艦隊が、フランスの植民地アルジェリアのメルセルケビール軍港に停泊中であったフランス艦隊を急襲し、戦艦ブルターニュを撃沈、戦艦プロバンスを中破させたのである。イギリスはフランス艦隊のドイツ軍編入を恐れた。そしてアメリカはイギリス敗北時に同様のことが起こることを危惧したのであった。

このように両洋艦隊法とは、大西洋においてはドイツ海軍だけではなく元イギリス海軍を、太平洋においては日本海軍を一手に引き受け、それに勝利するためのものであった。そしてこの法案の内容が日本に正確に伝わった結果として、日本海軍による真珠湾攻撃が選択されることになるのだが、その点は次章で述べていくことにしたい。

さらにその数ヵ月後、アメリカから遠く離れた地域においても、フランス敗北を受けて別の国家が動きだすことになる。それもまた大東亜共栄圏をめぐる状況を大きく動かしていくのである。

動き出した東南アジア情勢

四〇年一一月、突如としてタイ国軍がフランス領インドシナ西部地域に侵攻を開始し、仏印軍との間で大規模な軍事衝突を引き起こした。これもまたドイツ軍によるパリ入城の余波であったが、なぜタイ軍は仏印に侵攻したのだろうか。その経緯を時間をさかのぼって見ておきたい。

一九世紀初頭まで東南アジア大陸部の大国として君臨していたタイは、英仏の植民地獲得競争の中

ルワン・ピブーンソンクラーム（『写真週報』226号，1942年6月24日）

で、フランスによって一八六七年以後にカンボディア・ラオス地域の保護権を奪われていた。その失地の回復を求める国民の声を背景に権力を掌握していったのが、ピブーン（Luang Phibunsongkhram）であった。[45]一九三八年に首相に就任したピブーンは、愛国運動を展開すると同時に、欧州戦争の勃発後にフランス側から提唱された不可侵条約締結交渉を契機として積極外交を開始し、四〇年六月一二日には、仏・英との不可侵条約、そして日本との「友好関係の存続及相互の領土尊重に関する」条約を批准した。ピブーンは仏・英に加えて日本を巻き込んだ領土保全外交を展開したのである。

　だが直後にフランス本国がドイツに占領されると、ピブーンは批准されていた条約の実施条件として、「メコン河」国境線の修正、一九〇四年に割譲された失地の回復、ラオス、カンボディアが将来フランスの保護を離れた際には、タイがその保護を担うことを認めるという三点の譲歩をフランス側につきつけた。[46]そしてフランスとの交渉が行き詰まると、ついに武力行使に踏み切った。

　一九四〇年八月に松岡・アンリ協定を締結し、北部仏印への進駐を果たしていた日本にとって、このようなタイの動きは歓迎できるものではなかった。さらにそれへの対処方針を巡って、日本側のアクターの間では外交の行方を左右しかねない亀裂が生じていくことになる。それはこの紛争調停を機に仏印政府に圧力をかけて、衝突の舞台に近い南部仏印にまで日本軍を進め、軍事施設を建設しようとした陸・海軍部と、それを押しとどめようとする松岡洋右の対立であった。そしてこのことが大東亜共栄圏構想が国策に持ち込まれる契機となるのである。次にその詳細を見ていきたい。

松岡による「大東亜共栄圏建設」の「提案」

この調停工作問題は「本会議に於て決定せる事項は閣議決定以上の効力を有」するとされたように[47]、政府と統帥部が集って国策を協議できる「大本営政府連絡懇談会」で検討されていくことになった。同組織には、統帥権の独立が認められていた中で、「懇談会」としか名乗ることができなかったような限界があったことは事実であった。だがそれでも松岡にとっては、陸・海軍部の首脳らと直接意見を戦わせるアリーナが用意されたことも意味していた。

日本の仲介を受け入れる意思を表明したヴィシー政府とタイ政府の間では、一九四一年一月二九日に停戦交渉が開始されたが、国境問題そのものが解決したわけではなかった。そこで翌一月三〇日に開催された第七回連絡懇談会では、両国と個別の議定書を結ぶことで、日本が事後の紛争調停を担うことを骨子とした「対仏印、泰施策要綱」が決定された。

そしてこの時に初めて、「大東亜共栄圏建設の途上に於て」という一文が松岡からの「提案」によって明記されることになったのである[48]。会議に列席していた人物らもその意味を十分に理解していたとは考えられないが、この時がいわゆる国策に大東亜共栄圏構想が持ち込まれた最初の事例であった。

そして一度要綱に記載された大東亜共栄圏の一語は、その後の政策文書や上奏時の発言において頻繁に使用されることになっていく。例えば二月一日の昭和天皇への上奏に際しても、「帝国を中核とする大東亜共栄圏の建設に向ひ着々之が具現に努力致して参りました」、「仏印及泰は大東亜共栄圏の有力なる一翼で御座いまして　此の両地域に対する帝国の施策は　現下の国際情勢に於て帝国に取り極めて重要なる事項で御座います」と、大東亜共栄圏という用語が用いられたのである。[49]

それでは松岡は何のために、この時の大本営政府連絡懇談会の議論に、大東亜共栄圏構想を持ち出したのだろうか。その点を考えるためには、松岡の「対内外交」という側面を考える必要がある。連絡懇談会の議事録から浮上してくるのは、この国境紛争をめぐる松岡と陸・海軍部との対立である。

仏印・泰国境紛争がもたらした軋轢

近衛文麿総理大臣、平沼騏一郎内務大臣ほか、東條英機陸軍大臣や及川古志郎海軍大臣、杉山元参謀総長らが列席した一九四一年一月三〇日の第七回連絡懇談会冒頭のやり取りは次の通りであった。

外相〔松岡〕発言
　本施策〔対仏印泰施策〕の概成は三月末ては出来んと云ふも宜しい、責任を以てしては出来ぬと云ふ外ない

総長〔杉山元〕
　何時頃出来るか

外相
　六月末頃なら出来るかも知れぬ、六月末は長いと云ふかも知れぬか　其間統帥部は準備して居れは宜しいてはないか

総長

国際情勢上春夏の候に情勢の大転換を予想せらるるから　之に応し得る為　三月末を目標とせさるへからす　特に目下の如く国際情勢か急速に転換する状況に於て本問題を長く解決せすに置くのは不適当なり　又軍自体としても本問題の解決は他の問題に関係することか大てある

軍令部次長〔永野修身〕

仏印に飛行場、港湾等の施設をするのに遅くなっては全般の情勢上困る[50]

このように陸軍・海軍はタイ・仏印国境紛争の調停を名目として日本軍部隊を南部仏印にまで進駐させて、「仏印に飛行場、港湾等の施設」を作り、その圧力によって、仏印・タイと軍事協定を締結させようとしていた。

対する松岡の主張は単純ではない。松岡は一方でその進駐を抑えるために、引用に表れたように対仏印泰施策の作成自体を延期させようとしていた。だが他方でこの引用に続いて、「英米を刺戟して陸海軍は差支なきや、刺戟せすとも荒ぽい行方をせすに目的を達成し　南方に奇襲的に戦争をした方か得てはないか」と、南方への先制攻撃にまで言及していたのである。[51]だがこの時の「南方に奇襲的に戦争をした方か得てはないか」とたきつけた松岡の発言を、そのままに受け取ることはできない。

このような松岡の発言について一九四一年一月一六日の大本営陸軍部戦争指導班の記録である『機密戦争日誌』は、次のように記述していた。[52]

日泰軍事同盟の件　松岡外相実力の背景なくしては不可なりとうそぶき実行に移らず

英勢力駆逐のため要すれば「シンガポール」を攻略するの決意なきや等、陸海軍にふきかけたるが如し　松岡一流の対内外交にあらざるなきか

このように、一月三〇日以前からすでに繰り返されていたのであろう、松岡の同様の発言を伝え聞いた大本営陸軍部戦争指導班は、この発言を松岡の本意ではなく、陸・海軍側の意図を頓挫させるために、あえてシンガポール攻略という難題を「陸海軍にふきかけた」、「松岡一流の対内外交」だと判断していたのである。

だがそれでもなぜ、松岡は南部仏印への進駐を「六月末頃」まで延期させようと画策したのだろうか。先に述べたように、松岡が大本営政府連絡懇談会の場でこだわったのは、「大東亜共栄圏建設の途上」にある、ということであった。必ずしも平和主義者ではなかった松岡が、この半年間の猶予を求めた理由を次に考えていきたい。

日米交渉への思惑

この点を考えるカギとなるのが、日米交渉と対ソ外交である。周知のように日米交渉を担う大使として渡米したのは、松岡ではなく海軍大将野村吉三郎であった。だが松岡がこの人選に無関係だったはずはなかった。野村によれば、一九四〇年八月二六日に松岡の訪問を受け、大使就任を打診されたという。[53]最初はこの提案を断っていた野村だったが、一〇月二日の海軍次官豊田貞次郎の訪問に加えて同月二四日の松岡との会談を経て大使の任を引き受けることになる。このように野村の就任には松岡の意向が強く関わっていた。さらに従来の研究では重視されてこなかったが、松岡は大東亜共栄圏

構想を対米交渉の指針に据えるために、渡米直前の野村に次のような訓令を与えていた。[54]

大東亜共栄圏樹立　亦《また》実にこの八紘一宇《はっこういちう》の大理念に因るものにして no conquest, no oppression, no exploitation は予の「モットー」也要は国際的隣保互助の天地を先つ大東亜に造出し　以て世界大同の範を垂れんとするに在り斯《か》かる理想は暫く措き　現実卑近《ひきん》の問題としても　我国は大東亜圏に自給自足の道を講するの必要に迫られ居れり　西半球に君臨し、更に大西太平の両大洋に延ひつつある米国より見て　右日本の理想乃至《ないし》慾望を不当なりと称し得へき乎《か》　此位《これくらい》の事は日本に許して可なるに非さる乎　我国の考ふる所は断して排他的に非す　米も来って大東亜圏の開発に協力すへし、其の要する「ゴム」、錫《すず》等の供給を絶たるへしとする疑惧《ぎぐ》の如き笑ふに堪へたり

予の過般日米協会に於ける卓上演説及　今般帝国議会に於ける外交演説等に示したる所と併せて右諸点米大統領国務長官始め米国朝野有力者に徹底を期せられ度《たし》

ここにも松岡の大東亜共栄圏構想が表れている。ともすれば、このような発言は松岡ならではの虚言として評価されてこなかったといえよう。だが松岡にとっての日米交渉とは、先述の「帝国外交方針要綱」の通りに、「夫々の共栄圏」の相互承認を得るための交渉に他ならなかった。さらにこのような、松岡独特の日本のみに有利にも見える内容が、アメリカによってつくられていた既存の勢力圏の存在を前提としていた事実にも目を向ける必要がある。

「モンロー・ドクトリン」という理想形

松岡が意識していたのは、モンロー・ドクトリンとして知られていたアメリカの政策によって形成されていた勢力圏である。アメリカ合衆国第五代大統領ジェームス・モンローは、一八二三年の年次教書演説において、南北アメリカ大陸諸国をヨーロッパ情勢と切り離すことを宣言した。より具体的には、アメリカが「現状での」中南米諸地域の植民地や属領を承認する一方で、ヨーロッパ大陸での戦争の結果として、南北アメリカ地域の植民地の帰属が変更されることを認めず、そのような戦争自体にも関与しない、というものであった[55]。

このようなアメリカのモンロー主義に対抗する目的で東亜モンロー主義を唱える動きは、すでに一九一〇年代後半には表れており[56]、それ以降も断続的に新聞紙面でも用いられてきた。本来であれば一九四一年の時点でのそれを取り上げる意味があるとは思えないかもしれない。だが日米交渉にあたってアメリカ合衆国による北・南米勢力圏と引き換えに、大東亜共栄圏を承認させようとしていた松岡にとって、東亜モンロー主義は単なる新聞用語ではなかった。

松岡が「対仏印、泰施策要綱」に「大東亜共栄圏建設の途上に於て」という提案を差し込んだのが四一年一月三〇日であったこと、そして日米交渉のために渡米する野村吉三郎に訓令を与えたのが同年一月二二日であったことを考えれば、松岡の中でこの二つの目的が無関係であったとは考えにくい。

すでにモンロー宣言によって勢力圏を形成していたアメリカと、調停者たることで大東亜共栄圏の実質を得つつある日本という構図は、渡米間近の野村吉三郎への訓示にあった「西半球に君臨し、更に大西太平の両大洋に延ひつつある米国より見て　右日本の理想乃至慾望を不当なりと称し得へき乎此位の事は日本に許して可なるに非さる乎」という松岡の認識と一致する。一九四〇年末から四一年初頭の現状認識を踏まえれば、ヨーロッパ大陸での戦争の結果が東南アジア植民地の再編に波及することを阻止しようとした大東亜共栄圏構想とは、松岡にとっては文字通りの極東版のモンロー・ドクトリンであった。アメリカ留学中にオレゴン大学法学部で学んだ松岡にとって、モンロー・ドクトリンは一種の理想的な勢力圏だったといえよう。

このように、松岡が陸海軍の南部仏印進駐を六ヵ月間押しとどめようとしたのは、日米交渉と自らの欧州訪問を念頭に置いて、「夫々の共栄圏」の相互承認という外交的成果を得るまでの時間稼ぎであった。そして今から見ていくように日米交渉の初期段階においては、それが実現する可能性も垣間見えていたのである。

四　日米・日独・日ソ交渉と大東亜共栄圏構想

日米交渉の進展と松岡の渡欧

日米交渉は一九四〇年一一月二五日に米国メリノール会外国伝道教会の事務総長ドラウト（Drougut, James M.）神父とウォルシュ（Walsh, James E.）司教が来日し、産業組合中央金庫理事であった井川忠雄と出会ったことから進められた。[57]

このような民間人同士からスタートした交渉は、渡米した野村吉三郎と井川忠雄が日本側の交渉主体となって、ドラウト、ウォルシュにコーデル・ハル（Hull, Cordell）、フランク・ウォーカー（Walker, Frank C.）を加え、[58]アメリカ大統領フランクリン・ルーズヴェルト（Roosevelt, Franklin D.）を相手とする正式交渉へと進み、その成果として一九四一年四月には「日米諒解案」が作成されていく。そして日米諒解案を基礎として、野村大使とハル国務長官が交渉を進めていくも、欧州訪問から帰国した松岡洋右が、野村の進めてきた交渉の内容に難色を示して進展させず、結果的に更迭されたことも広く知られている。

だがそもそも野村を派遣したのは松岡の意向でもあり、先の訓令にもみられるように、少なくとも当初の松岡は日米交渉に期待する所も大きかった。ではなぜ、松岡は交渉を妨害する側に回ることになったのか。そこにも大東亜共栄圏構想が関与していたことを見ていきたい。

「極東モンロー・ドクトリン」の可能性

まず最初に、ドラウト、ウォルシュと井川忠雄の間で取り交わされた、交渉のスタートポイントともいうべき「ドラウト覚書」から検証していきたい。先行研究においても、ドラウトとウォルシュのアイディアは大東亜共栄圏的発想を承認したものだったと評価されてきたように、[59]ドラウト覚書では、日本は政治・経済・軍事的な手段によって、「インドシナ」「タイ」「マライ」蘭印での地位を確立できるとされており、その意味では大東亜共栄圏を認めていたことは確かであった。

一方で「フィリピンにおいて第三勢力が政治的主権を確立することに合衆国が反対することを（日

本と）同意するのであれば」、「フィリピン諸島を現状のままにする（leave the Philippine Islands in status quo）ことも可能であり」、「香港とシンガポールも又、同様に現在の政治状態のままにすることが有益なのである」とされ、「合衆国にとっても、モンロー・ドクトリンの名の下で、西半球においてヨーロッパ諸列強の小規模な植民地領有を承認することが有益であることは理解され得るはずだ」とも述べられていたことから考えれば、モンロー・ドクトリンの対象地域にフィリピンを含め、日米が互いの勢力圏を承認し合うことを提唱したものだったといえよう。

この覚書は井川から旧知の仲であった近衛文麿に送られたが、近衛の評価は明らかではない。だがこのようなドラウトらの主張は、松岡の構想とも基本的には合致する内容ではあった。問題はこれがあくまでも民間人によって作成された案だったことである。

ドラウトらは一二月一四日に井川に覚書を手交した後、出淵勝治、須磨弥吉郎、加瀬俊一、大橋忠一ら外務官僚、そして松岡洋右本人とも会談の機会を持つことはできたものの、外務官僚の反応は冷淡であった。松岡がこの覚書を受け取ったという証言はなく、この時の会談への反応も明らかではない。だが松岡の性格を考慮しても、外務省を差し置いて始められた交渉案を受け取ったとは考えにくい[60]。日米交渉はスタートから多難であった。

ハル国務長官の反対

ドラウトらは帰国後、ルーズヴェルト大統領と、国務長官コーデル・ハル、そしてルーズヴェルトの腹心、郵政長官フランク・ウォーカーらを交えた一月二六日（米時間。以降、アメリカ側史料に拠る日時は、米時間で表記した）の会談で、一部を修正したドラウト覚書をルーズヴェルトに手渡した。

そこではフィリピン、香港、シンガポール、英領マレーの政治形態を変更しようとする「あらゆる第三国（any third power）」を日米共同で監視し、欧州戦争の戦利品とさせないように、極東モンロー・ドクトリンを承認する必要性が説かれ、それと同時に日本の武力南進の機先を制するために、仏印と蘭印には「自治政府を設立」すべきだとされた。[61] 勢力圏の相互承認というボールは、大統領に届けられていたのである。

コーデル・ハル

だが事態の進展は予断を許すものにはならなかった。ルーズヴェルトは覚書を回送してハルに意見を求めたが、ハルは国務長官特別補佐であったホーンベック（Stanley K. Hornbeck）とも協議した上で、四一年二月五日付（米時間）に、歴史的、文化的、経済的、人種的にも多様な極東地域を単一ドクトリンで含むことは困難であるとする反対意見をルーズヴェルトに回答した。[62]

だがその一方、ハルは "it might be feasible to work out something along the lines indicated" と、[63] ドラウト覚書で示されたような対策を打ち出す必要性は支持していた。この時点では日米両政府が勢力圏の相互承認へと進む余地は残されていたといえるだろう。

そしてここから日米交渉は次の段階へと展開することになる。日本政府の正使として野村吉三郎が渡米したのである。そしてほぼ同時に、松岡がドイツ、イタリアへと渡ることになる。まずは松岡の渡欧から見ていきたい。

松岡洋右の渡欧

それでは松岡はどのような構想を抱いてドイツに渡り、帰途でのロシアとの中立条約の締結に至ったのだろうか。そして、その交渉は大東亜共栄圏構想とどうかかわっていたのか。松岡の狙いを知ることのできる史料は、渡欧直前の二月三日の大本営政府連絡懇談会で決定された、「対独、伊、蘇交渉案要綱」である。[64]

対独、伊、蘇交渉案要綱

昭和一六、二、三　連絡会議決定〔原文ママ「連絡懇談会」〕

一、蘇聯をして所謂「リッペントロップ」腹案を受諾せしめ右に依り同国をして英国打倒につき日、独、伊の政策に同調せしむると共に日、蘇国交の調整を期す

この部分にあるリッベントロップ腹案とは、前年の一九四〇年一一月にリッベントロップからソ連側に示され、日本にもその内容が伝えられていたものであったが、[65] 見るべきはそこに「「ソ」聯は欧亜の新秩序に付夫々独、伊及日の指導的地位を承認し　三国側は「ソ」聯の領土尊重を約し」、「日、独、伊、「ソ」何れも将来の勢力範囲として日本には南洋、「ソ」聯には「イラン」印度方面、独には中央「アフリカ」、伊には北「アフリカ」を容認する旨の秘密了解を遂く」と、四ヵ国による勢力圏の相互承認が明示されていたことであった。[66]

このように一九四〇年一一月の時点では、ドイツ側も日独伊にソ連を加えた勢力圏の相互承認とい

う構想に関心を示していた。そのため「対独、伊、蘇交渉案要綱」は、この腹案に乗る形で、

四、世界を大東亜圏、欧州圏（「アフリカ」を含む）、米州圏、ソ聯圏（印度、「イラン」を含む）の四大圏とし（英国には濠州及「ニュージーランド」を残し概《おおむ》ね和蘭《オランダ》待遇とす）帝国は戦後の媾和会議に於て之か実現を主張す

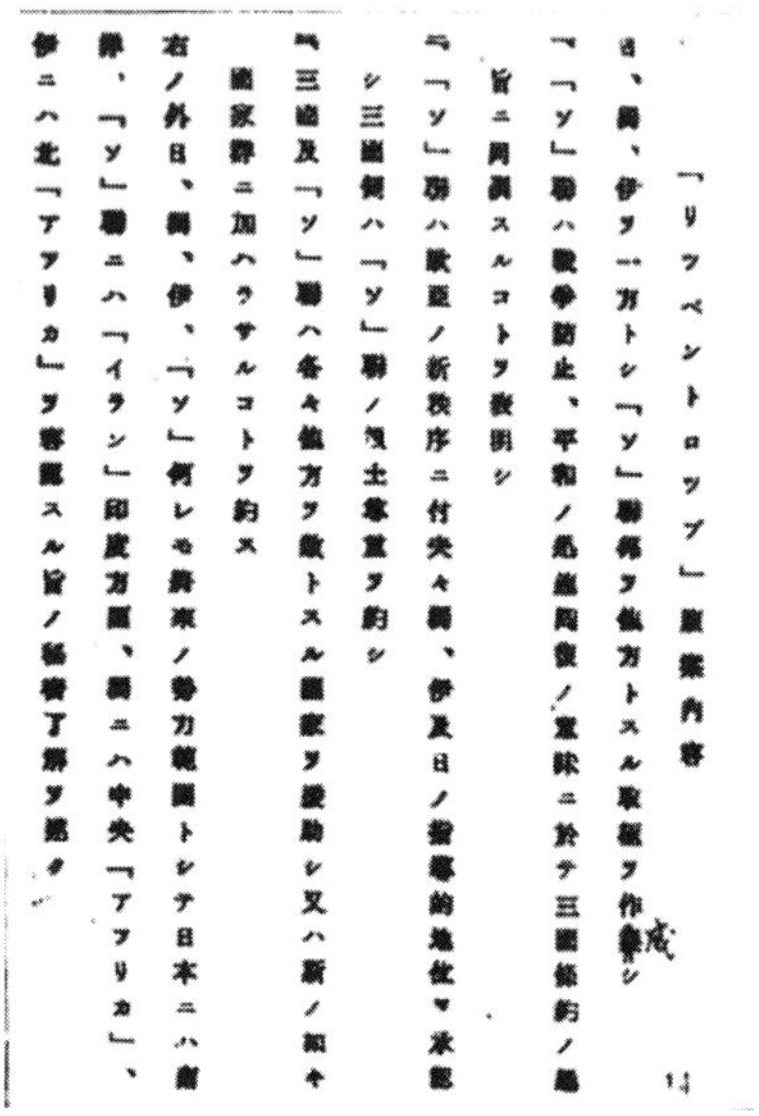
「リッベントロップ」腹案内容
一、日、独、伊ヲ一方トシ「ソ」聯邦ヲ他方トスル取極ヲ作成シ
「ソ」聯ハ戦争防止、平和ノ急速回復ノ意味ニ於テ三国条約ノ趣旨ニ同調スルコトヲ表明シ
二、「ソ」聯ハ欧亜ノ新秩序ニ付夫々独、伊及日ノ指導的地位ヲ承認シ三国側ハ「ソ」聯ノ領土尊重ヲ約シ
三、三国及「ソ」聯ハ各々他方ヲ敵トスル国家ヲ援助シ又ハ斯ノ如キ国家群ニ加ハラサルコトヲ約ス
右ノ外日、独、伊、「ソ」何レモ将来ノ勢力範囲トシテ日本ニハ南洋、「ソ」聯ニハ「イラン」印度方面、独ニハ中央「アフリカ」、伊ニハ北「アフリカ」ヲ容認スル旨ノ秘密了解ヲ遂ク

リッベントロップ腹案

としたのであるが、これは左掲図のように、前述の「帝国外交方針要綱」で想定された勢力圏構想のうち、インド、イランをソ連圏に加える内容だったと捉えることができる。

従来の研究ではこの要綱は、松岡の「四国協商」構想を表したものとされてきたが、本当にそうだったのか。松岡の渡欧の目的とは、日独伊の間で成功した「夫々の共栄圏尊重」という勢力圏の相互承認に、ソ連を加えることに主眼があったことは確かであった。

だが松岡の狙いはその四ヵ国だけではなかったのではないか。松岡が野村に与えた訓令の内容を思い起こす必要があるだろう。松岡は後にモスクワで駐ソ連アメリカ大使と会談し、ルーズヴェルト大

統領に対してメッセージを送り、大統領からの返信を待って自ら交渉を進めようとした。[67] 松岡は野村吉三郎に交渉の下地を作らせた上で、自らの手でアメリカとも勢力圏の相互承認を果たそうとしていたのである。

すなわち対独伊、ソ連交渉に加えて対米交渉を成功させることで、松岡はアメリカ、ドイツ、イタリア、ソ連との五ヵ国による「夫々の共栄圏」の相互承認を構想していたといえよう。だが交渉は松岡の思惑通りには進まなかった。

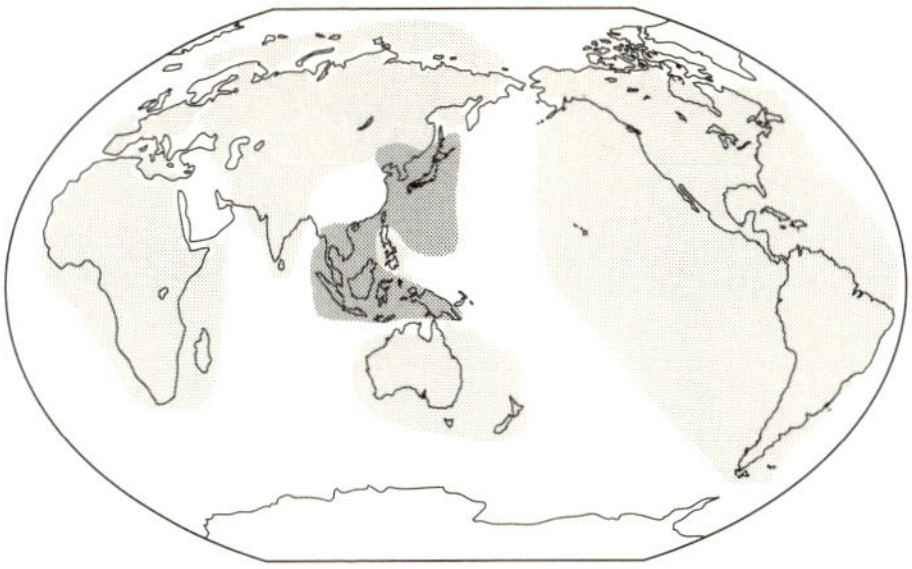

「対独，伊，蘇交渉案要綱」における世界勢力圏図

野村吉三郎の戦略

前述のように渡米前に松岡から大東亜共栄圏構想とモンロー主義の相互承認という訓示を受けていた野村は、実際の日米交渉に当たってどのような交渉を実行していたのだろうか。日米交渉の記録としては、井川忠雄関係資料、日本外務省とアメリカ国務省の文書群、そして野村自身が戦後に出版した著作などが残されている。そこから浮かび上がってくるのは、松岡とは異なった発想で日米間の軍事衝突を避けようとした野村の姿である。では野村の交渉の中で、大東亜共栄圏構想はどのように位置づけられていたのだろうか。

野村が井川忠雄と初めて対面したのは、日本ではなくワシントンであった。当初野村は井川への対応を本国に問い合わせてもい

野村吉三郎

るが、[68]その後の両者は信頼関係を保ちながら日米交渉を進めていった。一九四一年三月八日、ウォーカー、ウォルシュ、ドラウトがセッティングし、井川を通じて野村に伝えられたハルとの会談が行われた。[69]日本側の武力進出の可能性をめぐって議論が交わされた野村とハルの間のやり取りは緊迫したものになった。[70]だが日米双方の史料からは、野村がこの会談中に「大東亜共栄圏」という用語を使用しなかったことがわかる。[71]それは単なる偶然だったのか、あるいは意図的なものだったのだろうか。

この点を確認するためには、別の会談の事例も見る必要があるだろう。三月一四日（米時間）、野村とルーズヴェルトとの会談が行われた。この会談でもルーズヴェルトと野村は、日本の南方進出をめぐって鋭い議論を展開したが、着目すべきは次のやりとりであろう。日本側の記録には残されなかったが、野村は交渉中に次のようにルーズヴェルトに伝えたと米国側は記録しているのである。[72]

> the “New Order” which contemplates equality of economic opportunity and cooperative prosperity should be given a flexible interpretation.

ここで注目すべきは、この“cooperative prosperity”という用語である。これは本来は「新秩序」ではなく、大東亜共栄圏の「共栄」に該当する表現であった。野村はあえて大東亜共栄圏という用語の使用を避け、その概念も「融通が利く解釈が可能」だと説明した。野村は松岡の思惑に逆らう形で、意図的に大東亜共栄圏という用語の使用を避けていた可能性が高いのである。

消された大東亜共栄圏構想

そしてこの会談後、後の「日米諒解案」となる試案の第一段階の草案（第一次試案）が作成されていくことになる。やや煩雑にはなるがその経過をアメリカ側の史料から追ってみたい。三月一六日（米時間）ウォーカー発ハル国務長官宛て文書によれば、[73] ドラウト覚書を引き継いだ第一次試案には、[74]

e　〔欧州戦争の〕戦利品にさせないためにも、西部太平洋において、ある種の自治政府を形成すべき

f　フィリピンの独立の保証と、第三国による挑発的な進出に対する方策を立てるべき

g　日米共同で極東モンロー・ドクトリンを発表することによって、日本の軍事的・政治的な極東への進出を防止すべし

というように、日米による勢力圏の相互承認という内容がまだ残っていたことを確認できる。

ところがここから事態は急転することになる。この時期には井川らの役割を評価していたホーンベックの意を受け、[75] アメリカ国務省は四月七日（米時間）以降に修正を加えていった。[76] 国務省極東局のハミルトンとバランタインが作成した修正案は、[77] それまでの交渉で日米間の共通認識となっており、そして第一次修正案に残っていた先述のe、f、gの各項目を、跡形もなく削除したものとなった。

スタンレー・K・ホーンベック

四月一六日には、このホーンベックと国務省による修正案に基づいて「日米諒解案」が成立した。大東亜共栄圏とモンロー・ドクトリンの相互承認というアイディアは、このようにホーンベックらの手によって削除されたのであった。

だがこれをアメリカ国務省側のみの思惑であったとみることも妥当ではない。「日本が積極的南進の力を準備し置くは外交上必要と認むるも、英米との衝突を避くる為には日本の蘭印に望む所は油、ゴム等の必要物資、企業のより一層の自由、入国制限の緩和等、主として経済的問題に止まる点を明かにし（フィリッピンについては帝国は比島の中立を保障する用意ありと信ず）、以て英米との妥協の途を発見するに努力すべきなり」というように[78]、「英米との衝突を避くる為」に、日本側の要求は「経済的問題に止まる」べきだと考えていた野村吉三郎自身、日米諒解案から大東亜共栄圏という政治的問題が消されたことに固執せずに、その後の交渉のスタートとしたのであろう。

日米諒解案から削除された以上、その後の日米交渉からは勢力圏の相互承認という議題が再登場するはずはなかった。松岡の抱いていた、大東亜共栄圏とモンロー・ドクトリンを相互に承認するという構想の可能性はここについえたのである。

松岡外交の躓き

ほぼそれと同じ頃、松岡自身が携わっていたもう一方の交渉も行き詰まりを見せていた。松岡は一九四一年三月一二日に日本をたち、シベリア鉄道に乗ってモスクワ経由でベルリンに至った。三月二七日に松岡はベルリンのドイツ外務省官邸に招かれ、外相リッベントロップとの会談に臨んだが、松岡はそこで渡欧直前に自らがまとめた「対独、伊、蘇交渉案要綱」の前提条件がすでに崩れていたことを知ることになる。

同要綱の冒頭部分は前述のように「蘇聯をして所謂《いわゆる》「リッペントロップ」腹案を受諾せしめ右に依り同国をして英国打倒につき日、独、伊の政策に同調せしむる」とされていたが、松岡はこの席上で当のリッベントロップの口から、「蘇聯に付ては曩《さき》に「モロトフ」来独の際三国条約加入方を交渉せるが、後刻蘇聯は其の条件として芬蘭《フィンランド》に於ける独逸勢力圏の蘇聯に対する譲渡、「ダーダネルス」に関し土耳古《トルコ》に基地を設くること、勃牙利《ブルガリア》との特殊関係設定等の要求を出し来れるにより「ヒ《ヒトラー》」総統は明白に之を拒否せり」[79]と、前年の一一月にはすでに、腹案の内容が破綻していたことをはじめて知らされたのである。

さらにその直後、松岡はヒトラーとの会談に臨んだのだが、その席でヒトラーからは、「蘇聯は何をやるか分らず、或は英国側陣営に入ることも可能なり。自分は「スターリン」が斯くの如き賢明ならざる政策を採用するものとは思考せざるも、万一斯《かか》る事態発生せば百五十箇師の独軍は数ケ月にして蘇軍を撃滅すべし」[80]と独ソ関係が修復不可能な状況まで悪化し、対ソ戦すらが考慮されていることを伝えられた。独・伊に加えてソ連、アメリカ、日本が互いの勢力圏を認めあうという松岡の構想は、最初の訪問地で綻びを見せることになる。

さらに松岡はリッベントロップからは「日本が南洋の大地域を支配することも米国の参戦を断念せしむる一要素たるべし　三国条約は米国を対象として作れる条約なるも　日本が新嘉坡《シンガポール》を攻略するは

本条約の目的とする所に合致するものと思考す」[81]と、ヒトラーからは「今次戦争は既に独逸勝利し居れり。従て日本が立ちて新嘉坡を叩く絶好の機会にして　右は英国打倒の為　有効なるのみならず東亜に於ける新秩序建設の為にも必要なるべし」[82]と、シンガポール攻略までを要請された。後述していくように、この時のドイツでの協議はその後の松岡外交を左右し続けることになる。

日ソ中立条約交渉と共栄圏構想

松岡はドイツからの帰国途上、モスクワにおいて日ソ中立条約を締結した。むろんその前段階となる交渉自体は、前年から駐ソ大使東郷茂徳と前任の有田八郎外相との間で進められており、その締結は松岡の独断ではない。では従来の研究では注目されてこなかったが、交渉の過程で大東亜共栄圏構想はどのように取り上げられていたのだろうか。時間をさかのぼってこの点を見ておきたい。

交渉において大東亜共栄圏構想を積極的に利用しようとしていたのはソ連側であった。たとえばフランスの降伏を受けて、一九四〇年七月二日に東郷がモロトフ外務人民委員に対して、「両国間に平和及友好の関係を確認し相互に領土権を尊重」するという内容を提案した際には、[83]モロトフは次のように応答していた。[84]

「モ《モロトフ》」は更に語を継きて　欧州戦争に伴ふ国際政局の変化に当り　日蘇両国共関心を有すへき新問題に直面あることとなりたる処　英、仏、蘭等の近状に鑑み南洋方面に於て日本は軍事上及経済上の問題に直面せる訳なるか　国際間に大なる役割を演する日蘇両国か相互の利益及権利を考慮し　相互間の関係を安定且強固ならしめんとするは　変化しつつある現状に合致する所以な

りと信する旨述へたり

このようにソ連側は「南洋方面に於て日本は軍事上及経済上の問題に直面」することを指摘しながらも、中立条約交渉に前向きな姿勢を示していた。

だがソ連側はしたたかであった。米内光政内閣から近衛内閣へと替わり、松岡が外相となってから三週間余り後の一九四〇年八月一四日、モロトフは東郷に対してソ連政府の公式回答文書を手渡した。その中でソ連側は次のように述べた。[85]

ヴャチェスラフ・M・モロトフ

中立条約の締結に際しては更に重要なる一の事情を考慮するの要あり　即ち日蘇中立条約は日本に対し最大の利益を与へ其の南方に対し積極的行動を進展せしむる為　北方に於ける日本の地位を改善せしむるに反し　蘇聯邦は僅かの利益を得るのみにて　非交戦国たる蘇聯に執りては他の諸国との関係に於て新たに複雑なる問題生すへし　即ち蘇聯邦は日本と中立条約を締結することに依り　或程度に支那並に太平洋及南洋に於て重大なる関心を有する諸国との関係の悪化に付危険を負担すへく　従て蘇聯邦は重大なる損失を蒙ることあるへく　而も右は経済上の損失のみに止まらさるへし

このように、ソ連は日ソ中立条約において「最大の利益」

を得るのは、「南方に対し積極的行動を進展せしむる」日本であり、その結果としてソ連は、中国、アメリカ、イギリスといった諸国との関係悪化により「重大なる損失を蒙る」と主張した。

さらに「中立協定を締結するに先立ち　蘇聯邦か日蘇間中立協定の締結に依り蒙ることあるへき損失を最少ならしむる為の措置に関し　日本政府か如何なる態度を持するや」と、さらなる譲歩を日本に求めた。ソ連側は日本の南方進出を交渉材料として利用したのである。

呼応する日本側

このようなソ連側に対して、日本側もそれに応じるかのように、大東亜共栄圏構想を対ソ交渉と絡めていくことになる。一九四〇年一〇月三日に外務省が、陸軍から高山彦一中佐、海軍から柴勝男中佐らを招いておこなった「日「ソ」国交調整要綱案に対する意見交換記録」によれば、日ソ間で了解を得るべき事項として、当初の外務省案が高山らの意見を容れて「蘇聯は日本か将来大東亜共栄圏内の南方に進出することを容認すへく　日本は蘇聯か中央「アヂア」地方に進出することを容認す」と修正されたことを確認できる。[86]

このように陸軍、海軍から選ばれた高山や柴も、欧州アフリカ圏と大東亜共栄圏を相互承認した日独伊三国同盟の成果をもとに、ソ連をアフガニスタンやペルシャといった中央アジア圏に誘導し、その相互承認によってソ連の思惑に応えようとしていた。

別の見方をすれば、前述のように松岡の渡欧直前に大本営政府連絡懇談会で承認された「対独、伊、蘇交渉案要綱」の内容もまた、[87] 松岡の独断的構想ではなく陸・海軍部と外務省との事前協議によって確認された内容だったこともわかる。では実際に締結された日ソ中立条約において、松岡はそのような内容をソ連に呑ませることができたのだろうか。

日ソ中立条約締結と勢力圏構想の行方

一九四一年四月一三日午後三時、日ソ中立条約は締結された。その内容は「締約国の一方が一又は二以上の第三国よりの軍事行動の対象と為る場合には他方締約国は該紛争の全期間中中立を守る」という中立条項を含んだ全四条に、「大日本帝国が蒙古人民共和国の領土の保全及不可侵を尊重することを約する旨　又「ソヴィエト」社会主義共和国聯邦が満洲帝国の領土の保全及不可侵を尊重することを約する旨厳粛に声明す」とした声明書からなっていた。[88]だがここに明らかなように、日ソ中立条約では、満洲とモンゴルの勢力圏を認め合うのみで終わり、先述のような大東亜共栄圏と中央アジア圏の相互承認といった内容は含まれなかった。

無論、松岡は自らが主導してまとめ上げた「対独、伊、蘇交渉案要綱」の内容を忘却していたはずはなかった。四月九日、松岡はモロトフとの会談において「北支及内蒙古の日本勢力範囲内たることを認むるに対し　外蒙古及新疆の「ソ」聯勢力範囲たることを認むる秘密議定書を作りても好しと述へ」ていた。[89]

だがそれに対して、「「モ」は斯る問題を議するときは暇取ることにもあり　右は後日に譲りて可なりと思う旨を答へたり」と、モロトフはその要請に取り合おうとしなかった。その結果、日ソ中立条約の締結によっても、「印度・「イラン」を含む」ソ連圏を成立させるという目的は果たされなかった。[90]

松岡が求めていたようなアフガニスタン、インド方面への進出によってソ連が形成する勢力圏とは、英帝国の勢力圏を侵すものにほかならなかった。ドイツや日本と交渉しながらも、英国や米国との協調も天秤にかけていたソ連が、英国との対立を不可避とするような交渉に乗ることはなかった。松岡の「夫々の共栄圏」の相互承認という外交交渉は失敗に終わった。これは松岡にとっての大東亜共栄圏構想自体が破綻したことを意味していたのである。

第二章

大東亜共栄圏構想と対米開戦

一　松岡の帰国と大東亜共栄圏構想の停滞

一九四一年四月二二日に帰国した松岡を待っていたのは、寝耳に水というべき日米諒解案の内容であった。松岡は渡欧時の疲労を理由に数日間の暇を申し入れたが、その衝撃もあったのだろう。松岡の指令を受けずにまとめられた諒解案には、松岡が事前に訓示していた日米での勢力圏の相互承認に類する内容は含まれなかった。松岡はすぐに諒解案の英訳を取りよせて検討を始めたが、その内容と訓示との隔絶は明らかであった。

帰国後の松岡は、日独伊三国同盟交渉では成功した勢力圏の相互承認という構想が、対ソ外交だけではなく、対米外交でも達成できなかったことを痛感させられたのである。その後の松岡は退任するまでの間、大本営連絡懇談会（後に連絡会議と改称）においても大東亜共栄圏という用語自体を使用しなくなった。従来この点も注目されてはこなかったが、事実上、松岡は大東亜共栄圏構想を放棄したのである。

それ以降、松岡以外のアクターが大東亜共栄圏構想を推し進めることはなかった。だが一度打ち出された大東亜共栄圏というコトバが消えたわけではなかった。対独牽制策から勢力圏相互承認策へと変化したその構想は、宙に浮いた状態で放置されたまま、最終的には別個の文脈から急浮上してきた対英米早期開戦論と結びついていくことになる。

この背景には、対米開戦を避けようとしていた松岡外交が失敗したことも深くかかわっていた。なぜ帰国後の松岡の主張は、他の政策決定者からの支持を得られなかったのか。日米開戦はなぜ主体的に選択され、本来無関係であったはずの大東亜共栄圏と結びついていったのか。第二章へと進めていきたい。

日米中立条約の提案

松岡は五月三日の第二一回連絡懇談会において、「「ソ」聯と中立条約を結んだ筋で先《ま》つ《ず》米との間に中立条約（不可侵条項は除く）の締結を打診し　其反響を見たいと思ふか如何」と、突如としてアメリカとの中立条約交渉を提案した。[1]それに対して懇談会の席では、「外相の意見に就き審議す」るも、「殆と全員不同意を唱ふ」というありさまであった。それでも松岡は「試みにやるのだから乗って来れはよし　乗って来なけれはそれでよし　応して来れは結構ではないか」と食い下がったものの、「大部の反対強く一時沈黙か続く」状況は変わらなかった。そのため結局は近衛文麿総理大臣が「中立条約は皆不賛成だから取止めてはどうか」とその場を引き取ったのだが、このような唐突な主張の意図はどこにあったのか。

まず一つ目の可能性を探るために、この時の連絡懇談会におけるもう一方の議題をその手掛かりとしてみたい。そこでは対米国交調整とは別に、シンガポール攻略問題に関する議論がなされていた。松岡はこの点について、「「シンガポール」攻略問題に関し日本か責任を取る様な言質は独に与へてない」とは言いつつも、「自分の考へては今やった方か好いと思ふ」と述べていた。これは先述のように、松岡が三月二七日にベルリンで行った、リッベントロップやヒトラーとの会談を踏まえての提案であった。

松岡には、日米中立条約を締結しておけば、日本がシンガポールを攻撃した場合においても、アメリカがイギリス側に立って参戦して来る可能性を封じることが出来る、いわば英米可分論を確たるものにする狙いがあったとみることができよう。

だがさらに別の可能性も存在する。それは松岡が、自らが関われなかった日米諒解案に基づく日米交渉をリセットさせようとした、というものである。日米中立条約締結の可能性が開ければ、今度は松岡がイニシアティブを握って新たな交渉を進めることが可能となる。そのような推論の根拠と言えるわけではないが、松岡はこの後、進行中の日米交渉に対する妨害行為とも映る行動に出るのである。

日米交渉へのドイツの導引

一九四一年五月上旬、松岡は駐日ドイツ大使オットに対して日米交渉の経緯を伝えた。松岡はドイツの出方に対して「独の返事の判断としては、全然同意はせぬだらうが、自分としては独側の一部不同意の意見があっても之に対しては、之を説得する自信がある」との見通しを立てていた。[2] はたして五月一二日にリッベントロップから打電された内容の要旨は、「米の提案は大東亜共栄圏建設行動を拘束するものなることは日本に於て充分承知しある所なるへし。米国は本案に依り太平洋を安全にし国内の反戦気運を和らげ、自己の希望する方向に向くへし。米参戦せば日本参戦すべく米は此の如き事にならざる様形勢を調節して大西洋方面に活躍せんとするものなるへし」と、大東亜共栄圏構想を持ち出して、日米交渉を牽制しようとするものであった。[3]

さらに詳細なドイツ側の反応は、在ベルリン日本大使大島浩からもたらされた。大島は三度にわたってリッベントロップと会談を行ったが、大島が伝えたのは、「松岡とは伯林《ベルリン》て何度も会談せるに、此の如き話は一切なく、今となっては裏切られたる感あり」というリッベントロップの強い不信感に他ならなかった。[4]

日米交渉が妥結されれば、日独伊三国同盟条約第三条は実質的に無効化され、アメリカの対ドイツ参戦が一挙に現実となる可能性が高かった。そのリスクを何よりも恐れるドイツが日米交渉を評価するはずもなかったことを考えれば、松岡が導き入れたドイツファクターとは、日米交渉の破綻を一歩進める要素以外にはなり得なかった。このような日米交渉への妨害ともとれるような行動を取り続けたことが、この後の「松岡降ろし」を加速させていくのである。

「松岡は頭が変ではないか」

日本政府は一九四〇年九月に小林一三《いちぞう》商工大臣を特使として蘭印に派遣して、石油、ゴム、錫《すず》の対日輸出の拡大を交渉させていた。だが日独伊三国同盟の締結などによって交渉は難航を極め、小林は召還され、代わって一九四一年一月からは外務大臣経験者であった芳沢謙吉が派遣された。

ところが一九四一年五月にはその行き詰まりが見え始めた。松岡の連絡懇談会での説明でも、「有田外相の時に、十四品目の輸出禁止はするも　錫二万屯「ゴム」三千屯は対日輸出すへき協定を締結したるにも拘《かかわ》らす、現在ては右全額を輸出せす、而も馬来《マレー》、仏印等より所得するに於ては其の分だけ差引くと云ひ、目下の状況より見れば錫、「ゴム」も禁輸の決心をするに非ずやと思考せらる。結局日本の足下を見て日本を見縊《みくび》り居るやに観察せらる」とされていたように、[5]錫やゴムの対日輸出が滞る見通しとなったのである。これは松岡自身が述べていたように「日本に輸出する物のうち特に「ゴム」の対独再輸出を防止せんとするにあるらし」い、[6]と蘭印側がドイツへの再輸出を警戒した結果であり、その意味では松岡自身が招いた事態に他ならなかった。

だが松岡はそれを「英の差金」によって蘭印側が増長したものと捉え、「和蘭《オランダ》の如き小国か日本に対し、独逸に送らぬことを条件とする書付を取るへく申入れをなすか如きは怪しからん」と態度を硬化させた。[7] 松岡は実はその一週間ほど前には、「本日「オランダ」公使を呼び反省を促し、又午後二時には英大使を呼び、此の様な状態では帝国は南方に兵力を行使せざるを得ぬと云ふことを英に伝へる様話す積りである」、「之迄は忍耐をしたがもう時期が来たものと思ふ。蘭印が此の態度を取る以上国民の間には義憤を感する者が多数あるへく、外務大臣としても此の義憤には共鳴する」と、英国大使に対して武力行使を示唆すると激昂していた。[8]

このような松岡に対しては、「蘭印に対し此の最後の決意をすることはやがて比島《フイリピン》、馬来にも作戦を進める事になり、国家の浮沈に関する重大問題なるが故に、時機方法等に関しては充分考へなければならぬ」と、逆にその強硬姿勢をたしなめる意見が出たものの、松岡はさらに高調し、「決心しなければ結局独英米「ソ」が合一して日本を圧迫することにならずや、独「ソ」合体して日本に向ふ場合もあるへく、米参戦と云ふ場もあるへし。之等の場合に於ける統帥部の意見を承り度《たし》」と、海軍大臣をして「松岡は頭が変ではないか」と言わせるほどの暴走をきたしていた。[9]

結局、英国大使との会談では武力行使が示唆されることはなく、松岡は幾分冷静さを取り戻していったのだが、やはりこの時の松岡の様相は尋常ではない。そしてこれ以降の松岡の言動はさらに混迷を極め、[10] その信用を失っていく。勢力圏相互承認という大東亜共栄圏構想を放棄して以降の松岡の発言と行動には、一貫性が失われていたのである。

対英米蘭開戦と大東亜共栄圏

大本営政府連絡懇談会ではいつ対英米蘭開戦が定められたのだろうか。大本営陸軍部戦争指導班では「南方戦争は決戦戦争か長期戦争かに付研究　長期戦争なりとの判決を得」たとされていたように[11]、一九四〇年一一月にはすでに対英米蘭開戦を含めた南方攻略作戦の研究を行っていた。さらに一二月になると、「参謀本部は南方武力行使の決意如何にかゝはらず　先つ泰仏印を取る　陸軍省は蘭印奇襲（資源取得は奇襲を絶対条件とす）の為不同意　意見に根本的相違あり」[12]というように、参謀本部と陸軍省の間で具体的な作戦計画が検討されていたことも確認できる。

だがこれはいわば業務としての作業であったことも確かであった。大本営政府連絡懇談会において対南方作戦が決定されてから計画を練るのでは遅きに失する。事前に対米開戦計画を含めた作戦を策定しておくことはその管掌義務であった。

むしろ考慮すべきは、一九四〇年一一月から七ヵ月余りの間、参謀本部もそのような議題を持ち出さず、大本営政府連絡懇談会では対米開戦が想定される事態には至らなかったことであろう。だが日ソ中立条約の締結、日米交渉の停滞、そして蘭印交渉の打ち切りが重なりつつあった一九四一年六月には、明確に対英米蘭開戦への道が開かれた。そして、その中で再び大東亜共栄圏が浮上してきたのである。だがそれは大東亜共栄圏構想の内容が真剣に議論され、内実を整えていったということではなかった。

一九四一年四月の松岡の帰国から五月末にかけての大本営政府連絡懇談会の議事録において、大東亜共栄圏という用語が登場したのはわずかに二例ほどに過ぎなかった。あれほど積極的であったはずの松岡も米国の参戦阻止、日蘭交渉といった具体策の検討の際にも、大東亜共栄圏構想に言及することはなかった。

　ところが大本営陸・海軍部は一九四一年六月に入ると、連絡懇談会にそれまでとは意味合いの異なる要綱を提示した。具体的には、「対南方施策要綱」（一九四一年六月六日）のなかで「大東亜共栄圏建設の途上に於て　帝国の当面する対南方施策の目的は　帝国の自存自衛の為　茲《ここ》に総合国防力を拡充するに在り」として、[13]「大東亜共栄圏建設」と「自存自衛」を結び付けた政策案を提示したのであった。

　第一章で取り上げたように、そもそも松岡が初めて大東亜共栄圏の用語を差し込んだ、一九四一年一月の対仏印国境紛争調停をめぐる政策方針では、「大東亜共栄圏建設の途上に於て　帝国の当面する仏印、泰に対する施策の目的は　帝国の自存自衛の為　仏印、泰に対し軍事、政治、経済に亘《わた》り緊密不離の結合を設定するに在り」というように、仏印・タイ国境紛争に対する施策が想定されていたのみであった。[14]

　だが六月のこの「対南方施策要綱」では、「英、米、蘭等の対日禁輸により　帝国の自存を脅威せられたる場合」や、「米国か単独若くは英、蘭、支等と協同し帝国に対する包囲態勢を逐次《ちくじ》加重し帝国国防上忍ひさるに至りたる場合」といった「事態発生し之か打開の方策なきに於ては、帝国は自存自衛の為武力を行使」するという、対南方武力行使を前提とした大東亜共栄圏建設へと変化していることを確認できる。[15]

　このような内容を、すでに半年あまり前から準備をしていた、対英米蘭開戦を前提とする南方占領作戦をまとめなおしただけだと捉えることも可能ではある。だが従来と異なるのは、このような武力行使に訴える条件が、この時点で満たされてしまっていたことであった。すでに見てきたように四一年六月の時点では、日米交渉は停滞し、日蘭交渉も事実上破綻していた。「之か打開の方策なき」事態は到来していたのである。

そしてこれ以降、対英米蘭武力行使を前提として、大本営陸・海軍部は南部仏印への進駐と航空基地の建設をより一層積極的に主張していく。六月二三日、大本営陸・海軍部は「軍事上経済上政治上の見地より北部仏印と共に南部仏印に速に所要兵力を進駐せしむるの絶対必要なる理由に就《つい》て」と題した文書を作成した。[16] そこでは「帝国が此の際　断乎《だんこ》戦略先制の措置に出で　先づ戦略上の天目山南部仏印に地歩を確保し泰を傘下に包容せば　彼等〔米英〕をして瞭《あきら》かに勝算なき対日対抗策（戦略上の）を断念せしめ得べく　之即《これすなわち》戦はずして勝つの上策なり」、「帝国の南部仏印進出により　日蘭間今後の交渉打開に寄与する見込ある」としたように、一見すると南部仏印進駐によって英米蘭との軍事衝突を避けようとするかのようであった。

だがこの文書に添付された別紙では、フィリピンや英領マレー、蘭印の保有航空機数などが記載され、[17]「対英米戦争に於ては　作戦初期、比島、英領馬来、蘭印等を攻略し　帝国の戦略態勢を強化すると共に　軍需資源獲得の素地を完成し　以て持久戦態勢を整へざるべからず」、あるいは「今日にして南部仏印に軍事基地を獲得し　且所要兵力を此処に進駐せしめ置かば　作戦最困難なる新嘉坡《シンガポール》作戦の実施比較的容易となり　従て第一段作戦は順調に進捗する見込あり」と、具体的な対英米作戦が提示されていたことを確認できる。このように、大本営政府連絡懇談会で対英米蘭開戦が想定され始めたのは、一九四一年六月の時点であったとみることができよう。

そしてこの前後の時期から、日本の将来を掛けたスローガンへと担がれていった大東亜共栄圏建設という目的は、翌七月になるとさらに強硬な意味内容を含むものとなっていく。だが対英米開戦へと傾斜していく陸・海軍部に対して、松岡は再び奇策を以て対峙するのである。

松岡の対ソ即時開戦論の狙い

一九四一年五月の段階では、英国大使に対して武力行使を示唆しようとして、たしなめられたような松岡であったが、翌六月になると再び武力行使に対して慎重な態度を見せるようになっていた。例えば六月一六日の第三一回連絡懇談会では、松岡は「仏印に進駐したる場合に起り得へき帝国の不利最悪の場合に就き再考せられ度《たし》」と南部仏印進駐に対して反対論を唱えた。[18]

そしてさらに松岡は奇策に打って出る。一九四一年六月二二日に独ソ戦が勃発すると、六月二七日の大本営政府連絡懇談会の席で、松岡は突如として、対ソ即時開戦を主張し出したのであった。その緊迫したやり取りを議事録は次のように伝えている。[19]

内相〔平沼騏一郎〕　松岡さん、当面の問題を能《よ》くお考へなさい。あなたの御話は直に「ソ」を打てと云ふのか　国策として直に「ソ」と開戦せよと云ふのか

外相　然り

内相　今日は事を急いてやらねはならぬ、而し備を充分やらねはならぬ

兵力使用と云ふも準備を要す、国策実行にも準備をやらねはならぬ、即ち先つ準備をやる必要かあるのてはないか

外相　我輩は北を先きにやることを決め之を独に通告したいと思ふ

参謀総長〔杉山元〕　道義信義外交は尤《もっと》もなるも現在支那に大兵を用ひつつあり、正義一本も宜しいが実際は出来ぬ

統帥部としては準備を整へる、やる　やらぬは今決められぬ

関東軍だけでも準備に四、五十日を要する、今の兵力を戦時編制とし更に攻勢を取るためには又時日を要する。独「ソ」の状況はその頃判明すへし。それてよければ起つのだ

外相　〔「情勢の推移に伴ふ帝国国策要綱」で対ソ戦開始の条件とされた〕極めて有利の「極めて」は嫌だ、「ソ」を打つと定められ度

参謀総長　いかん

ではなぜ、松岡は自らが締結した日ソ中立条約を破棄することにもなる対ソ即時参戦を主張したのか。この時の連絡懇談会における松岡自身の発言をみてみたい。[20]

独「ソ」戦が短期に終るものと判断するならは、日本は南北何れにも出ないと云ふ事は出来ない。

短期間に終ると判断せは北を先きにやるへし。独か「ソ」を料理したる後に対「ソ」問題解決と云ふても外交上は問題にならぬ　「ソ」を迅速にやれば米は参加せさるへし

米は「ソ」を助けることは事実上出来ぬ、元来米は「ソ」が嫌だ、米は大体に於て参戦はせぬ、一部判断違があるかもし知れぬが

故に先つ北をやり南に出よ
南に出ると英米と戦ふ、仏印に進出する事に就ては、ともすれば英米と戦ふことになるかも知れぬが、二週間に亘《わた》る軍側の説明に依り仏印進出の必要性は能く分った。
「やけくそ」にやるわけではない
「ソ」と戦ふ場合、三、四月位なら米を外交的におさへる自信を持って居る

このような「「ソ」を迅速にやれば米は参加せさるへし」、「元来米は「ソ」が嫌だ、米は大体に於て参戦はせぬ」といった発言からも、この時点でも松岡は対米開戦を極力避けようとしていたことがわかるであろう。この点を考慮すれば、この時の対ソ即時開戦論の意図はどこにあったと考えられるのだろうか。

松岡はこの六月二七日の発言では、「二週間に亘る軍側の説明に依り仏印進出の必要性は能く分った」と述べているが、それを文字通り受け取ることはできない。陸軍側が記するところでは、六月三〇日の連絡懇談会でも、「茲《ここ》に於て最も急速を要する国策の決定は、既に上奏御裁可を得たる仏印進駐に関する外相の蒸し返しに依り　意味なく一日遅延せらるるに至れり」と[21]、松岡は傍目からも明らかなように、南部仏印進駐に対する遅延工作を試みていた。

松岡は、対ソ開戦によってドイツの勝利に貢献する意図も持ってはいただろうが、それと同時に出兵準備に時間がかかることを承知しながら、戦備転換を主張することで米国との戦争を引き起こす南部仏印進駐を押しとどめようとしていたとみるべきであろう。松岡は遅延工作を試みた六月三〇日の連絡懇談会の席でこう警告していた。[22]

我輩は数年先の予言をして適中せぬことはない。南に手をつければ大事になると我輩は予言する。それを〔参謀〕総長はないと保障出来るか
尚《なお》南仏に進駐せば、石油、「ゴム」、錫、米等皆入手困難となる。

この「予言」は確かに「適中」することになる。しかもそれは「数年先」のことではなく、わずか数ヵ月後のことであった。だがその時にはすでに、松岡の居場所は政策決定過程にはなかったのである。

「国是」としての大東亜共栄圏

一九四一年六月二六日、二七日、二八日、三〇日と四日間にわたる集中的審議を経て七月一日に閣議決定され、七月二日の御前会議において決定されたのが「情勢の推移に伴ふ帝国国策要綱」であった[23]。その冒頭に掲げられたのは「帝国は世界情勢変転の如何に拘らす大東亜共栄圏を建設し以て世界平和の確立に寄与せんとする方針を堅持す」というような、大東亜共栄圏の建設を国是とする内容であった。すでに述べたように六月六日の「対南方施策要綱」の冒頭でも「大東亜共栄圏建設」がうたわれていたが、この「情勢の推移に伴ふ帝国国策要綱」は、昭和天皇が臨席した御前会議での決定である。外交交渉は継続するものの、「対英米戦準備を整へ」、「対英米戦を辞せす《ず》」と定めたように、この時正式に大東亜共栄圏は対英米戦を前提とした構想となったといえよう。

御前会議において、近衛文麿首相や永野修身軍令部長らも、大東亜共栄圏の建設こそが日本の国是

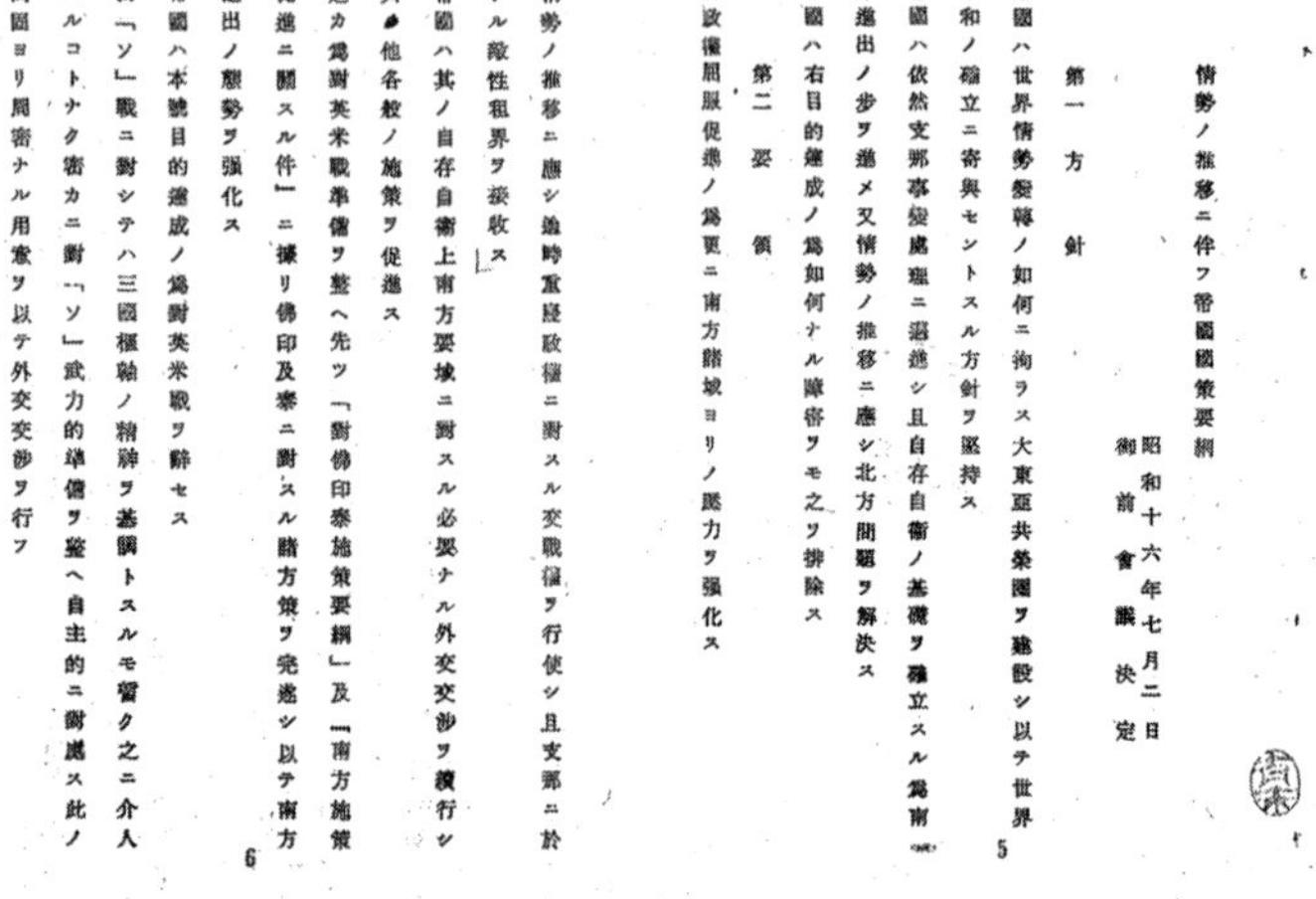
情勢ノ推移ニ伴フ帝國國策要綱

昭和十六年七月二日
御前會議決定

第一　方針

一、帝國ハ世界情勢變轉ノ如何ニ拘ラス大東亞共榮圏ヲ建設シ以テ世界平和ノ確立ニ寄與セントスル方針ヲ堅持ス

二、帝國ハ依然支那事變處理ニ邁進シ且自存自衛ノ基礎ヲ確立スル爲南方進出ノ歩ヲ進メ又情勢ノ推移ニ應シ北方問題ヲ解決ス

三、帝國ハ右目的達成ノ爲如何ナル障害ヲモ之ヲ排除ス

5

第二　要領

一、蔣政權屈服促進ノ爲更ニ南方諸域ヨリノ壓力ヲ強化ス
情勢ノ推移ニ應シ適時重慶政權ニ對スル交戰權ヲ行使シ且支那ニ於ケル敵性租界ヲ接收ス

二、帝國ハ其ノ自存自衛上南方要域ニ對スル必要ナル外交交渉ヲ續行シ其ノ他各般ノ施策ヲ促進ス
之カ爲對英米戰準備ヲ整ヘ先ツ「對佛印泰施策要綱」及「南方施策促進ニ關スル件」ニ據リ佛印及泰ニ對スル諸方策ヲ完遂シ以テ南方進出ノ態勢ヲ強化ス
帝國ハ本號目的達成ノ爲對英米戰ヲ辭セス

三、獨「ソ」戰ニ對シテハ三國樞軸ノ精神ヲ基調トスルモ暫ク之ニ介入スルコトナク密カニ對「ソ」武力的準備ヲ整ヘ自主的ニ對處ス此ノ間固ヨリ周密ナル用意ヲ以テ外交交渉ヲ行フ

6

「情勢の推移に伴ふ帝国国策要綱」

であるとした説明を行っている。たとえば近衛は、

我が国是の大本は已に屢々賜はりました　詔勅に明なるが如く大東亜共栄圏を建設し、進んで世界平和の確立に寄与せんとするに在るのであります。而して此の国是は世界情勢の変転推移に依って毫《ごう》も変更せらるべきものではないと考へます。

帝国としては大東亜共栄圏建設の為には、依然として当面の支那事変処理に邁進するを要すること当然でありますが、更に自存自衛の基礎を確立する為、南方進出の歩を進むる一方、北辺に於ける憂患を芟除《せんじょ》せんが為、世界情勢特に独「ソ」戦の推移に応じ、適時北方問題を解決することは帝国国防上は勿論　東亜全局の安定上極めて肝要であると存ずるのであります。[24]

と「自存自衛」と大東亜共栄圏建設を結び付けて奏上した。永野修身軍令部総長も「自給自足の態勢を確立」するために大東亜共栄圏が必要だとして、次のように説明した。

帝国か南方に於ける国防の安定を確立し　又大東亜共栄圏内に於て自給自足の態勢を確立致しまする為に　南方要域に対し情勢推移と睨《にら》み合せつつ　政戦両略の施策を統合促進し以て逐次《ちくじ》南方進出の歩を進めますることは現下の情勢に鑑みまして緊要なる措置と存します[25]

一方で松岡洋右はこの一〇日余り後の七月一六日に、内閣改造という形で外務大臣の職を追われることになる。松岡によって対ドイツ牽制策から勢力圏相互承認構想へと展開されていった大東亜共栄圏構想は、松岡の手を離れて「自存自衛」と「自給自足」のための構想へと祭り上げられたのであった。

だがそもそも松岡ですらその内実を詰め切れてはいなかった構想の中身が、他のメンバーらによって深く検討されることはなかった。次章で見ていくように、杉山元参謀総長が「大東亜共栄圏とあるも其の範囲如何」という質問を提示し、[26]東條首相が「国防圏と言ひ共栄圏と言ふも如何なる差異ありや」と、[27]基本的に過ぎるような疑問を大本営政府連絡会議の議題に持ちだすのは、それから半年余り後、日本軍によるシンガポール占領後のことだったのである。

二　選択された日米開戦

日本はなぜ一九四一年六月の時点で対米開戦を決意し、一二月に真珠湾攻撃を選択していったのか。巷説《こうせつ》に流布してきた理解では、戦前の陸・海軍部、特に陸軍が自らの力を過信して盲目的に対米戦争へと突き進んだかのように描かれてきた。だが一次史料から浮かび上がってくるのは、それとはまったく異なる姿である。日米開戦に至る時期、日本の政府、統帥部といった政策決定者らは、日本とアメリカの国力をどのように認識していたのか。そしてその認識は、日本からの先制攻撃という発想と、どのようにかかわっていったのだろうか。

日米国力差認識と早期開戦論の浮上

先にみたように、「南仏〔印〕に進駐せは、石油、「ゴム」、錫、米等皆入手困難となる」[28]と抵抗していた松岡洋右外務大臣の退任後の七月二八日に南部仏印進駐が行われた。それに対してルーズヴェルト大統領はすぐさまアクションを起こし、「今次仏印に対する進駐の意図を中止するか若くは既に進駐措置か開始せられたる後なるに於ては撤兵」することを求めた。[29]だが日本軍は進駐を継続し、日米交渉は中断することになった。その結果、「米船の日本寄港は従来途絶えておりましたか　七月二十六日以来は米国向日本船もなくなり　事実上日米通商は殆ど杜絶」することになる。[30]南部仏印進駐は、七月二五日の在米日本資産の凍結と、八月一日の石油輸出禁止という、松岡の予言通りの事態を招いていったのである。

そのような中で明確に認識されていったのが、将来的な日米国力の「隔絶」という事実である。例えば九月三日の第五〇回大本営政府連絡会議では、永野修身軍令部総長は次のように述べていた[31]。

帝国は各般の方面に於て特に物か減りつつあり、即ちやせつつあり。之に反し敵側は段々強くなりつつあり。時を経れは愈々《いよいよ》やせて足腰立たぬ。又外交に依ってやるのを忍ふ限りは忍ふか適当の時機に見込をつけねはならぬ。到底外交の見込なき時、戦を避け得さる時になれは早く決意するを要する。今なれは戦勝の「チャンス」あることを確信するも、此の機は時と共になくなるを虞《おそ》れる。

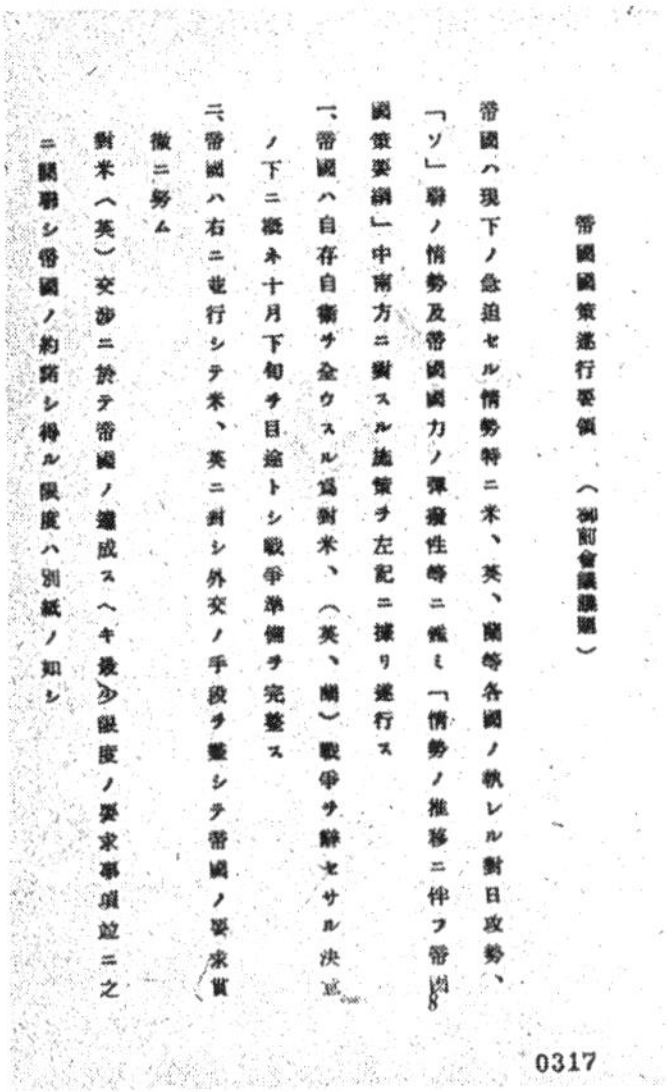
帝國國策遂行要領　（御前會議議題）

帝國ハ現下ノ急迫セル情勢特ニ米、英、蘭等各國ノ執レル對日攻勢、「ソ」聯ノ情勢及帝國國力ノ彈撥性等ニ鑑ミ「情勢ノ推移ニ伴フ帝國國策要綱」中南方ニ對スル施策ヲ左記ニ據リ遂行ス

一、帝國ハ自存自衞ヲ全ウスル爲對米、（英、蘭）戰爭ヲ辭セサル決意ノ下ニ概ネ十月下旬ヲ目途トシ戰爭準備ヲ完整ス

二、帝國ハ右ニ並行シテ米、英ニ對シ外交ノ手段ヲ盡シテ帝國ノ要求貫徹ニ努ム

對米（英）交渉ニ於テ帝國ノ達成スヘキ最少限度ノ要求事項並ニ之ニ關聯シ帝國ノ約諾シ得ル限度ハ別紙ノ如シ

0317

帝国国策遂行要領

すでにそれより二ヵ月前の七月の段階でも、豊田貞次郎商工大臣が大本営政府連絡懇談会の席で「物の見地より申上ける　陸海軍か戦争をやることになれば　物の見地から国力はないものと思ふ」と述べていたように[32]、膨大な資源を投入しながらも解決の糸口が見えなかった日中戦争下の国力の窮状は政策決定者らにも共有されていた。

そして第一章で見たようなアメリカの両

洋艦隊計画の公表は、時日の経過と共に日本が弱体化する一方で、米国の戦力は増大し続けていくという情勢判断を導いた。

このような判断をもとに九月六日の御前会議で決定された政策方針が、「帝国は自存自衛を全うする為対米、(英、蘭)戦争を辞せさる決意の下に　概ね十月下旬を目途《めど》とし戦争準備を完整す」とさだめた「帝国国策遂行要領」であった。[33]

この時の御前会議においても、近衛文麿総理大臣が「此の儘《まま》にして推移せんか、帝国は逐次国力の弾撥性を失ふに至り、惹《ひい》ては米英等に対して国力の懸隔も甚しきに至ること　必至と存ぜらるるのであります」と述べていたように、[34]将来的な日米両国の「国力の懸隔」という事実は正確に把握されていた。

さらにその「国力の弾撥性」については、鈴木貞一企画院総裁も同じ御前会議において、「由来我国の経済は　主として英米及英勢力圏内との貿易の上に発展して参ったのでありまして　重要物資の多くは海外の供給に依存して居たのであります」とした上で、次のように述べていた。[35]

今日の如き英米の全面的経済断交状態に於きましては　帝国の国力は日一日と其の弾発力を弱化していることとなるのであります
最も重要なる関係に在ります液体燃料に就きましては　民需方面にありまして極度の戦時規正を致しましても　明年六、七月頃には貯蔵が皆無となる様な状況であります

その上で鈴木は次のように続けて早期開戦を求めた。

> 南方諸地域の要地にして　三、四ヶ月の間に確実に我が領有に帰しまするなれば　六ヶ月内外から致しまして　石油、アルミニウム原料、ニッケル、生ゴム、錫等の取得が可能となりまして二年目位からは完全に之が活用を図り得ると存ぜらるるのであります

このように南部仏印進駐によって生じた対米関係の悪化は、日米の国力がこれ以上隔絶する前に開戦するほかない、という主張を導いていた。

この御前会議の前日、「突然陸海統帥部長を召され」た昭和天皇は、「成るへく平和的に外交てやれ外交と戦争準備は平行せしめす《ず》に外交を先行せしめよ」と下問し、[36]杉山元参謀総長も「決して私共は好んて戦争をする気てはありません　平和的に力を尽し愈々《いよいよ》の時は戦争をやる考てあります」と答えてはいた。だが実際には、陸軍には早期に対米開戦に踏み切らなくてはならない理由が存在していたのである。

冬季開戦の理由

すでに見てきたように九月六日に決定されていた「帝国国策遂行要領」では、「概ね十月下旬を目途とし戦争準備を完整す」ることが決定された。実際の真珠湾攻撃は一二月になったのだが、それでも陸軍は対米開戦を一九四一年度の冬季中に行わなくてはならない事情があった。九月六日の「帝国国策要領に関する御前会議」のために参謀本部が作成した「質疑応答資料」では、「戦争準備を十月下旬を目途とせる理由如何」という質問への回答が準備されていた。[37]そこでは、

北方は気候の関係上冬期大なる作戦は彼我《ひが》共に至難なるを以て　此の期間に於て速に南方の主なる作戦を終り　明年春以降北方に対し用兵上の自由を保留する為にも　成るへく速に戦争準備を完整すること必要なり

という答弁が想定されていたことを確認できる。このように日本の対米開戦に併せてソ連軍が対日参戦に踏み切る事態を想定していた陸軍にとって、ソ満国境が凍結する冬季と、春を迎えて凍土が泥地と化す早春期はソ連軍の機械化部隊の大規模な運用が困難となる好機であった。

その間に南方主要地を占領して資源を確保するめどをつけ、その後に北方に兵力を転用してソ連軍と対峙するというものが陸軍の計画であったことを押さえておかなくては、日米交渉の継続に陸・海軍が反対し続けていた理由がわからなくなる。もし一一月からの交渉を継続しても成果を得られずに翌春を迎えてしまえば、陸軍は場合によってはアメリカ、イギリス、オランダ軍に加えて、ソ連軍とも戦端を開き、結果として海軍が希望していた南方各地の早期占領という作戦計画そのものが成り立たなくなる。その可能性を陸・海軍は恐れたのである。

「戦争をやらぬ案」

このように一九四一年九月の「帝国国策遂行要領」が策定された時点で対米開戦はほぼ決定した。だがそれ以降も政府中枢部で開戦反対論が唱えられなかったわけではなかった。

第六六回連絡会議は一一月一日の午前九時から日を越えて翌二日の午前一時半まで十七時間連続し

て続けられ、対米開戦を決意するか否かの結論を出した会議となった。この会議において、日米交渉の最終案として、従来の日本側の主張を下地とした「甲案」と、「日米両国は孰《いず》れも仏印以外の南東亜細亜及南太平洋地域に武力的進出を行はさることを約すへし」と踏み込んだ「乙案」が決定された。[38] それと同時に、この会議では最終的には「対米交渉か十二月一日午前零時迄に成功せは武力発動を中止す」るものの、基本的には「武力発動の時機を十二月初頭と定め陸海軍は作戦準備を完整す」ることも決定された。[39] だがその合意に至るまでには「戦争をやらぬ案」をめぐって次のような白熱した議論が交わされていたことを確認できる。[40]

賀屋《かや》〔興宣《おきのり》・大蔵大臣〕　此儘《このまま》戦争せすに推移し三年後に米艦隊か攻勢をとって来る場合　海軍として戦争の勝算ありや、否やを再三質問せり

永野〔修身・軍令部総長〕　それは不明なり

賀屋　米艦隊か進攻して来るか来ぬか

永野　不明た、五分五分と思へ

賀屋　来ぬと思ふ、来た場合に海の上の戦争は勝つかどうか。（まさか負けるとは統帥部に聞く訳にゆかぬ）〔参謀本部側の見解〕

永野　今戦争をやらすに三年後にやるよりも　今やって三年後の状態を考へると今やる方か戦争はやりやすいと言へる、それは必要な地盤かとってあるからた

賀屋　勝算か戦争第三年にあるのなら戦争やるのも宜しいか　永野の説明に

東郷〔茂徳・外務大臣〕　よれは此点不明瞭た、然も自分は米か戦争しかけて来る公算は少いと判断するから結論として今戦争するのか良いとは思はぬ
永野　私も米艦隊か攻勢に来るとは思はぬ、今戦争する必要はないと思ふ「来らさるを恃《たの》む勿《なか》れ」と言ふこともある
先は不明、安心は出来ぬ、三年たては南の防備が強くなる敵艦も増える
賀屋　然らは何時戦争したら勝てるか
永野　今！　戦機はあとには来ぬ（強き語調にて）〔参謀本部側の見解〕

このように一ヵ月後の対米開戦を決定したはずの会議においても、賀屋大蔵大臣や東郷外相らは開戦反対の態度を変えてはいなかった。現在の目からは、このような開戦反対論は、より好ましいものに見えることは確かである。だが本当にそのような見方だけでよいのだろうか。ここでは結論を急がずに、まずは開戦派（参謀総長・軍令部総長）と反対派（外務大臣・大蔵大臣）の間にも、日米戦争の展開をめぐる認識の一致があったことに着目してみたい。

「二年は確実なり　三年以降は不明なり」

両者の見解で一致していたのは、まず「日米戦争は長期戦と化する公算大なり」（東郷外相）[41]、「戦争は十中八、九は長期戦となるへし」（永野軍令部総長）[42]という、戦争が長期化するという予測であった。そして即時開戦を主張した永野が示していた、次のような日本軍の攻勢限界も共有されていた。[43]

第一段　二年間、長期戦態勢の基礎を確立し此間は確算あり
第二段　三年以降は海軍勢力の保持増進、有形無形の国家総力、世界情勢の推移に依り決せらるものにして予断を許さす

このように一九四一年末の開戦であれば、陸・海軍の協同作戦によって東南アジア資源地域が占領できる可能性が高く、そこから獲得した物資を活用することで、一九四二年から四三年にかけては勝算がある。だが一九四四年以降は予断を許さないというものが、陸・海軍だけではなく東郷や賀屋といった開戦反対派らの共有認識であった。巷説にのぼるような山本五十六が天皇の御前において、二年半のみは戦えますと答えた、というエピソードには確実な史料的根拠は存在しないが、そのような認識はいわば当時の軍部・政府間の常識であった。

さらに開戦賛成派と反対派の間で共有されていたのは、永野軍令部総長が一一月四日に開催された軍事参議会の場で率直に、「米に比し我れは諸種の材料、資源少く工業力に於ても格段の差あり　且開戦後に於ける米の兵力補備につきては今日以上の能率を現はすへきを予見し得へく」、「対米作戦に於て最も我苦痛とする所は敵の本拠を衝くこと困難なる点にあり」と吐露していたように[44]、アメリカ本土への攻撃を日本が行いえない以上、アメリカ軍の戦力が今まで以上に向上し続けるという認識であった。

このように開戦を判断した際にあっても、陸・海軍部の首脳らは自らの戦力を過信していた訳でも、アメリカのそれを過小評価していた訳でもなかった。両者の国力と戦力の差を知るが故に、日本

からの早期開戦が選択されたのである。だがそれでもなお疑問の余地は残されている。賀屋大蔵大臣の先述のような、「勝算か戦争第二年にあるのなら戦争やるのも宜しいか　永野の説明によれは此点不明瞭た、然も自分は米か戦争しかけて来る公算は少いと判断するから結論として今戦争するのか良いとは思はぬ」という判断は決して理不尽なものではなかった。ではなぜ開戦反対論者らの主張は押し切られてしまったのだろうか。

開戦反対論はなぜ押し切られたのか

東郷や賀屋らが会議のたびに指摘していた危惧は確かに的を射ていた。東郷はイギリスが敗北した場合には、日本に極めて有利な状況が到来することは認めつつも、「独逸の英本土屈服は目下見透難し」と、[45]その可能性が低いことを見抜いていた。賀屋もまた「若し日本海軍か米国海軍に敗れたる場合は南方資源を確保するを得さることとなる」と、[46]至極妥当な批判を加えていた。

だがその主張に欠けていたのは、東條英機が「二年後に於ける戦局の見透不明なるに拘《かかわ》らす　開戦の決意に到達せし所以《ゆえん》」と説明していた、[47]次のような事態を回避する具体的方策ではなかったのか。

現在我れの採るへき方策としては四年に亘る対支戦果を以て動かす　隠忍自重《いんにんじちよう》しあるへき途あるへし　此の場合二年後の状況を予想せは如何

油は不足すへし　又米の国力戦力は整ひ　殊に航空戦力は著しく我れと懸絶し　南方要地は難攻不落の状態となり　我対南方作戦は極めて不自由且《かつ》困難となる　此際《このさい》米の対日態度は攻守素より予測し難きも　若し積極的に挑戦し来らは　我れは屈服の他なからん[48]

外交交渉によって開戦を避けようとした東郷や賀屋が頼みの綱としていたのは、「甲案」よりも踏み込んだ妥協案「乙案」であった。だがその乙案にしても、日本側から提示できる譲歩は仏印からの撤兵どまりであって、アメリカが求めていた中国大陸からの撤兵や三国同盟からの離脱に応じるものではなかった。

その予測は当たることになるのだが、即時開戦を決意すれば二年間は優位に戦える、だがそうでなければ、東條が「此際米の対日態度は攻守素より予測し難きも　若し積極的に挑戦し来らは　我れは屈服の他なからん」と答弁していたように、三年目以降には戦わずに負けてしまう。この二者択一を迫られた時に選択されたのが即時開戦となったことには、合理性があったのではなかったか。

東郷や賀屋の反対論が説得力を持つ可能性があったとすれば、それは第三の可能性、すなわち今戦わず、三年後でもアメリカと勝負ができる国力と戦力を日本が保持できるプランを明示することだったのであろう。だが実際にアメリカによる経済制裁が行われてしまっている状況にあって、もし日本の大幅な譲歩によってアメリカからも譲歩を引き出せたとしても、アメリカ側が制裁を一挙に解除せずに段階的に解除したとすれば、日本軍の戦力は大幅に低下しつづけることになる。塚田攻《おさむ》参謀次長が東郷らの慎重論に対して「資金凍結解除たけては　通商ももとの通り殆んと出来ない、特に油は入って来ない。此様にして半年後ともなれは戦機は既に去って居る」と反駁したように[49]、石油輸入が再開される見通しも立たない中で、三年後の日本軍が戦力を保持できる保証などなかったのである。

中国大陸からの撤兵はなぜ実現できなかったのか

それでも日米交渉の決裂から真珠湾攻撃、そして敗戦へ、という歴史の流れを知ってしまっているわれわれから見れば、なぜアメリカが求めていた中国大陸からの撤兵が実現できなかったのか、という疑問が残るかもしれない。はたしてそれは当事者らにとって選択可能なものだったのか。東條首相兼陸相は一九四一年一一月五日の第七回御前会議の席で、その点についても次のように述べていた。[50]

重大問題は駐兵撤兵の問題なり。彼〔米国〕の云ふのは撤兵本位で之を中外に宣明し、駐兵は蔭《かげ》の約束てはとのことなり。惟《おも》ふに撤兵は退却なり。百万の大兵を出し、十数万の戦死者遺家族、負傷者、四年間の忍苦、数百億の国帑《こくど》を費したり。此の結果はどうしても之を結実せさるへからす。苦し〔原文ママ「若し」〕日支条約にある駐兵をやめれは撤兵の翌日より事変前の支那より悪くなる。満州朝鮮台湾の統治に及ふに至るへし。駐兵により始めて日本の発展を期することを得るのてある。

東條の言うように、日米交渉において米国が求めていた中国大陸からの撤兵とは、国際的には日本の敗北と映るものに他ならなかったであろう。そもそも日中戦争を始めていなければ、あるいは南部仏印に進駐していなかったならばと仮定することは意味をなさないとしても、一九四一年の時点で、賠償金もとらずに「数百億の国帑を費した」日中戦争を終結することは困難であった。

一九四〇年の時点での国家予算規模が百億円程度であったことを考えれば、東條のいう「数百億の国帑を費した」という戦費は、現在の国家予算にあわせれば「数百兆円」に値する額である。日中戦争の戦費はその大半を国債によってまかなっていたことを考えれば、賠償金をとれずに日中戦争を終えれば、その先に待っているのは国債返却による国家財政の破綻という深刻な危機であった。[51]

また東條の発言にある「満州朝鮮台湾の統治に及ふに至るへし」という危惧も、自らの植民地統治が、住民の完全な支持を得ていなかったことを自覚していた当事者らにとって、蓋然性の高い帰結ではあった。現在から見れば妥当に映る、アメリカの要求した中国大陸からの撤兵は、当時者にとっては容易には呑むことができない条件であった。

一方で、なぜアメリカ本土に攻撃を加えることもできず、三年目以降の勝利も見通せない中で日本が戦争を選択したのか、その発想は極めて非合理的だとみなす余地は残されている。だがこの点は、一九四一年時点で想定されていた戦争の姿と、現在のそれが著しく異なることを考えなくてはいけない。端的にいえば第二次世界大戦という「戦争のカタチ」が、極めて特異なものにすぎないことを、われわれは見落としてしまっているのではないか。

戦争のカタチ

それでは一九四一年一一月時点で、日本の政策決定者らが想定していた戦争のカタチとはどのようなものだったのだろうか。当事者らが直接あるいは間接的に経験していた戦争としては、まず日清・日露戦争、そして第一次世界大戦を挙げることが適当であろう。日清戦争の戦場は大部分が朝鮮半島であった。直接北京を陥れるための直隷《ちょくれい》会戦は想定されたものの実施されることはなかった。日露戦争の場合は朝鮮半島から中国東北部が戦場となったが、末期に樺太島へ進軍した以外、大陸部のロシア領に大規模に攻め込むこともなかった。だがそのいずれのケースでも、戦争は日本の勝利で終わったことは言うまでもない。

それでは直近の事例であり、史上初の総力戦であった第一次世界大戦の場合はどうだったのか。一九一四年に始まった戦争は長期戦となった。だがその終結の過程をみれば、ロシア、ドイツともに戦争を継続できなかったのは、対戦国の軍隊によって首都が占領されたからではなく、国内で革命が起きたからであった。

一国の首都が壊滅、あるいは占領されるまで終わることのなかった太平洋戦争が、本来は異様な形態の戦争だったといえよう。早期開戦を主張していた永野修身のように、実際に日露戦争に従軍した経験をもつ政策主体らが体験してきたのは、「敵の本拠を衝く」ことなしに終結した戦争のカタチであった。さらに戦争終結のプランという観点から見ても、第一次世界大戦はもとより日清・日露戦争においても開戦時にそのような明確なプランが存在したわけではなかった。永野軍令部総長が対米開戦直前の時点で、「長期戦となりたる場合の見透は　形而上下《けいじじょうか》の各種要素を含む国家総力の如何《いかん》　及世界情勢の推移如何に因《よ》りて決せらるる処《ところ》大でありまして　今日に於て数年後の確算《かくさん》の有無を断ずることは困難であります」と述べていたことは、[52] 帝国日本のそれまでの戦争経験から照らしてみれば、成り立ち得るものだったのである。

無論、日米開戦が当事者らにとっての合理的選択であったからといって、それが「正しい選択」であったわけではない。だがもし現在のわれわれが太平洋戦争開戦に至る歴史から何かを学びえるとすれば、それは日本の国力を過信していた訳でも、アメリカの国力を過小評価していた訳でもなかったアクターらによって戦争が選択されたという事実である。正しい情報と判断力があれば戦争が回避できるわけではない怖さを、この時のアクターらの行動は示しているといえよう。

ハル・ノートが日本を追い込んだのか

一九四一年一一月二六日（米時間）一六時四五分から一八時四五分にかけて行われた野村・来栖とハルとの会談の際に、いわゆるハル・ノートが提示された。かつて言われていたように、本当にこのノートが日本を追い込んだのだろうか。日本側の最終譲歩案であった乙案の内容ともかけ離れていたハル・ノートの内容が、日本側の期待を大きく裏切るものだったことは確かであった。だが今まで見てきたように、日米開戦はそれより二ヵ月前から検討されており、ハル・ノートを受け取った前日には、真珠湾攻撃部隊が単冠湾《ひとかっぷ》から出港していたことも考慮する必要がある。

無論、日米交渉が妥結した場合には、真珠湾攻撃部隊が帰港する可能性も想定されていたことは事実であった。だが実際には、東郷外相が一一月五日の段階で「乙案に就ても話はつき兼ねると思ふ。例へは仏印の撤兵のことてある。又第四の支那問題に就ても米は従来承知せぬことなので承諾しないのてはないかと思ふ」と述べていたように[53]、対米妥協案であったはずの乙案でもアメリカ側の要求には応えられないことが理解されていた以上、真珠湾攻撃部隊の帰港を決定するほどの電撃的な交渉妥結の余地はなかった。

このようにハル・ノートの内容が非妥協的だったことは確かであるが、これによって日本が追い込まれたとは言いえない。そもそも部隊の移動一つをとっても、時間のかかる煩雑な書類のやり取りを経てはじめて成り立つのが軍隊組織であったことを考えれば、わずか二週間程度の準備期間で海軍による真珠湾攻撃と、同日の陸軍のマレー半島上陸作戦が行われたとは考えられないはずである。

日米交渉の最終段階、ハル・ノートが提示される三週間も前の時点ですでに、「譲り得る限度てやり、之れさへきかないのならは米は戦争をやる積《つも》りたと云ふことも分り　内外に対し公明なる大義名分も立つ」というように、[54]元々は開戦反対派であった東郷ですらも、開戦の責任をアメリカに転嫁する機会を狙っていたのであり、ハル・ノートはその口実を与えた以上のものではなかった。そして一二月八日、真珠湾攻撃が行われたのである。

三　開戦前「独立」構想

一二月八日、「大東亜戦争」は昭和天皇の開戦の詔勅をもって開始された。一二月九日の新聞紙面は、真珠湾攻撃の劇的な成果を国民に伝えた。詔勅にも新聞紙面にも大東亜共栄圏という用語は一切登場せず、アジア解放という一文すらも存在しなかった。そこにあったのはあくまでも「自衛」のための開戦ということであった。だが一方で従来の研究で見落とされてきたのは、本書でも述べてきたように、大東亜共栄圏構想では、開戦以前から南方各地の「独立」が想定されていた事実である。

南方各地の占領から一部地域への独立の付与は解放の成果だったのか、あるいは日本による植民地支配の延長に過ぎなかったのか、その結論を急ぐ前に、松岡以外のアクターらによる南方諸地域の独立構想を見ておきたい。

「まー認めてもよい」

大本営政府連絡懇談会・連絡会議の議論を見ていくと、後世を生きる我々にとってはやや意外という他のない当事者らの見解に戸惑うことがある。例えば一一月五日の時点で東條英機首相兼陸相は次のように述べていた。[55]

> 十月二日に受取った米側の回答は、要するに四原則（(1)領土保全主権尊重(2)内政不干渉(3)無差別通商(4)武力的現状打破不承認）を日本に強要せんとす。（中略）
> (4)に就ては南西太平洋てはまー認めてもよいと思ふか　支那の如き国防上並資源の獲得上緊要なる地域はまけられぬ。米は之を認めろと云ふのである。日本は之を認め得す。

この発言中の傍点部分は、対米交渉における最大限の譲歩とされていた乙案の「日米両国は孰《いず》れも仏印以外の南東亜細亜及南太平洋地域に武力的進出を行はさることを約すへし」という部分に対応するものである。だが一九四一年一一月五日という時点で、東南アジア地域を指す「南西太平洋」への「武力的現状打破不承認」を「まー認めてもよい」と東條が述べていたことの意味は小さくはない。

ここから読み取ることができることは、中国大陸こそが「国防上並資源の獲得上緊要なる地域」であり、東南アジア地域への軍事的進攻作戦は、それに比べればはるかに優先度が低く、場合によっては放棄できる程度のものだと東條が考えていたことであろう。本書「おわりに」でも再確認していくように、これが開戦の一ヵ月前の段階の発言だった以上、日本軍が東南アジア独立を目的として開戦しなくてはならない、という意識が東條にあったと考えることはできない。

陸軍のインド独立運動支援の始動

東條が陸軍大臣を兼任していたことから考えても、陸軍全体が南方の独立に積極的だったと理解することは困難である。だが一九四一年九月以降、陸軍の一部は独立支援に向けての政策を実施していった。そのような試みのひとつが、参謀本部第八課の藤原岩市少佐によるインド独立支援を目的とした特務機関、いわゆるF機関の設立であった。

一九四一年九月一八日に、バンコックでの工作活動を命じられた藤原は、同年一二月にバンコックでプリタム・シンと覚書を交わして協力関係を誓い合った[56]。シンは、バンコックに本部を置き、上海、東京、香港、インド、ベルリン、タイ南部、マレー半島各地に支部網を設けて反英植民地運動を展開していたインド独立連盟のリーダーであった。

F機関の当初の構成人数が一〇名程度にすぎなかったことを考えれば、藤原の活動は同連盟の存在なしには成立できなかった。またこれをプリタム・シン側から見れば、特に当初は期待できるかどうかも定かではなかった日本軍だけをあてにしていた訳ではなく、自らの組織力こそが活動の基盤であったといえよう。

多少の自己弁護の可能性はあるものの、戦後の藤原が述懐しているように、彼自身にインド独立運動への真摯な意図があったことは確かである。だが日本側が期待したのは、まずはマレー半島攻略戦での英印軍への誘引工作であった。難攻不落と言われたシンガポール要塞の攻略のためにも、それは現実的な効果を期待された活動であった。次章以降でも見ていくように、その効果は確かに表れた。

だがそのことが日本側との軋轢を生んでいくのである。

大本営政府連絡会議での独立をめぐる議論

ここまで何度か述べてきたように、大本営政府連絡懇談会・連絡会議において大東亜共栄圏の内実が真剣に検討された形跡はなく、ごく少数の機会を除いて南方各地の統治形態についての議論がなされることもなかった。その数少ない事例が、先に述べた松岡が渡欧前にまとめた「対独、伊、蘇交渉案要綱」（昭和一六年二月三日）にあった「〔大東亜共栄圏〕地帯居住民族は独立を維持せしめ　又は独立せしむるを原則とするも　現に英、仏、蘭、葡等の属領たる地方にして独立の能力なき民族に付ては各其能力に応し　出来得る限りの自治を許与し　我に於て其統治指導の責に任す」というものであったが[57]、これについては陸軍側から「民族独立の件は朝鮮のこともあるから慎重なるを要す」との留保がつけられており、連絡懇談会での決定を受けたものの陸軍からの全面的な賛同を得たわけではなかった。

その陸軍であるが、参謀本部戦争指導班の記録である『機密戦争日誌』によれば、前述のように一九四〇年一一月にはすでに、南方諸地域の攻略について検討を始めていたことは確認できる。だがその後の占領地の統治形態について、日本が直轄領とするのか、自治を認めるのか、あるいは独立させるのかといった点が検討された形跡は見られない。

たとえば一九四一年九月八日に杉山元参謀総長が行った「南方作戦全般に関する件」についての上奏案が作られた際にも[58]、「南方諸地域攻略後の統治に就きましては　之亦《これまた》鋭意研究準備を進めて居りまするか　支那の占領地処理に比し　南方民族の特性上　占領地統治は比較的容易なるものと信して居ります」とされたように、昭和天皇に対して報告できるだけの内容としてはまとまっていなかったことがうかがえる。

そのような中で、対米戦争を前提とした南方攻略作戦が練られた四一年一一月二〇日になって、ようやく南方攻略後の統治政策が固まることになった。それが大本営政府連絡会議で決定された唯一の統治計画であった、「南方占領地行政実施要領」である。[59]

だが広く知られているように、「占領地域に対しては差し当り軍政を実施し　治安の恢復、重要国防資源の急速獲得及　作戦軍の自活確保に資す」、「占領地領域の最終的帰属並に将来に対する処理に関しては　中央に於て別に之を定むるものとす」とされ、占領地に対してはさしあたっては軍政を施行し、「占領地領域の最終的帰属並に将来に対する処理」については先送りするというだけの同要領において、具体的な独立計画が示されるはずはなかった。

そこで検討されていたのは、もっぱら「重要国防資源の獲得及開発」の手段であり、前記方針に続く具体的な「要領」として書かれていた四〇行あまりの内容のなかでも、独立云々に言及したのはわずか二行にすぎず、それも、

> 原住土民に対しては　皇軍に対する信倚《しんき》の観念を助長せしむる如く指導し　其の独立運動は過早に誘発せしむることを避くるものとす

と独立運動を誘発させることを避ける、とあるのみであった。そしてその一方では、

国防資源取得と占領軍の現地自活の為　民生に及ほさざるを得さる重圧は之を忍はしめ　宣撫《せんぶ》上の要求は　右目的に反せさる限度に止むるものとす

とされたように、日本軍のための重要国防資源の獲得を第一とし、次いで現地軍の自活のための物資獲得を第二義とする以上、「民生に及ほさざるを得さる重圧は之を忍はしめ」る、すなわち南方諸地域の住民の生活は、さしあたって現状よりも悪化することも認識されていたのであった。

確かに南方攻略作戦が成功するか否かも定かではなかったという事情は考慮しなくてはならない。だが、このように、統帥部と政府が一体となって最上位の政策を決定するはずの議論においても、南方攻略の目的は住民を植民地支配の重圧から解放する、というものではなく、日本の重要資源の獲得のためには、現在よりも民生が悪化するほどの日本軍による「重圧は之を忍はしめ」る、というものにすぎなかったのであった。

四　「八紘一宇」と「亜細亜の解放」

このように政策決定過程における大東亜共栄圏構想は、松岡の構想が破綻して以降、見るべき内実を持たなかった。それに対して新聞メディアや総合雑誌は、積極的に大東亜共栄圏を取り上げはじめ

『写真週報』（129号，1940年8月14日）挿絵写真

ていた。

　戦争報道にはその性質上、地名や現地の習俗、風習が書き込まれていくことはいうまでもない。実際にも日中戦争が長期化する中で、新聞紙面には戦地報道があふれ、日本軍を歓迎する現地住民の写真も掲載されていた。だが日本とも歴史的なつながりも深く、「同種同文」という理解が存在していた中国とも異なり、「南方」への関心は大東亜共栄圏構想の公表後に急速に高まったものであった。たとえば内閣情報部（のちに局）が発刊していた週刊誌『写真週報』では、大東亜共栄圏構想の公表直後の一九四〇年八月一四日付で、「南方の共栄圏」という特集号を編集している。

　その内容は、「日本の自給自足の立場から、更に従来の英米依存の経済制から脱脚〔原文ママ「却」〕して自主独往の千《せん》鈞《きん》の重みのある東亜の安定勢力となるためにはどうしても南方との密接な関係が必要である」としながらも、蘭印政府の対日態度には大きな問題があるとして、このままでは「平和的解決を求めることは非常に困難になる。蘭印は事態がかく窮極《きゅうきょく》に立至らぬうちに、よく現下の世界情勢を認識し大東亜共栄圏の一環としての自覚をもって盟主日本とその資源開発に大いに協力すべきであらう」と本国がドイツに占領された蘭印に対して圧力をかける内容であった。

『南方事情展』（南方事情展覧会事務所，1941年8月）挿絵

だがスマトラ島を紹介したページに掲載されていたのが、前掲のような戦時色をうかがうこともできない風景写真であったように、読者に伝えられていたのは牧歌的な南方のイメージであった。

その後、内地各地では南方に関する様々な展覧会などのイベントが催されていった。たとえば一九四一年三月一日から一二日まで、名古屋市や名古屋商工会議所、愛知県商工館が主催し、外務省や陸軍省、海軍省、商工省などの後援を受けて、名古屋松坂屋で「南方事情展」が開催された。南方各地の人口統計や民族情報をパネル形式で提示し、「マレーのゴム園」などを上掲の挿絵のようにマネキンで再現した展示は、現在からみればさほど魅力的ではない。

だが南洋興発株式会社が提供した「南進二千浬《かいり》」も上映され、内閣情報局や南洋協会から講演者を招いた「南方共栄運動大講演会」なども併せて開催されたこの展覧会には、開催日一〇日間で三一万九八〇八名もの入場者が集まった。[60] 不健全娯楽が禁止されるなかで、省庁の後援を得た健全娯楽というべきイベントに来館者が集中した可能性を考慮したとしても、人々の間での南方への関心が高まっていたことを示しているといえよう。

このように大東亜共栄圏構想の発表は、確実に従来にはない東南アジアへの関心を呼び起こしていた。そして大東亜共栄圏の構想者

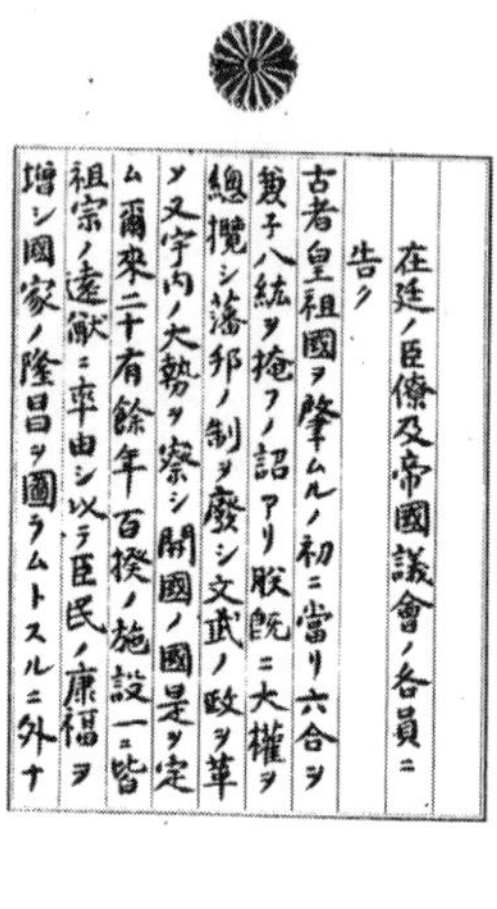

在廷ノ臣僚及帝國議會ノ各員ニ
告ク
古者皇祖國ヲ肇ムルノ初ニ當リ六合ヲ
兼ネ八紘ヲ掩フノ詔アリ朕既ニ大權ヲ
總攬シ藩邦ノ制ヲ廢シ文武ノ政ヲ革
メ宇内ノ大勢ヲ察シ開國ノ國是ヲ定
ム爾來二十有餘年百揆ノ施設一ニ皆
祖宗ノ遺猷ニ率由シ以テ臣民ノ康福ヲ
増シ國家ノ隆昌ヲ圖ラムトスルニ外ナ

1893年2月10日の詔勅

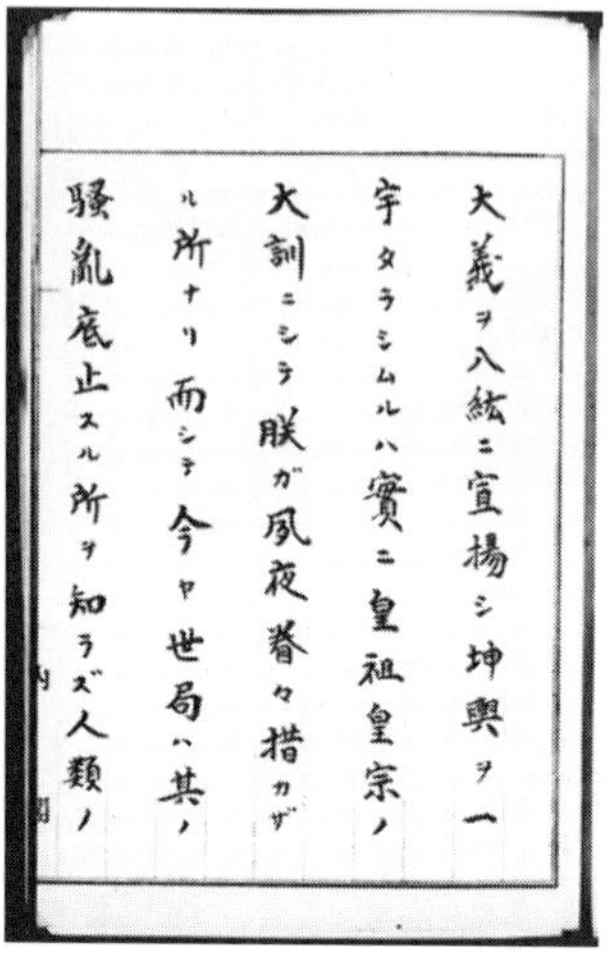

大義ヲ八紘ニ宣揚シ坤輿ヲ一
宇タラシムルハ實ニ皇祖皇宗ノ
大訓ニシテ朕ガ夙夜眷々措カザ
ル所ナリ而シテ今ヤ世局ハ其ノ
騒亂底止スル所ヲ知ラズ人類ノ

三国同盟の詔勅成文

であった松岡もまた、一般読者に向けてその存在をアピールしようとした。

その中で、今から見ていくように、それまでは関係のなかった「八紘一宇」といった用語と大東亜共栄圏が重なりあう言説がつくられていくことになる。また開戦以前の段階では必ずしも南方諸地域の政治的独立を意味していなかった「アジアの解放」という用語も、次第に政治的独立を示唆するものへと変化していくことになる。

それではそもそも八紘一宇というスローガンは、どのような意味内容を持っていたのだろうか。まずその点から考察していきたい。

詔勅における「八紘」の初出事例

八紘一宇という用語は、一般的には大正期の宗教家であった田中智学の造語だったとされている。だが「八紘」に限っていえば、詔勅における使用例はそれを遡る。明治天皇は一八九三年二月一〇日、緊迫する日清関係を念頭に軍艦建造費を捻出するために、「内廷の費を省き　六年の間毎歳三十万円を下付し　又文武の官僚に命し　特別の情状ある者を除く外　同年月間其の俸給十分の一を納《い》れ以て製艦費の補足に充てしむ」ることを内容とする詔勅を渙発《かんぱつ》した。[61]
この「在廷の臣僚及帝国議会の各員に告く」と題された詔勅の冒頭部分は、「古者《ふるくは》皇祖国を肇《はじ》むるの初に当り六合《くにのうち》を兼《かね》子八紘を掩《おお》ふの詔あり」と、神武天皇の事績を踏まえて「八紘」に言及したものであった。さらなる検討が必要ではあるが、ことに詔勅という形で渙発され、さらに時代も遡る以上、田中智学の著作以上の影響力を持っていた可能性も考えなくてはならない。

「八紘」と「一宇」を掲げた三国同盟の詔勅はどのように作られたのか

一九四〇年七月二六日に閣議決定を受けた「基本国策要綱」において「皇国の国是は八紘を一宇とする肇国《ちょうこく》の大精神に基き世界平和の確立を招来することを以て根本とし」と「八紘を一宇とする」という表現が採用されたことは第一章でも述べたとおりである。
だが八紘一宇という語句と大東亜共栄圏の関連性を考えた場合、より重要な意味を持ったのは、その約二ヵ月後の九月二七日に渙発された「大義を八紘に宣揚し坤輿《こんよ》を一宇たらしむるは　実に皇祖皇宗の大訓にして　朕が夙夜眷々《しゅくやけんけん》措かざる所なり」ではじまる三国同盟の詔勅（前掲史料参照）であったとみるのが妥当である。新聞紙面においても、松岡洋右が「実は我建国に当りて神武天皇の賜りたる御詔勅中に拝せらるゝ所謂《いわゆる》八紘一宇の大精神、大和民族のこの大理念を　近代の国際条約に掲げたるは、之が初めてゞある」と述べていたように、[62]この詔勅は「神武天皇の賜りたる御詔勅」と「近代の国際条約」を結び付けた最初の事例であった。ではこの文面はどのように作成されたのだろうか。国立公文書館にはその推敲過程を記した文書が残されている。[63]
現存する史料群の順序が既に壊乱しており、作成時期が記載されていない複数の別案も残されてい

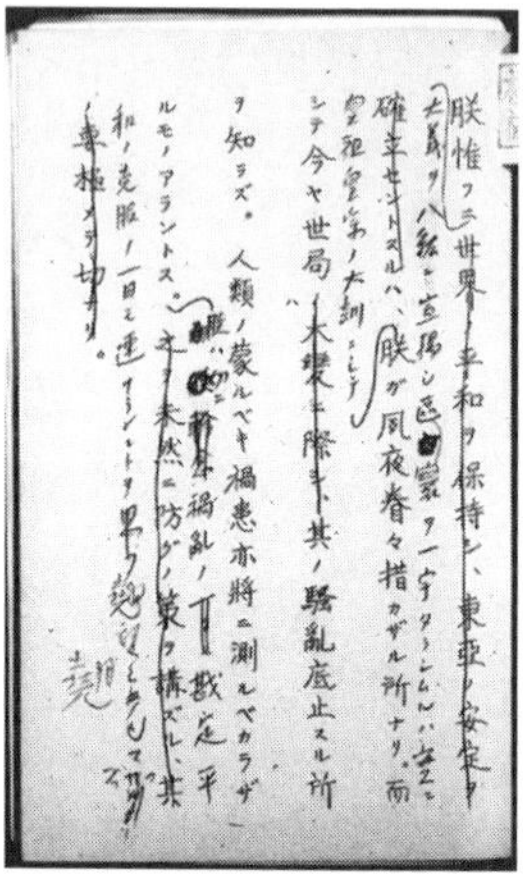

詔勅初期草案の修正課程を示す文書

るために、修正の順序を完全に復元することは困難である。だがもっとも初期のものの一つだと考えられる草案では「朕惟《おも》ふに世界の平和を保持し、東亜の安定を確立せんとするは、朕が夙夜《しゅくや》眷々措《けんけんお》かざる所なり。」と、「八紘」が登場しないものであったことは確認できる。ここから字句の修正が入り、「世界の平和を保持し、東亜の安定を確立せんとする」が、「大義を八紘に宣揚し区《く》寰《かん》を一宇たらしむるは　実に皇祖皇宗の大訓にして」と書き直されたことがわかる（上掲史料参照）。

この他にも別案としては「大義を宇内に宣揚し　八紘を一宇たらしむるは　実に皇祖皇宗の遺烈にして　朕が日夜忘るる能はざるところなり」、あるいは「肇国《ちょうこく》の精神に基き　大義を宇内に宣揚し八紘為宇の大業を全ふするは　朕が日夜忘るるところなき悃念《こんねん》なり」といった冒頭部分のバージョンも存在していたが、そのいずれも採用されず、「大義を八紘に宣揚し区寰を一宇たらしむるは」の内、「区寰」が「坤輿」に改められて最終的な勅語の文面となった。

ここで注目すべきは、そのような修正過程において「八紘」がどのような意味内容を持つ語句として当事者らに意識されていたのかであろう。草稿にはその点を示唆した手書きの説明書きが残されているが、それによれば次のように、

八紘＝四方と四隅と　―――――――字源

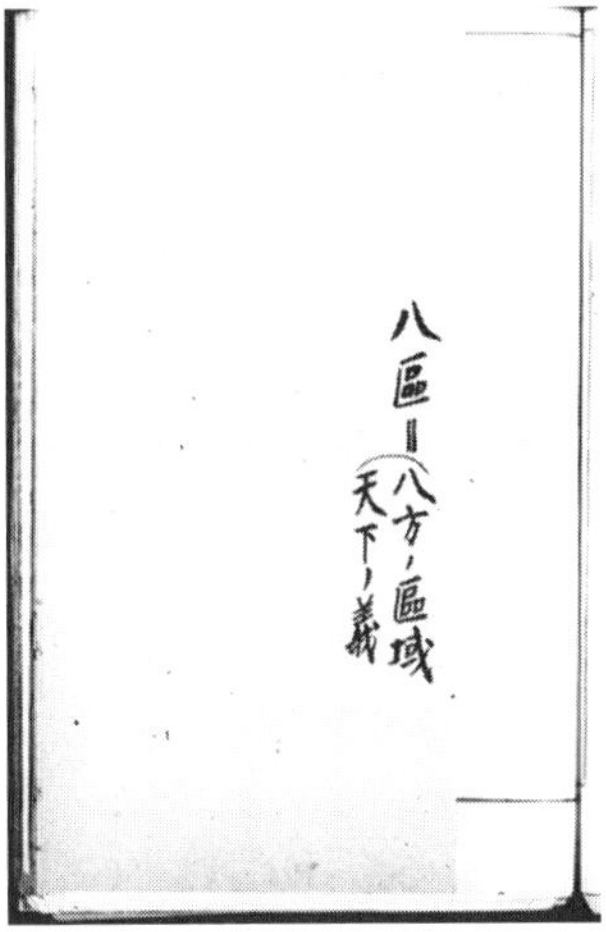

「八区」説明書き

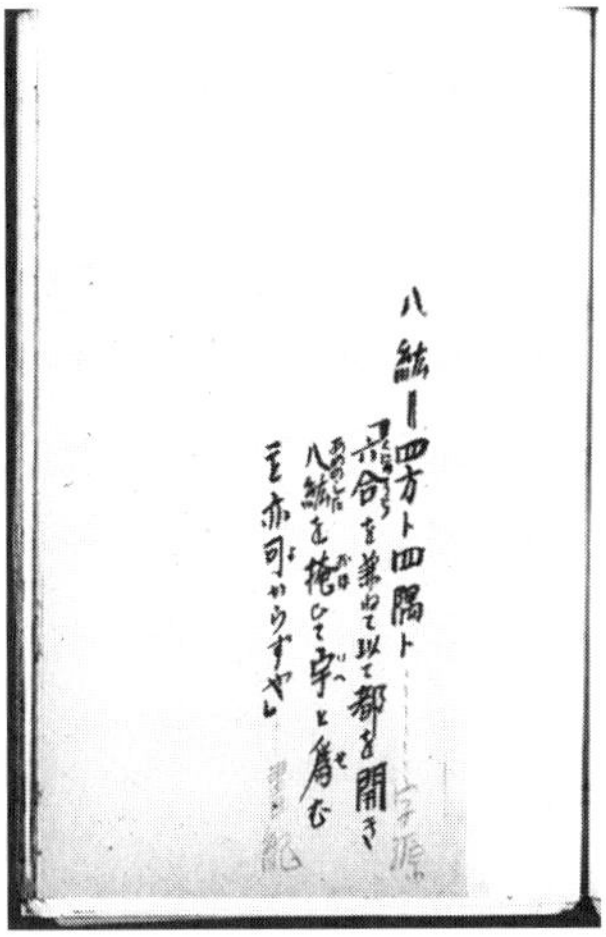

「八紘」説明書き

「六合《くにのうち》を兼ねて以て都を開き
八紘《あめのした》を掩《おほ》ひて宇《いへ》と為《せ》む
こと亦可《よ》からずや」　———書紀

と、その出典として『日本書紀』だけではなく、一九二三年に刊行されて一般に販売されていた漢和辞典『字源』も参照されていたことも判明する。また同様に草案中には、

八区＝八方の区域
　天下の義

というように「八紘」を選ぶか「八区」にするのかを検討した形跡も見られる。このように、詔勅原案の作成者らにとっては、「八紘」という表現は特段重視すべきものでもなく、「八区」に書きかえることもできるものにすぎなかったといえよう。

　また先述の別バージョンの文章表現と、成案の

「八紘一宇」が示唆する意味内容の差異にも留意する必要がある。別案が採用されなかった理由は定かではないが、「大義を宇内に宣揚し八紘を一宇たらしむる」という別案にあった文面と、成案となった勅語の「大義を八紘に宣揚し坤輿を一宇たらしむる」という文面では、「八紘＝天下」を「一つの家」とするのか、あるいは大義を宣揚する範囲としての「八紘＝四方」が言及されているだけなのか、という重要な違いがある。成案となったのが後者であった以上、三国同盟の詔勅においては、天下を一つの家とするという意図は込められていなかったとみることが妥当であろう。

このように三国同盟の詔勅が渙発された段階では、「八紘」や「一宇」といった表現は、日本の「世界征服」の意図を隠すための用語ではなく、一方で東亜の平和を体現するといったものでもなかった。それは書店で購入できる漢和辞典も参照しながら練られた作文にすぎなかったのである。

「反軍演説」と「八紘一宇」

だがその点を確認できたとしても、なぜ八紘一宇という用語が流行し、大東亜共栄圏と結びついていったのか、という点が明らかになるわけではない。実際にも八紘一宇の流行を示す実例には事欠かない。たとえば化学肥料の名称に使用されたり[64]、一九四〇年度の満州国の行政官登用試験の口述問題として出題されたり[65]、あるいは「紘一」と命名された児童が少なくなかったように、確かに八紘一宇という字句は、太平洋戦争開戦の以前から流行していたことは確かであった。

そのような流行の契機となったのは、確かに基本国策要綱と三国同盟の詔勅において使用されたことによって新聞メディアで取り上げられたことではあったが、より詳細に新聞報道を検証していくと、それ以前のある事件によって、この用語がある種のブームとなっていたことがわかる。

その事例の一つが、一九四〇年二月二日に立憲民政党の齋藤隆夫が帝国議会で行った演説、いわゆる「反軍演説」をめぐる新聞報道であった。同事件を報じた新聞紙面によれば、

時局同志会声明
二日衆議院本会議における齋藤隆夫氏の言論に関し　時局同志会では本会議散会後　院内に緊急代議士会を開催、左の声明書を発表した
声明　本日の議場で齋藤隆夫君が民政党を代表してなしたる演説は　八紘一宇の民族的大理想を否認し　聖戦の目的を侮辱し　建国以来の国史の成跡を無視するものなり、同党は全体として右言論につき責を負ふべし[66]

と、時局同志会が齋藤の演説が「八紘一宇の民族的大理想を否認」するものだと批判した声明が新聞紙面をにぎわした。

もっとも齋藤の発言の内、新聞紙面や速記録から削除された部分は、「近衛声明には（一）支那主権の尊重（二）領土、賠償を求めず（三）経済提携（四）在支第三国権益を制限せず（五）内蒙を除く地域の撤兵の五項目を含んでゐるやうである、これは中外に対しての声明であって軽々《けいけい》に修正変更を許さぬものである、汪精衛の声明によれば　日本は近衛声明によって侵略主義を捨て　平等の立場で和平するのだといふ　私は事変処理の範囲内容について政府に尋ねたいのである、支那独立の主権を尊重する以上　支那の内政、外政に干渉がましいことは出来ぬこととなり　領土、償金を取らぬとすれば　今日まで消費した軍費と更に尨大な軍費を日本国民が全部負担せねばならぬのであるが

撤兵についても汪声明によれば　日支共同防衛の結果による　内蒙その他の特定地区以外日本の駐兵がないこととなる、これらについて米内首相はいかに考へられるか」と、[67]平和的な講和条件をむしろ批判するものであった。

また齋藤が述べていたように、齋藤は演説で八紘一宇という用語を使用したわけでもなかった。[68]あくまでも時局同志会がそのようにまとめたのだが、その反響は大きかった。齋藤の演説とそれへの批判が国民の注目を集めた事態を受けて、翌三日には首相や海軍大臣と並んで畑俊六陸軍大臣が次のような演説を行っている。[69]

今次事変の目的は　容共抗日政権を壊滅して東洋平和を回復し　日満支三国が善隣友好、共同防共、経済提携を具現し　もって東亜の新秩序を確立して　肇国《ちょうこく》以来の国是たる八紘一宇の大理想を顕現するにあります、これけだし聖戦と称せられるゆゑんでありまして　弱肉強食を本質とする　いはゆる侵略戦争と根本的にその類を異にするものであります

このように「八紘一宇」こそが「肇国以来の国是」であるとする畑陸相の声明は、二月四日から五日にかけて、『大阪毎日新聞』をはじめとして、『大阪朝日新聞』や、[70]『読売新聞』[71]にも掲載された。

そしてその後、齋藤と時局同志会の批判合戦や畑陸相の声明に刺激されたのか、衆議院の諸会議において「八紘一宇」論争はさらなる盛り上がりを見せることになった。例えば二月一三日、衆議院予算総会で民政党の北昤吉《れいきち》は「近ごろ世上で八紘一宇といふ言葉がさかんに使はれてゐるが　蔣介石政権などではこの精神を　日本の利己的侵略的帝国主義であると宣伝してをり、また外国語に訳された

場合は　ごく平凡な平和的なものになつてしまふおそれがあるので　この際日本の大精神を明かにすべきである」と、松浦鎮次郎《しげじろう》文部大臣に八紘一宇の意義を質した。[72] 松浦文相はそれに答えて、

八紘一宇といふ言葉を現代に適用して　如何なる意味にとるかといふ質問であつたが　八紘一宇といふ言葉は神代から伝へられた言葉で　漢文が渡来して六合《くにのうち》を兼ねて都を開き　八紘を蔽《おお》ひて宇となすと　日本書紀にものつてゐるので　決して近ごろ作つた文字ではない、その意味は神武天皇御創業の御精神で　宏大無辺の御仁徳を　洽《ひろ》く天が下にひとしく拡げ給はんとする大御心と拝察するこの御精神によつて　外国に臨むといふ場合には　どこまでも精神的意味で侵略的意味は毛頭もつてゐない、また単に平和的であるといふ意味でもない、どこまでも神武天皇御創業の御精神である

と答弁したと新聞報道が伝えている。[73] 無論、新聞紙面で八紘一宇が盛り上がりを見せたのがこの時点だったということであり、それ以前の事例がなかったわけではなかった。

たとえば一九三九年五月に平沼騏一郎首相が日中戦争について「全体主義、個人主義といふけれども全体もよくなり個人もよくなければならぬ、これすなはち万物をして帰すべきところに帰せしむるといふ皇道主義によらねばならぬゆゑんである、祭政一致もかかる意味で天地の公道を基礎とすることで、これは神慮《しんりょ》で天地大自然の道を体得して進むことゝなる　これは　政《まつりごと》をすることである、世界平和の外交方針もこれに帰着する　神武天皇の八紘一宇もこの精神である」と述べていたように、[74] 日中戦争が長期化する中でたびたび、八紘一宇の字句が使用されていたことも確認できる。

だが留意すべきは、この時点までの八紘一宇は、「日満支」あるいは「支那事変」と関わる文脈だけで使用された、現在の東アジア地域のみを指し示す用語だったことである。このような意味内容を飛躍的に拡大させていく契機となったのが三国同盟の締結ではなかったのか。

三国同盟の詔勅以後の「八紘一宇」を伝える新聞報道

日独伊三国同盟締結のニュースは、一九四〇年九月二七日の夜に公表された。新聞号外も配布された大阪の様子を新聞紙面は次のように伝えている。[75]

日独伊三国同盟のニュースは二十七日夜電撃のごとく日本国民の心を打った、午後九時半街から街へ飛ぶ本社号外の鈴の音、この歴史的なニュースは大阪全市に拡がって行った
新大阪ホテルのロビーでもてうど《ちょう》宿泊中のドイツ人技師コイネーケ、ハイムバーグ、トムジックの三君を囲んで国語を超越したお互ひの深い信頼の眼《まな》ざしが〝しっかりやりませう〟と微笑み合った
心斎橋、道頓堀の盛り場に号外が配られた時にはてうど《ちょう》映画館、劇場のハネ時だった、商店街も閉店間際のラッシュ時、心斎橋町会では早速二十八日から日独伊三国旗を掲げて祝意を表さうとの話がもち上った

翌二八日から二九日にかけての新聞各紙はこぞって三国同盟締結の詔書の全文を掲載し、紙面には「八紘」と「一宇」の文字が躍ることになった。[76]

この詔勅を受けて、大阪朝日新聞取締役会長であった高石真五郎は、「従来の国際間の合従連衡《がっしょうれんこう》は、それは如何なる条約の形式を取らうとも、所詮はそれぞれの国の利己的立場に出発した帝国主義的のものであり、好戦的のものであった。けれどもいまわれらの結んだ締盟は、畏《かしこ》くも今回の御詔書に宣はせられてある如く　わが皇祖皇宗の大訓である「大義ヲ八紘ニ宣揚シ坤輿ヲ一宇タラシムル」ことを使命とするものである。これが故に万邦各その所を得ることを締盟各国の努力の目標とし、しかしてそのために「相互に提携しかつ協力することに決意」したのである。どこに利己があるか、どこに自我があるか、どこに侵他的意念があるか」と所見を述べるなど、[77]その反響は小さくはなかった。

さらに詔勅を踏まえて、日本の国是が八紘一宇の実現にあると繰り返して国民に伝えていったのが、外務省外交顧問であった白鳥敏夫や松岡洋右であった。例えば白鳥は一九四〇年九月二八日に、新聞各紙に「日本が支那事変を通じて東亜新秩序建設を唱へるに当って　肇国の精神、八紘一宇の理想を強調しつゝあるのは　この意味において独伊の新秩序運動と軌を一にするものがあると思ふ」との談話を発表した。[78]

そして松岡は一〇月七日の地方長官会議に際して、「由来《ゆらい》我国の肇国《ちょうこく》以来の伝統たる大精神は　八紘一宇　即ち道義を世界に布《し》き、万民をして各々その所を得しめるといふことであって、皇国の外交はその根本において　世界の隅々までこの大精神を透徹せしめ、この大理想を地上に実現せんとする聖業の遂行に向って、重大なる役割を演ずべきこと勿論《もちろん》である」と述べ、八紘の指し示す地理範囲を「世界の隅々まで」に拡大した。[79]

このように、そもそもの勅語の文案においては『日本書紀』以外にも一般の辞典が参照され、「八区」となる可能性すらがあったものにすぎなかったにもかかわらず、「八紘」は松岡らの手によってその解釈の幅を拡げていったのであった。さらにその後、八紘一宇は「モノとしての形」までとっていくのである。

「皇紀二千六百年祭」と八紘一宇

一九四〇年一一月一一日、皇居外苑に五万五〇〇〇人の参列者を集めて皇紀二千六百年奉祝会が開催された。この奉祝祭は、同年六月の奉祝東亜競技大会、八月の奉祝明治神宮国民体育大会、一〇月の奉祝美術展などの日本内地、外地各所で開催されていた各種記念行事の総決算として、まさに国民の関心を集めた一大イベントであった。

それを伝える内閣情報部発行の『写真週報』一四三号（一九四〇年一一月二〇日）では、「私たちが奉祝を機として、皇祖天照大神の御神慮や歴朝の聖恩を仰ぎ奉り、世界に比をみない日本の国体を讃《たた》へ、聖寿《せいじゅ》の万歳を寿《ことほ》き奉ると共に、今後国体の精華を全世界に発揚し、八紘一宇の神慮に基づいて世界の国々を共存共栄の美《うる》はしい姿に導いていって、聖恩の万分の一に応《こた》へ奉らうと誓ったのであります」と記載されたように、その即位の年をもって皇紀元年とされた神武天皇の事績を現す用語として、八紘一宇がクローズアップされた。

さらに奉祝記念行事の一つとして宮崎神宮境域の拡張整備が行われ、そこに高さ三七メートル、正面に八紘一宇の文字を彫りこんだ「八紘の基柱」が建設されるにいたる。御幣の形を模した塔の基礎石には外地をはじめとして、ペルーやシンガポール、ハワイ、ドイツ、イタリアなど世界各地の居留民団や日本人会からおくられた一七八九個におよぶ石材が使用された。[80] さらにこのモニュメントは、一〇銭紙幣や四銭切手の図案にも取り入れられて、ひろく国民の目に触れることになった。

(右)「八紘の基柱」(『写真週報』145号，1940年11月)
(左) 10銭紙幣

留意すべきは、当然のことであるが一九三五年ごろから準備が進められていた皇紀二千六百年関連行事は、元々は三国同盟とも大東亜共栄圏建設とも何の関係もない行事だったことである。だが三七年七月の日中戦争、三九年九月の欧州戦争の勃発、さらに四〇年九月の日独伊三国同盟を経て、前述の『写真週報』一四三号に記載されたように、「今後国体の精華を全世界に発揚し、八紘一宇の神慮に基づいて世界の国々を共存共栄の美はしい姿に導いてい」くというように、「世界の国々」を対象とした八紘一宇という意味内容を含み始めたのであった。

松岡洋右と八紘一宇

このように、新聞報道や『写真週報』などメディアに載って流布していったことが確認できる八紘一宇という字句であるが、それは政策決定過程の議論にも影響を与えたものではなかった。「基本国策要綱」をはじめとする政策案でこの用語が使用されたのは、それが公表を前提としたものだったからである。公表を想定していなかった対米交渉、対ソ方針、仏印泰国境紛争調停問題といった個別事象をめぐる議論において、八紘一宇という用語が深く討議された形跡はない。

だがそういった個別政策議論の成果が、一たび新聞紙上に載ると、そこに掲げられていた八紘一宇といった表現は読者の注意を引き、結果として言説としての権力性を発揮していった。そしてそのような言説としての八紘一宇を活用してメディアを動かしていたのがやはり松岡であった。

同時代の「松岡論」をみる限り、「松岡外相に対する街頭の人気は、まさに圧倒的と評するに足る」とまで言われたその人気は絶大であった。[81]「よく語り、よく談じ、持って生れた野性味と直情性を遺憾なく発揮して吹きまくるところ、虚礼に飽き、偽善に疲れた国民の鬱屈気分には、何かなし、爽涼たる刺戟剤の役目を果たし得たものと思はれる」と辛辣なはずの雑誌メディアにまで歓迎されていたその人気ぶりは、一方でメディアを通じた言説の流布にも圧倒的な権力を発揮していたことも物語る。ではそもそも松岡が八紘一宇というスローガンを多用したのはなぜだったのか。

松岡を無条件で弁護したい訳ではないが、松岡にとって一九三九年九月からの「欧州戦争」は、第一次世界大戦後に作られた国際連盟や国際法体系といった西洋国際システムの破綻を意味していた。その意味内容は漠然とはしていたものの、松岡にとって八紘一宇や皇道外交とは、そのような西洋国際システムに代わる国家間の利害調節の仕組みを指す概念だったといえよう。

松岡の主導した日独伊三国同盟の締結が、結果的には対米開戦を導いてしまったことを知っている後世の人間から見れば、確かに八紘一宇や皇道外交などは、何かの本音を隠すための美辞麗句としか見ることはできない。だがここまでにも述べてきたように、ある時点までの松岡が「夫々の勢力圏」の相互承認という、世界秩序を希求していたことを考えれば、松岡が八紘一宇を用いたのは、「日本発」の新たな世界秩序を打ち出そうとした際に、その古色にあふれた曖昧模糊たる用語が極めて「日本的な用語」として利用できると見積もられたからだった可能性が高い。

だが松岡の退任後に八紘一宇という用語が使用された際には、その文脈と意味合いが異なっていったことも見ておかなければならない。例えば一九四一年九月に対米開戦方針を定めた帝国国策要綱をめぐって、「対米戦争は避けられぬか」という質問に対する回答として、次のような内容が想定されていたことを確認できる。[82]

帝国の支那事変処理を中心とする東亜新秩序の建設は　八紘一宇の国是に則りたる帝国不動の国策にして　国家の生命と共に悠久なる発展を遂くへきものなり
然るに米国の対日政策は　現状維持の世界観に立脚し　世界制覇と民主主義擁護の為　帝国の東亜に於ける興隆発展を阻止せんとするに在るものの如く　是《ここ》に於て日米の政策は根本的に背馳《はいち》し両者の衝突は一張一弛《いっちょういっし》を経て　遂に戦争に迄《まで》発展すへきは　歴史的必然性を持つと云ふへきなり

対米戦争の回避を願って様々な遅延工作も行っていた松岡の退任後、日米「両者の衝突は一張一弛を経て　遂に戦争に迄発展すへきは　歴史的必然性を持つ」とまで言われる段階になってから使用された八紘一宇には、それまでとは異なる役割を付与されていたことがわかる。

それは「現状維持の世界観に立脚し　世界制覇と民主主義擁護の為　帝国の東亜における興隆発展を阻止せんとするに在る」とみなされたアメリカの「民主主義」に対抗するために、あたかも確たる政治理念であるかのように語られるものとなった。だがもう一方で充分に注意をしなくてはならないこととは、この時点で八紘一宇が指す範囲が世界規模にまで拡張されたものの、次に見ていくようにそれでも「亜細亜の解放」とは何の関連も持っていなかったことである。

「亜細亜解放」が意味していたもの

今まで見てきたように、大本営政府連絡懇談会・連絡会議という最上位の政策決定機関での議論において、「亜細亜解放」が日本の戦争目的であった証拠を見出すことはできない。しかも一九四一年当時の人々にとって、「亜細亜解放」というスローガンは、現在のわれわれが考えているそれとは異なった意味内容を含んでいたことを理解しなくてはならない。

現在、大東亜共栄圏の評価とも関わるような「アジアの解放」とは、一九四三年に日本がビルマ、フィリピンに許与した「独立」という形での植民地支配からの解放として理解されている。いわばわれわれは「亜細亜解放」を政治的文脈のみから捉えている。だがそれのみが、当時の人々の考えていた解放の中身ではなかった。その点を一九四〇年から四一年にかけて、総合雑誌に寄稿されていた論説から分析してみたい。

東京帝国大学新人会に所属し、一九三二年には共産党に入党、三八年の人民戦線事件によって投獄され、四〇年に出獄していたマルクス経済学者・守屋典郎《ふみお》は、『中央公論』一九四一年一〇月号に「仏印経済と東亜共栄圏経済の今後」という論考を寄せた。「フランス植民政策と仏印の経済」から書きすすめられた同論考では、まず「仏印の遅れたる経済」状態や、「此の植民地の本国依存」状態が述べられた上で、「仏印経済は今や新たなる変貌をとげんとしてゐる。そしてこれを担当する任務を有つものは、東亜の盟主日本である。東亜共栄圏の理念は仏印においても正しく認識されんとしてゐるのである」と続けられていった。それでは同論考が「東亜の解放は将に建設的使命をおびた我が大理想の下に、今や着々とその実現を見んとしつつある」とした、「東亜の解放」とはどのようなものだったのか。

同論文で述べられていたのは、「仏印が東亜共栄圏建設の大事業に現実に参加したことは、英米包囲下にあるわが圏内経済の自給確立のために、この地に対して自ら一定の任務を与へるであらう」という、日本の経済的自給圏としての大東亜共栄圏に参加したことそのものであった。ではなぜそれが、「東亜の解放」になるのか。

それは具体策としての「圏内貨幣、信用制度の円を中心とする統一。一切の貿易上の障害の打破」、というように、円を基軸通貨とした通貨統一と共に、フランス政府が定めていたような、フランス本国と仏印の貿易は無課税、仏印と他国との貿易には関税をかけるという「本国依存」体制からの「解放」が一つであった。そしてもう一つの柱が、日本による「農業技術の指導向上とその民度の引上げ」と、それによる「土民の経済的、社会的及び文化的水準の向上」であった。具体的には住民の主食用米作の改良などによって達成されるはずの民度改善が、それまでの輸出米生産のみを目的としたフランス統治からの「解放」を意味するとされていたのである。

実際には大東亜共栄圏においては、仏印の米作は輸出を目的として推奨され、その計画の杜撰《ずさん》さが混乱をもたらしていくのだが[83]、いずれにしてもこのように守屋典郎が主張していた「東亜の解放」とは、フランスからの独立ではなく、日本との新たな経済関係の樹立だけを指していたのである。

対英米開戦以前に政治的文脈での独立論はあったのか？

大東亜共栄圏構想の発表から太平洋戦争開始までの『文藝春秋』、『中央公論』、『改造』（『改造時局版』を含む）を網羅的に調べた限り、南方諸地域の「独立」を前面に打ち出した論考は存在していなかった。

例えば後の一九五四年に日本ベトナム友好協会を立ち上げることになる坂本徳松は、『中央公論』第五六年秋季特大号（一九四一年一〇月）に「南方問題の文化的基礎」と題した論考を寄稿し、「南方問題は今日すでに国民の輿論を形成してゐる」とし、「南方問題に於ける輿論的基礎を考へるとすれば、政治的には東亜民族の独立と解放を内容として持ち得る」と述べてはいたものの、論考中では具体的な内容についての言及を避けていた。

大衆雑誌ではない媒体をみてみても、例えば大亜細亜協会が発行していた『大亜細亜主義』などでも、積極的に南方の政治的解放を意味する「独立」を主張していた論考は掲載されていない。

無論公開されなかったメディアにおいてはその独立を示唆するものは存在していた。例えば外務省では省内改革運動を求めていた部局横断的な組織を母体として、一九三〇年代中ごろには外務省革新派と呼ばれる勢力が誕生していた。[84] 彼らは一九三〇年代後半から、植民地からの独立を求めた「亜細亜民族運動」に着目し始めている。

外務省革新派のメンバーを多数擁した外務省調査部は、日中戦争開始後、『亜細亜民族運動の実体』（一九三八年二月）、『亜細亜民族運動と日本英帝国及蘇聯邦』（一九三八年二月）といった調書類を刊行した。これらの調書では、「日本は従来余り意識してゐなかった日本の世界史的使命及び日本を繞《めぐ》る亜細亜民族の一般的動向を察し乍《なが》ら、此世界の一般的動向に順応した外交方針を採らねばならぬ。斯くすることに依ってのみ日本は亜細亜に於ける位置並びに亜細亜民族の一員たる立場を利用し得る」と、[85] 政治的文脈において独立を希求する「亜細亜民族の一般的動向」に「順応した外交方針を採らねばならぬ」と主張されたのであった。

『中央公論』（40年9月～41年12月） 大東亜共栄圏関連論文一覧

1940年9月号	今野源八郎「欧州広域経済論」、岩淵辰雄「東條陸相の政治的立場」、村山公三「東亜経済圏に於ける南洋の地位」
1940年11月号	鎌倉一郎「太平洋空間の性格革命—世界政治と東亜共栄圏の編成」
1940年12月号	隈部種樹「東亜共栄圏の外廓（イラーク）」
1941年3月号	松本重治「米国の世界政策と日米危機」、蠟山政道「世界新秩序と米国の責任」、アメリカ政治経済研究会「米国の対東亜共栄圏貿易」、平貞蔵「我が南進論と世界政治の現勢」
1941年4月号	前川晃一「日本南進の内在的根拠」、平貞蔵「南進の世界的意義」
1941年6月号	蠟山政道「世界政策と国内政策の関連」
1941年9月号	蠟山政道「世界政治の道徳的基礎」
1941年10月号	田辺元「国家の道義性」、森谷克己「東亜共栄経済論」、守屋典郎「仏印経済と東亜共栄圏経済の今後」、坂本徳松「南方問題の文化的基礎」

『文芸春秋』（40年9月～41年12月） 大東亜共栄圏関連論文一覧

1941年3月号	武村忠雄「インフレと国内相剋」、蠟山政道「米国の世界政策と日本の対策」、中保與作「東亜共栄圏理念の諸様相」
1941年4月号	匝瑳胤次「濠亜地中海の争覇戦」
1941年5月号	座談会「世界情勢の展開と革新の断行」
1941年6月号	矢部周「松岡外交今後の展開」

『改造』（40年8月～41年12月） 大東亜共栄圏関連論文一覧

1940年8月号	蠟山政道「世界の運命と日本の望み」、伊藤正徳「東亜モンロー宣言」
1940年9月号	匝瑳胤次「東亜共栄圏の確立」
1940年10月号	前原光雄「枢軸外交の発展性と日本」、鈴木成高「歴史的国家の理念」、友岡久雄「フイリツピンの地位」、高橋三吉「我が南進策と米国」
1940年11月号	石原広一郎「三国同盟と東亜共栄圏」、伊藤知晄「ビルマ風土記」、杉山平助「松岡外相論」

無論、留意すべきは外務省革新派の調書は一般には流布していなかったことであるが、一方で先述の坂本徳松の「南方問題は今日すでに国民の輿論を形成してゐる」、「南方問題に於ける輿論的基礎を考へるとすれば、政治的には東亜民族の独立と解放を内容として持ち得る」といった指摘を考慮するのであれば、国民世論の中では、南方の独立という形での「解放」を叫ぶ言論も存在していたことも認められるであろう。そして事実としても、そのような解放論が価値を持ちえる状況が存在していたことも見ておかなくてはならない。

一九三〇年代の植民地状況

次頁に掲載した地図は、『写真週報』に掲載されたものであるが、言うまでもなく同種の地図は教科書から、新聞・雑誌にまで広く掲載されており、一九三〇年代の東南アジアが欧米列国の植民地支配に甘んじている状況を否がおうにも感じさせるものであった。

一九四六年の独立認可を前提として一九三五年以降に住民による自治政府（コモンウェルス）の設置を進めていたフィリピンを唯一の例外として、その他の蘭印、仏印、英領ビルマ・インド・マレー・海峡植民地の場合は、一九三〇年代にいたっても宗主国は植民地を手放そうとしていなかった。

先述のように、『中央公論』などの大衆雑誌においては、南方独立を求めるような主張は掲載されてはいなかった。だが一九三〇年代後半からは、先述の守屋論文のように、いかに欧米の植民地支配が苛烈なものであるのか、その状況を詳細に伝える論文は掲載され続けていった。特に一九四〇年以降、日本に対するいわゆるＡＢＣＤ包囲網が展開されている、という報道と相まって、国民の間でも欧米列強によって侵食され続けてきた南方の植民地は解放されるべきだと推断できる状況は生まれていたといえよう。

だが同時に考えるべきは、そのような植民地状況を構成していたのは、他ならぬ帝国日本でもあったことである。一九三八年に作成された先述の外務省革新派の調書は次のように述べていた[86]。

> 日本は自ら亜細亜諸民族に対する唯一の希望であり又亜細亜民族運動の母体の一つであるにも拘らず、寧ろ亜細亜より欧米的立場に立って亜細亜諸民族に対して来たのである。換言すれば、日本は自ら無意識的に与へつつある重大な世界史的影響を認知せずして、意識的には寧ろ欧米帝国主義国に合流して此影響を減殺する様な態度及び政策を取って来たのである。

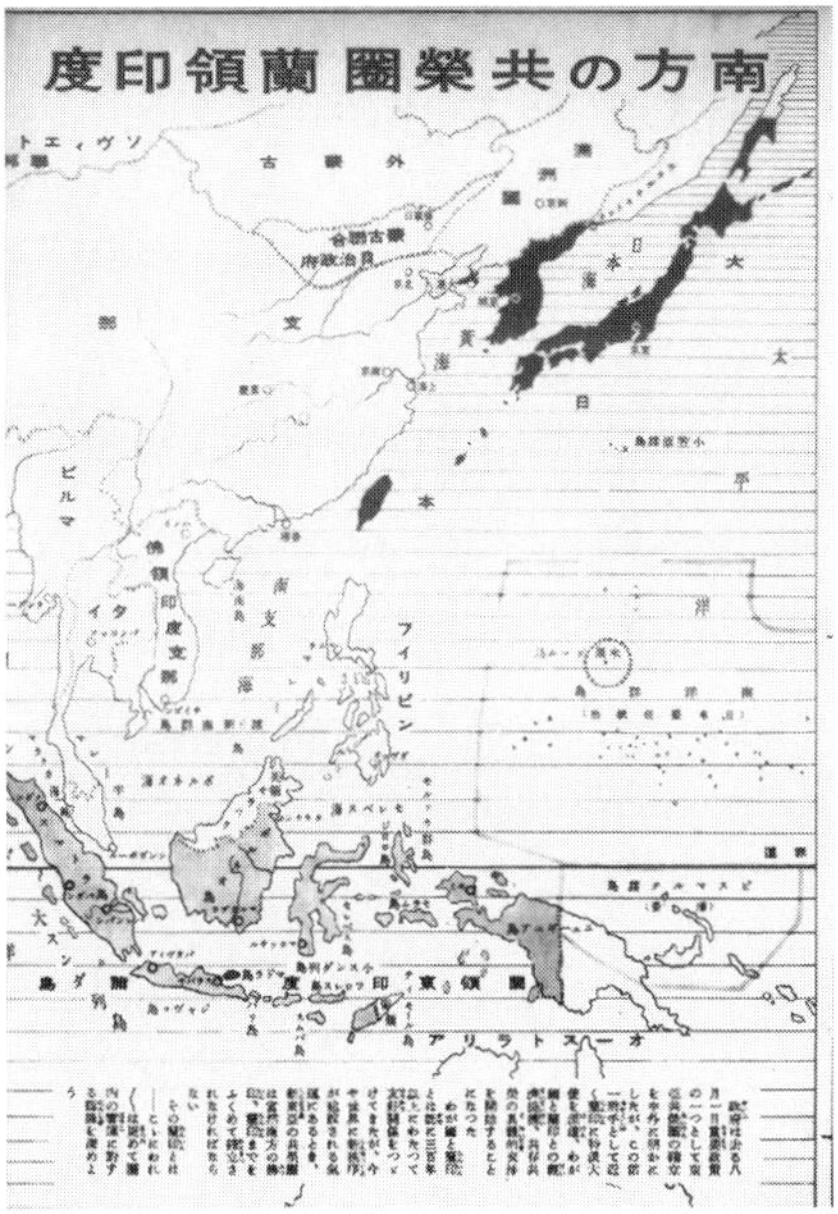

「南方の共栄圏」図（『写真週報』129号，1940年8月）

このように、帝国日本も植民地支配を継続しながら、「寧ろ亜細亜より欧米的立場に立って亜細亜諸民族に対して来た」のである。

だが本来であれば亜細亜の解放の躓《つまず》きの石となるはずの自国の植民地支配は、「同化」や「一視同仁」という正当化の論理に組み込まれたままであった。

例えば先述の守屋典郎の論考では、フランスが仏印に対して行っていた「初期における同化政策」について、「これは、文化史的には、白人文明を以って完全無欠なものと妄断し、これによって自己の思想を土民に強要するもの」であったと批判していた。[87] だがその指摘が同様に日本語教育を推し進め、創氏改名などを行っていた日本の朝鮮統治への批判とも重なるという自覚は示されていなかった。経済的側面についても、「〔仏印の〕土民の向上は先づ経済的になされることを要する」としながら、その具体策としての米作振興に関しては、「わが技術指導によって現在の二乃至三倍化にまで高められることあるべきは、領有以後の朝鮮、台湾の実例をもってするも、たやすく推知せられるのである」と、むしろ日本の植民地支配こそが模範であるとすら述べられていた。

このように朝鮮・台湾統治への内省に至る道を閉ざしたまま、「亜細亜の解放」はあたかも日本の国是であったかのように語られ続け、一九四二年以降の大東亜共栄圏を支え続けていくのである。

第三章

異文化体験の空間

一九四一年一二月八日、真珠湾攻撃とほぼ時を同じくして日本陸軍第二五軍は、タイ領シンゴラ、パタニ、そして英領マレーのコタバルに上陸作戦を敢行した。そしてインド人部隊を含めたイギリス軍（英印軍）と交戦しながらマレー半島を南下し、四二年一月三一日には半島最南端部のジョホールバルを占拠、「要塞都市」シンガポール攻略に移行した。いわば力ずくでの大東亜共栄圏建設が始まったのである。それは二〇〇万人に及ぶ日本人の南方体験の始まりでもあった。

では内地の政府や軍部中枢にいた政策決定者らは、大東亜共栄圏が実体化していく中で始まる広域的多民族統治の意味を、どこまで認識できていたのだろうか。言うまでもないことであるが、松岡の当初の発想にあった欧米各国の宗主権から離脱させるための独立構想と、日本が占領した地域に対する独立構想はその意味合いにおいて同一ではない。本章ではまず政策決定過程における南方占領地帰属に関する議論をおさえた上で、軍の宣伝班に組み込まれ、実際に大東亜共栄圏建設の現場に携わることになった徴用作家らが書き残した南方体験の様相をみていきたい。

一 「独立」か「占領」の継続か

「南方占領地帰属」をめぐる政策レベルの議論

すでに前章で見てきたように開戦以前、大本営政府連絡会議レベルでは、南方諸地域の処遇について地域を区分した形での明確な方針は示されなかった。現存する一次史料の中で、開戦以降の最も早い時期に「南方占領地帰属」について検討したと考えられるものが、一九四一年一二月一九日に外務省で作られた「南方占領地帰属に関する思想調整の腹案」である。[1] これはおそらく三月一四日の第九五回連絡会議に提示された外務省案の原案だと考えることができるが、同案では「帝国領土とすべき地域」として、「香港」、「アンダマン」及び「ニコバル」諸島、「ニューギニヤ」諸島、「ナウル」及び「オウシャン」島、「瓦無《グアム》島」、「海峡殖民地及星港《シンガポール》前面ノ蘭領島嶼」などが想定された。

ついで「保護領」とされたのが、「馬来各州」、「「スマトラ」及同附属諸島」（一部は直轄領）、「ボルネオ」（一部は直轄領）、「セレベス」などであった。

一方、「独立」地域とされたのは以下の三地域であった。まず外務省案では「「ジャバ」及附属諸島」が「独立せしむ」とされたが、同時に「但し帝国の強度保護下に置き　軍事は帝国

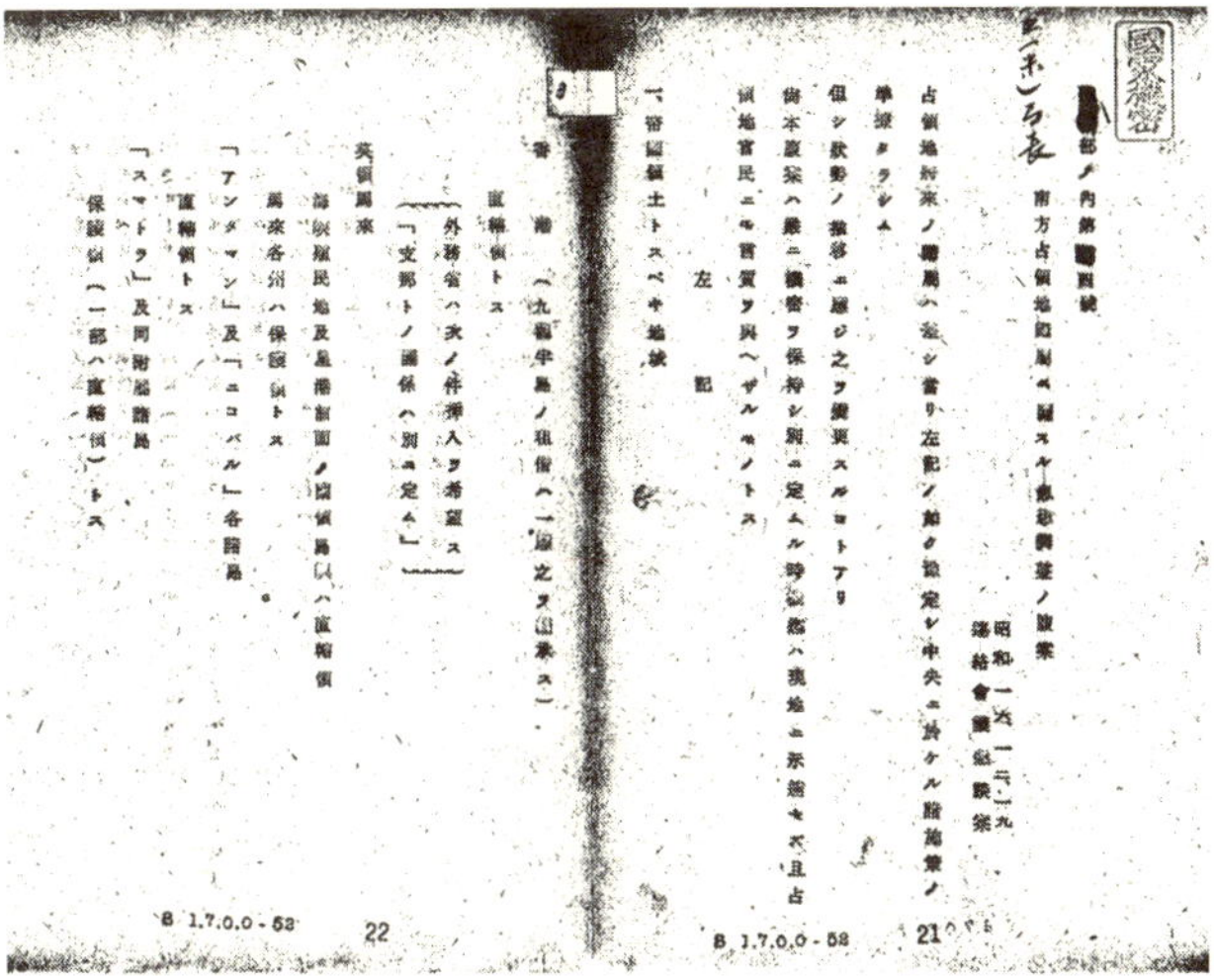
部ノ内部調整案
南方占領地帰属ニ関スル思想調整ノ腹案
昭和一六、一二、一九
連絡会議提出案
占領地将来ノ帰属ハ差シ当リ左記ノ如ク決定シ中央ニ於ケル諸施策ノ準拠タラシム
但シ状勢ノ推移ニ應ジ之ヲ變更スルコトアリ
尚本腹案ハ厳ニ機密ヲ保持シ別ニ定ムル時迄ハ現地ニ示達セズ且占領地官民ニハ言質ヲ與ヘザルモノトス
左記
一、帝国領土トスベキ地域
香港（九龍半島ノ租借ハ一括之ヲ回収ス）
直轄領トス
外務省ハ次ノ件挿入ヲ希望ス
「支那トノ関係ハ別ニ定ム」
英領馬来
海峡殖民地及星港前面ノ蘭領島嶼ハ直轄領
馬来各州ハ保護領トス
「アンダマン」及「ニコバル」各諸島
直轄領トス
「スマトラ」及同附属諸島
保護領（一部ハ直轄領）トス
B 1.7.0.0-52　21
B 1.7.0.0-52　22

「南方占領地帰属に関する思想調整の腹案」

之を管掌し　外交及経済は帝国之に干与《かんよ》す」とされた。外交権を完全に掌握する「保護国」ではないものの、軍事権を剝奪し、外交権などにも制限を加えるという形の「独立」国にすぎないものであった。

つづいて「ビルマ」も「独立せしむ」とされたが、「但し帝国の保護下に置き　軍事は帝国之を管掌し　外交経済は緊密に提携す」と、「ジャバ」よりは希薄ではあったものの、独立国とは言い難いほどの、外交・経済分野への日本の関与が前提とされていた。

その一方で、広範な国家主権が認められたのはフィリピンであった。フィリピンについては「現地域を以て独立せしむ」とされ、「但し海軍を有せしめず　所要の治安軍を保持せしむ」とされたように、「治安軍の保持」が認められ、外交・経済分野に対する日本の関与もうたわれなかった。このようなフィリピンに対する処遇は、やはり一九四六年の独立に向けて、すでにコモンウェルスが運営されていたことに起因していたといえよう。

だが以上の内容はあくまでも外務省の見解であり、大本営政府連絡会議において最初に独立許与に至る道筋が示されたのは、前著『帝国日本の拡張と崩壊』でも指摘したように、その一月余り後の四二年一月一五日に決定された「総理大臣施政演説中対外処理方針の件」においてである。[2]この中でフィリピンに対しては、「将来同島の民衆にして　帝国の真意を解し東亜新秩序の一翼として協力し来るに於ては　帝国は欣然《きんぜん》として之に独立の栄誉を与へんとするものであります」と、独立許与が確約された。

さらにこの時点では、それと同時に「蘭印、ビルマ等に就きましても　帝国の企図する所は之に異なる所がないのであります」とビルマと共に、蘭領東インドの独立も示唆されていた。だが東條首相のシンガポール陥落記念演説の内容を討議した二月九日の第八三回連絡会議の際には、原案にあったインドネシア人と「相共に東亜を防衛し」という部分は、「印度「ネシヤ」人を対等に扱ふが如き感じを与へ適当ならず」という批判を受けて削除され、[3] 二月一六日のシンガポール陥落記念演説においては、「「インドネシヤ」民族にして我真意を諒解し、大東亜建設に協力し来るにおいては、その希望と伝統とを尊重し、同民族を米英の傀儡《かいらい》たる和蘭《オランダ》亡命政府の圧政下より解放して、その地域を「インドネシヤ」人の安住の地たらしめんとするものであります」(『朝日新聞』一九四二年二月一七日附)と、「独立」への明言はなされなかった。

このように日本軍が順調に占領地を拡大しつつある時点において、インド独立運動への波及効果が期待されたビルマと、日本の占領前から一九四六年の独立が決定されていたフィリピン以外の独立は定まっていなかった。そしてこのことに併せて、大本営政府連絡会議の議論においては、にわかには信じがたいようなテーマが話し合われていたのである。

「国防圏と言ひ共栄圏と言ふも如何なる差異ありや」

それが二月二六日の第八九回連絡会議の際に、杉山元参謀総長から提起された「大東亜共栄圏とあるも其の範囲如何」という質疑であった。[4] これは翌二七日に開催される大東亜建設審議会の初会合に諮問する内容をめぐる議論の中でなされたものだったが、これ対して東條は「今占領して居り作戦を実行しある地域にして「ビルマ」、馬来、蘭印及其の東方の諸島を意味す」と答弁したものの、確証はなかったようであった。そのため二日後の連絡会議において再び「大東亜共栄圏」の定義が議題となった。残された議事録が伝えるのは、次のようなやり取りである。[5]

〔東條英機〕総理
国防圏と言ひ共栄圏と言ふも如何なる差異ありや
〔鈴木貞一〕企画院総裁
資源圏は共栄圏と略々《ほぼ》同一なるも資源圏には灰色の部分あり
〔賀屋興宣〕大蔵大臣
国防圏、共栄圏、資源圏は略々一致すべきものならずや
〔山本熊一外務省〕東亜局長
此等は国防、資源其の他政治等の各方面より検討するの意味にして必ずしも一致すべしと言へざるべし
岡〔敬純《たかずみ》〕軍務局長
此等三者は全く一致するを理想とすべく資源圏は之れだけ大丈夫と言ふ範囲にして其の他は獲得の手段を講ずれば可なり
此等三者が一致せざれば又資源が足らぬから手を出すと言ふことになる
〔東郷茂徳〕外務大臣
必ずしも然らず、如何なる場合にも外国より侵されざる地域として核心を決める必要もあり、必ずしも然らざる地域もあるべし、中核となるべき地域と其の外廓となるべき地域との差異あるは当然にして必ずしも一致せざるべし
国防圏は之をはっきり決定し其の上の濠洲印度は謂はば作戦圏にして必要に応じて出ることもあるべし
武藤〔章〕軍務局長

このように政策決定過程上部のアクターらは、開戦後にいたっても国防圏、共栄圏、資源圏といった認識を共有すらしていなかったことがわかる。このやり取りの後も要領を得ない議論は続き、その

結果「論議の結果結局国防圏、共栄圏決定の一段機として資源関係を研究すると言ふ意味にて」、「帝国資源圏は日満支及西南太平洋地域とし　濠洲印度等は之が補給圏たらしむるものとす」と、まとまりを欠いた結論が導かれた。

だが議論はそれでは終わらなかった。今度は嶋田繁太郎海軍大臣が「東亜新秩序の建設とは　東亜諸民族の解放と言ふ精神に出発するものなるに付　印度濠洲を除くは適当ならず　戦況は如何に推移するや判らざる今は　或は我が手に入るやも知れざる地域を除外することは同意し得ず」として、「大東亜圏」に「濠洲印度」を含めることを主張した。

それに対して杉山元参謀総長も「北方が除外せられある理由如何、状況の変化如何に依りては北方をも考へさるへからす」と蒸し返し、軍令部次長や参謀次長も持論を述べ出したために再び紛糾し、「結局現在攻略しつつある地域の趣旨にて通すこととなり」、「「其の他の諸地域に関しては情勢の推移に応じ決定す」との一行を附することに決定せり」、とまたもや結論とも言い難いような表現で落着したのであった。

その二週間ほどのちに開催された大東亜建設審議会の第三部会第一回会合（三月一一日）においても、委員の大谷光瑞《こうずい》が「大東亜共栄圏なるものの定義を政府が明かに言って呉《く》れませぬ、それでございますから、現地の説を出せと言はれても、甚だしく困ります」[6]と批判を述べていたように、一九四二年三月という時期になっても、政策決定者らは大東亜共栄圏の地理的範囲も、それが他の用語とどう異なるのかも把握していなかったのである。

当然のことながらその程度の認識にすぎない以上、開戦初頭の大本営政府連絡会議においては、南方各地のエスニックグループに関する情報交換が行われることもなく、大東亜共栄圏が広域的多民族統治になることの意味が検討されることもなかった。

だが戦線は拡大中であり、占領地軍政は開始されなくてはならなかった。では大東亜共栄圏の現場に投げ出された兵士や軍属には、どのような認識が伝えられていたのだろうか。

『これだけ読めば戦は勝てる』

一九四一年に大本営陸軍部によって、「作戦軍将兵全員に南方作戦の目的、特質等を徹底させる」ために、「乗船直後将兵全員〔傍点原文ママ〕に配付する目的を以て起案」された冊子が存在する。それが辻政信が執筆したとされている『これだけ読めば戦は勝てる』であった。

これは「下士官、兵にでも十分理解出来る様に平易に書いた」とあるとおりに、きわめてくだけた口語体で書かれ、「暑くて狭苦しい船の中で肩が凝らずに短時間に読める事」を意識したという七〇ページ余りの小冊子であった。だが前出の引用のように「将兵全員」に配付するために、四〇万部が印刷された特異なメディアであった。では、そこには何が書かれていたのか。

「一億の東洋民族が三十万の白人に虐げられて居る」

同冊子はまず「南方作戦地方とはどんな所か」として、「今印度を除き仏印、馬来、蘭印、比律賓《フイリピン》だけについて見ると　約一億の東洋民族が僅《わず》かに三十万足らずの白人に虐げられて居るのである。一歩敵地に上陸して見ると　白人共が如何に土民を圧迫して居るかが明瞭であらう」とのべた上で、次のように戦争の意義を述べていた。

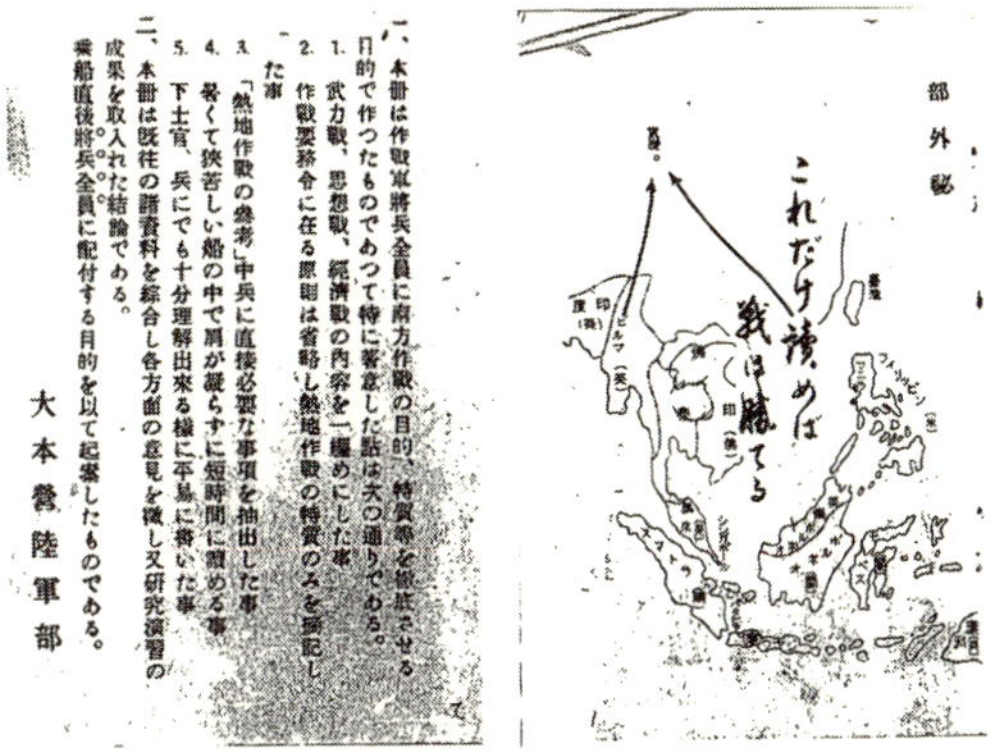

一、本冊は作戦軍将兵全員に南方作戦の目的、特質等を徹底させる目的で作つたものであつて特に留意した點は次の通りである。
1. 武力戦、思想戦、経済戦の内容を一纏めにした事
2. 作戦要務令に在る原則は省略し熱地作戦の特質のみを摘記した事
3. 「熱地作戦の参考」中兵に直接必要な事項を抽出した事
4. 暑くて狭苦しい船の中で肩が凝らずに短時間に讀める事
5. 下士官、兵にでも十分理解出來る様に平易に書いた事
二、本冊は既往の諸資料を綜合し各方面の意見を徴し又研究演習の成果を取入れた結論である。
乗船直後将兵全員に配付する目的を以て起案したものである。
大本營陸軍部

『これだけ読めば戦は勝てる』

日本は東洋の先覚として満州をソ聯の野望より救ひ出し、支那を英米の搾取より解放し　次いで泰国や安南人、比律賓人等の独立を助け　南洋土人や印度人の幸福をもたらしてやる大使命を与へられて居る。八紘一宇の精神は即ち之である。

今度の戦争の目的とする所は　世界の各民族をして各々其の所を得しめる事を理想とし給ふ陛下の大御心を　先づ東洋に於て実現する為　東洋の各国が軍事的に同盟し、経済的には共存互恵の原則で有無相通じ、相互に他の政治的独立を尊重しつつ　東亜の大同団結を図り、其の綜合力に依って東亜を白人の圧迫侵略から解放するに在るのである。

ここには前章までに見てきたように、開戦以前にはメディアにも登場していなかった「泰国や安南人、比律賓人等の独立を助け　南洋土人や印度人の幸福をもたらしてやる」といった内容が、南方作戦と共に登場していることを確認できる。またそれを「八紘一宇の精神」の体現だとする表現も見られるように、開戦以降になると八紘一宇とアジアの解放が結び付いていったことも見ての通りであった。

ここには大東亜共栄圏という用語は登場しないが、それが意図する所はその建設が戦争目的だということになる。

だが引用末尾部分に「相互に他の政治的独立を尊重しつつ　東亜の大同団結を図り、其の綜合力に依って　東亜を白人の圧迫侵略から解放するに在る」とあるにもかかわらず、続く項目のタイトルは「土人を可愛がれ、併《しか》し過大な期待はかけられぬ」という眼を疑うようなものであった。

「土人を可愛がれ、併し過大な期待はかけられぬ」

同冊子は続いて「僅《わずか》に三十万足らずの白人に奴隷扱ひされて来た一億の土人は　眼玉の色も肌の色も我々によく似てゐる。世界の宝庫である土地を故郷として神様から貰って生れた筈の土人が　何の因果で白人共に圧迫せられてゐるのかと考へると　誰しも可愛くなって来る事だらう」と、独特の言い回しで話を進めていった。だがこれは項目タイトルの前半、「土人を可愛がれ」という部分に対応する内容であり、後半の「併し過大な期待はかけられぬ」という部分に対応する記述は次のようなものであった。

> 併し裸で暮して働かなくても食べられる自然の恩に恵まれた土人は懶《なま》けものが多く、又三百年の久しい間西洋人から抑へられ、支那人から搾《しぼ》られて来て全く去勢された状態にあるから之をすぐ物にしようとしても余り大きな期待はかけられぬ事を心しなければならぬ。

このように実際に南方各地に向かう将兵や軍属に伝えられていたのは、「懶けものが多く」、「全く去勢された状態にある」、「すぐ物にしようとしても余り大きな期待はかけられぬ」といった認識に他ならなかった。

政府や軍中央部の南方に対する認識が極めて杜撰《ずさん》なものだったことは見た通りであったが、現地に向かう軍人や軍属に対しても、「相互に他の政治的独立を尊重しつつ　東亜の大同団結を図り、其の綜合力に依って　東亜を白人の圧迫侵略から解放するに在る」はずの「大使命」は、それ以上に率直かつ平易な言葉で書かれた「土人」認識を伝える言葉で伝達されていたのである。

だが考慮しなくてはならないのは、一九四〇年一二月以前に日本を発っていた陸軍部隊の兵士や軍属らには、部隊の行き先は知らされていなかったという事実である。彼らに事前に南方諸地域の知識を蓄える時間がなかったことを考えれば、開戦当初に南方戦線に送られた多くの兵士や軍属らにとって、この冊子の内容が上陸前のほぼ唯一の知識源であった可能性が高い。これが「泰国や安南人、比律賓人等の独立を助け　南洋土人や印度人の幸福をもたらしてやる」はずの戦争の実態であった。

二　マレー軍政部の多民族統治

一九四一年一二月八日の上陸後、第五師団と近衛師団を基幹とする第二五軍（富集団）は、英印軍の守るタイとの国境付近の要所、通称ジットラ・ラインを突破してマレー半島を南下した。占領地では軍政が施行されたが、それは広域的に多民族社会を統治するという初めての経験であった。次に残された一次史料群を使用して、初期マレー・スマトラ軍政の内実を、多民族統治という側面に焦点を当てながら見ていきたい。

クアラルンプール攻防戦が始まる直前の一二月三〇日、富集団参謀長は内地の陸軍次官あてに占領統治体制の整備を求める軍政部長からの要請を転電した。この電報からは、第二五軍が日本軍作戦下におけるマレー半島の民族状況をどのようにとらえていたのかを知ることができる。[7]

占領地の実情を見るに 非聯邦州は「サルタン」を中心とする政治力に若干の補強を加へ藉《か》すに時日を以てせば 辛うじて行政の衝に当り得 聯邦州に於ては王は唯《ただ》名のみにして政治の実権行政の要部 悉《ことごと》く英人の支配する所なりしを以て 彼等の遁走後は全然統制力を失ひ 此の間原住民族たる馬来人 経済的実権を有する華僑 狡猾抜目なき印度人間に対立を見 秩序の混乱と共に民族的社会情勢に変化を来し 将来の統治に不利を及ぼすの憂《うれい》あり 直轄領に於ては更に其の傾向に向ひ〔原文ママ〕 地方行政組織の確立こそ刻下の急務にして 其の中枢は軍政部支部（特務機関）〔原文ママ〕たらざるを得ざる実情にあり

このように第二五軍ではマレー半島特有の海峡植民地、連邦州、非連邦州といった植民地行政区分が混在する状況下での多民族社会統治への対応に迫られていた。そしてここにも登場する「サルタン」の利用は、後に見ていくように日本軍による異民族統治の一つの手段となっていく。

シンガポール攻略が完了した一九四二年二月以降、シンガポール・マレー半島、そしてスマトラ島を管轄下においた第二五軍は本格的な軍政を開始した。防衛省防衛研究所には、第二五軍軍政部の顧問であった徳川義親《よしちか》が寄贈したマレー・スマトラ軍政関係史料が残されている。南方に進軍した日本陸軍部隊のうちでも、最も早い時期から軍政を施行しなくてはならなかった第二五軍は、どのような統治をおこなおうとしていたのだろうか。

初期軍政機構の要員

第二五軍（富集団）司令部が提出した「戦時月報」によれば、シンガポール占領後の三月四日には軍政本部を旧海峡植民地政庁に移して、本格的軍政の実施に入っている。そして三月七日には「昭南《しょうなん》《〔シンガポール〕》特別市市長を始め　各州知事の任命を見るに至」り、「市長及各州知事は三月十七日付を以て勅令に基く陸軍司政長官に任ぜられ」ることになった。[8]

だがここで問題として浮上してきたのが、統治を担当する「内地人要員の不足」であった。上掲の表は「戦時月報（昭和一七年三月末日）」に掲載されたものであるが、[9]これによれば軍政当初は、マレー半島とスマトラ島全域に及ぶ広大な地域を、五〇〇名にも満たない職員で統轄しなくてはならなかったのである。

第二五軍は三月二〇日にスマトラ島内一〇州に、陸軍中佐・大佐クラスの支部長を置く形で軍政要員を任命した。だがここで見るべきは、それに当たっておこなわれた事前準備である。「戦時月報」は次のように記している。[10]

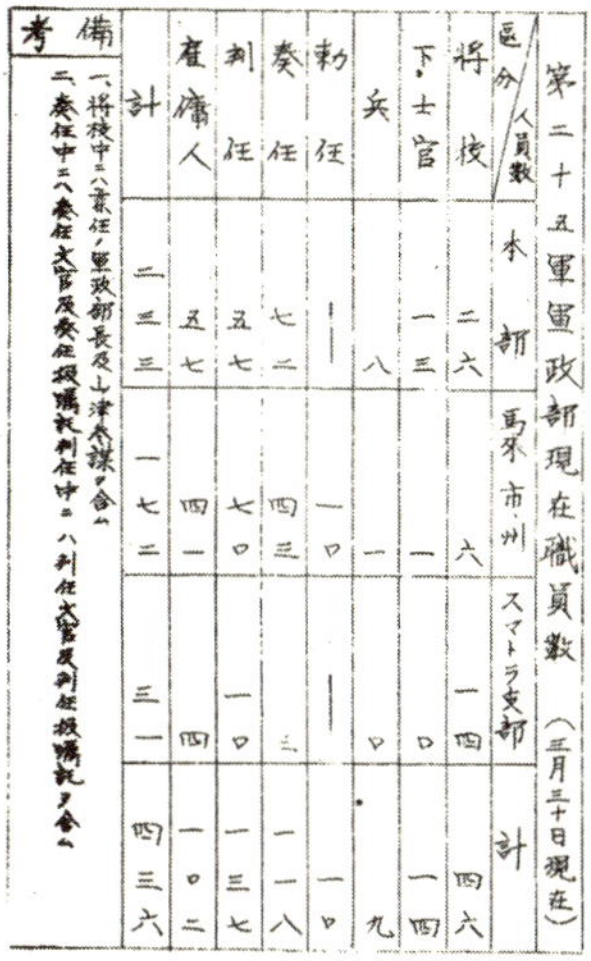

第二十五軍軍政部現在職員数（三月三十日現在）

区分＼人員数	本部	馬来市・州	スマトラ支部	計
将校	二六	六	一四	四六
下士官	一三	一	〇	一四
兵	八	一	〇	九
勅任	―	一〇	―	一〇
奏任	七二	四三	三	一一八
判任	五七	七〇	一〇	一三七
雇傭人	五七	四一	四	一〇二
計	二三三	一七二	三一	四三六

備考
一、将校中ニハ奏任ノ軍政部長及山津参謀ヲ含ム
二、奏任中ニハ奏任文官及奏任扱嘱託判任中ニハ判任文官及判任扱嘱託ヲ含ム

「戦時月報」（昭和17年3月末日）

〔支部長以下要員を〕三月二十八日　昭南港発夫々赴任せしめたり　尚《なお》其の赴任に先立ち「スマトラ事情教育計画」に基き三月二十三日より同二十五日に至る三日間に亘《わた》り「スマトラ」島の政治、経済、財政、歴史、民族宗教、教育、其の他一般に就き講習せしめたり

　このようにスマトラ島という広域を統轄するはずの軍政要員には、わずか三日間の事前講習程度の知識しか与えられなかったことがわかる。

　だが、そのような事情はマレー軍政自体でも同様であった。「戦時月報」の「昭南島入城と共に諸官庁の迅速なる接収を行ひたるに当り　書籍及各種資料の散逸防止に努めたるを以て　其の主要なるものは　略之を確保し得たる」といった記述からは、[11] 作戦軍および軍政本部が旧英国植民地行政府の保有していた書籍や報告書類の確保を急いでいたことがわかる。その上で「之等《これら》資料に基き軍政施行に資する為　統計報告書の作成を企図し　既に馬来統治の全般に亘《わた》り　左記第一号より第十一号に至る報告を了したり」と軍政本部が報告していたように、[12] マレー軍政の基礎となったのは、英国植民地行政府が作成、収集していた各種情報の邦訳にすぎなかった。

　内地の報道では、「世界史の改まる日」[13] とまでいわれたシンガポール陥落から開始されたマレー軍政は、実態としては英国植民地統治行政の継承以外の何ものでもなかった。では実際にマレー軍政における多民族統治はどのように行われたのだろうか。第二五軍軍政部の認識に基づいて「マレー系」「インド系」「華僑系」に区分してその統治政策の差異を見ていきたい。

王冠を戴ける「囚人」を活用せよ

第二五軍軍政部によって想定されていた、英国人官僚に依らない英帝国植民地支配体制の継承を可能にする存在として重視されたのが、「スルタン」であった。先述のようにマレー作戦中の一二月三〇日の段階でも第二五軍参謀長は、「「サルタン」を中心とする政治力」に期待をかけていたが、より詳細な調査がまとめられたのは、シンガポールに軍政本部が置かれてから一週間ほどが経過してからのことである。

一九四二年三月一一日、前述した軍政部調査班は、英国植民地行政府の資料類の翻訳を活用した『資料統計集』の一冊として『土侯と統治機構』を発行した。同冊子ではまず「旧英領マレーに於ける土侯《どこう》〔スルタンを指す〕の存在理由を明にせんとするには　先ず之が統治機構を明にせざるべからず」として、直轄領であった海峡植民地以外の連邦州、非連邦州におけるスルタンが、どのように英帝国植民地行政に組み込まれていたのかを詳述していった[14]。同報告書が注目したのは、次のような英国統治のあり方であった。

聯邦各州には名義上土侯を置き　之が独裁政治を施行したるの外観を呈せりと雖《いえど》も、宗教及慣習に関する問題を除き、行政上の実権は英人知事即ちブリティッシュ、レシイデントの掌中に存せり

このような統治のために、「以上の如き統治機構に於て土侯の地位は所謂《いわゆる》王冠を載ける〔原文ママ「戴《いただ》ける」〕囚人にも比すべきものなりしも、英国は之に莫大なる年金を与へて昔乍《なが》らの生活を許し其の威厳を保持せしめた」ことにも、同調書は着目した。そして今後の日本による統治への継承を意

識しつつ、英帝国下のマレー統治は次のように総括された。

要するに英人知事制度は、英人の金科玉条《きんかぎょくじょう》なしたる施政の要諦《ようてい》、即ち植物に譬《たと》ふれば発育に明白に邪魔なる藪《やぶ》を取除きて　最良の〇〇〇〔原文三文字分不明瞭〕を健全に成育せしめて　之を助長する、謂はば森林学に於ける自然的再生、換言すれば人間の天性に最も適合したる施政形式の造成、自然の慣習及制度を杓子定規《しゃくしじょうぎ》に用ふることなくして　之を爾后《じご》の発展の基本たらしめんとする行政組織を標榜せるものなり
固《もと》より其の言ふところは、英国の利益を目的とせる平和的侵略を迷彩したるものと云ふべきも、土人統治の妙を語るに至っては　之全面的に否定すへきものにあらさるなり

このように英国植民地統治を「森林学」に例えるなど、独特の比喩を用いた興味深い部分であるが、その末尾部分に明らかなように、軍政部調査班は王冠を戴ける「囚人」というべきスルタンを活用した英国植民地統治の継承を提案していたのである。

その後のマレー軍政においては、そのような対スルタン政策が実行されていくことになる。軍政が開始された約一ヵ月後の四月一一日から一三日の三日間、「「ジョホール」州「サルタン」を始め「マレー」各州の「サルタン」及「ラジャ」計九名は山下〔奉文《ともゆき》〕軍司令官閣下に対し今次馬来作戦に於ける皇軍の赫々《かっかく》たる大勝の御祝を言上し」、陸軍病院などを慰問した。[15]「戦時月報」では、あくまでもこれは「サルタン」及び「ラジャ」の自発的な訪問だったかのように記載しているが、現地の治安や交通事情に鑑みれば実際には軍政部側からの要請によるものだった可能性も高かった。

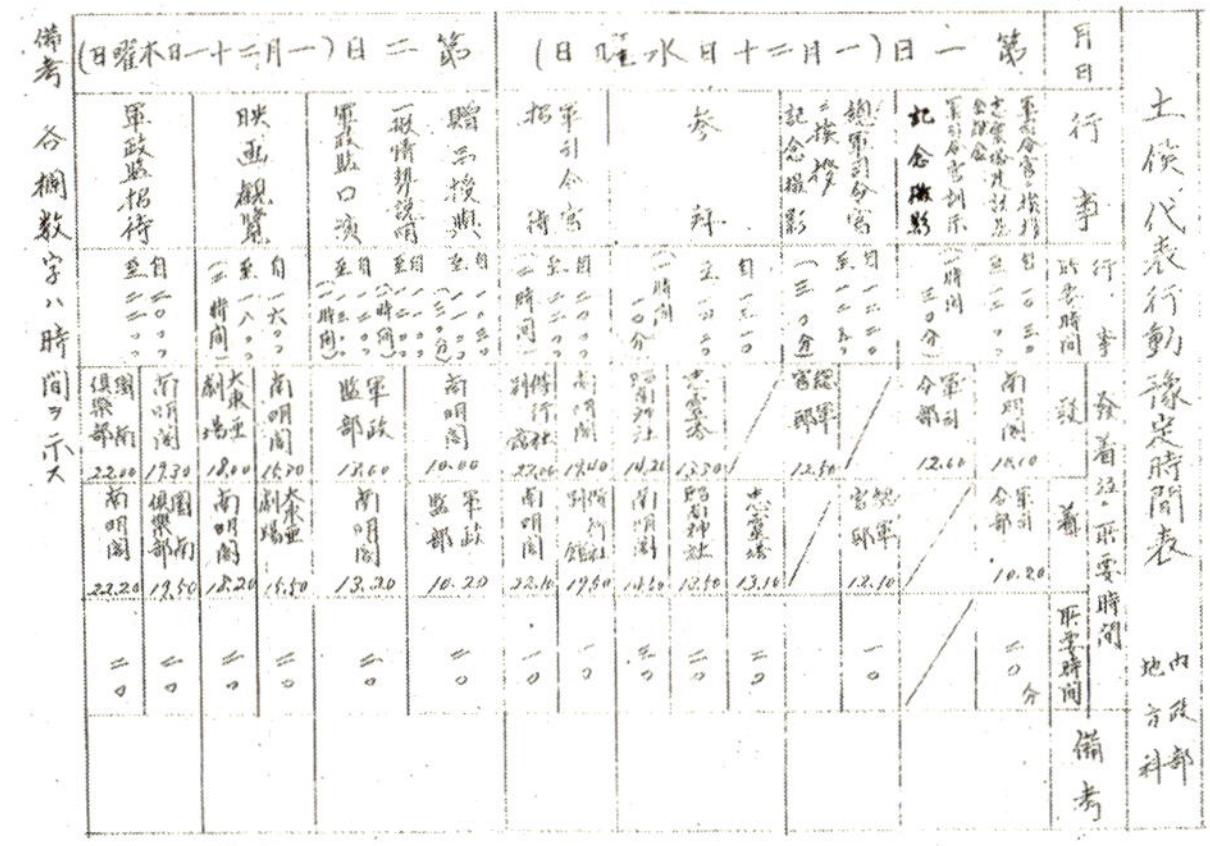

「土侯代表行動予定時間表」

そして一九四三年一月には、「土侯をして軍政に積極的に協力せしむる為　彼等に対し軍の意図を徹底せしむる」目的で「「マライ」「スマトラ」各州土侯代表昭南会同」が開催され[16]、軍政部はジョホール州を含めた一一州から一一名のスルタンをシンガポールに招集させ、山下司令官からの次のような訓示を聴かせた[17]。

本職の卿等に特に期待せんとする所は　大東亜戦争の真意を民衆に徹底せしめ　軍政の普遍滲《ふへんしん》透《とう》　就中《なかんずく》治安の確立と民心の安定との為め率先活躍せられんこと是なり
卿等にして衷心《ちゅうしん》軍政の施策に同調し　各々関係地方長官と一体となり民衆宣撫《せんぶ》に当らんか　民族の長老として且《さらに》は宗教の首長として歴史的に敬慕しある民衆は　翕然《きゅうぜん》として之に従ひ軍政に悦服《えっぷく》するに至らん

ここには軍政部がスルタンに期待していた内容が率直に表れているとみることができる。軍政部はイギリス人なきイギリス式統治を継承するために、スルタンが「衷心軍政の施策に同調し　各々関係地方長官と一体となり民衆宣撫に当らん」ことを求め、それによってマレー系住民を宣撫しようとしたのであった。

そしてその見返りとして保障されたのが「州民に対する名誉の地位」、「宗教上の首長たること」、「従来サルタン家領の財産の保護」、「年々の俸禄」など、イギリス統治時代のスルタンへの厚遇を維持する事であった。[18] 軍政部は調査班の提言通りに、英帝国の対スルタン政策を継承したといえよう。このように軍政部は一見すればスルタンの地位を保障していたかのようにも見える。だがそれは本当に「宗教上の首長たる」スルタンの地位を尊重するという意味を理解した施策だったのだろうか。

その点を示すのがこの時にスルタンらをもてなすために企画されていた行事内容である。[19] 前掲の「行動予定時間表」のように、シンガポールに招集されたスルタンらは分刻みの行事に駆り出されたのだが、一月二〇日の行事には「参拝」が組まれていることを確認できる。だがその参拝先には日本兵の慰霊を目的とした「忠霊塔」とならんで、シンガポールに建築された「昭南神社」が含まれていた。確かにこれは彼らに改宗を迫っていたということではなかった。だが軍政部は、スルタンの宗教上の地位を尊重すると表明しながらも、自らの宗教施設である神社を参拝させていたのである。

対インド工作としてのインド国民軍編成

つづいてインド系民族への対応を見ていきたい。大東亜共栄圏という体験が帝国日本にとって、それまでの植民地支配経験とは異なっていたことを示す事象の一つに、「異民族部隊」の編成を挙げることができる。無論、それまでにも例えば台湾の「高砂族《たかさご》」を軍属として雇用し、あるいは志願兵制度を朝鮮半島に施行するといった経験を有していたことは確かであった。

だが連隊規模の部隊を編成させて日本軍と協同作戦を行わせるという試みは、藤原岩市が率いたF機関によって支援されたインド国民軍と、南機関の支援を受けたビルマ独立義勇軍が初めてであった。特にビルマ作戦とインパール作戦に投入されたインド国民軍は、「戦闘詳報」が作成されていたように、日本軍と共に戦った公式戦闘部隊と位置付けられた存在であった。それだけではなく元英帝国軍兵士という経験を持っていた「投降印度兵」らは、対ビルマ・インド作戦のみならずマレー軍政においても「活用」されることになっていく。

まずF機関とインド国民軍から見ていきたい。防衛省防衛研究所には一九四二年三月一五日の日付が附されたF機関からの報告書が残されている。[20] 戦後に藤原によって書かれた自伝と併せて、設立当初のインド国民軍と日本軍との関係を見ていきたい。

藤原がインド兵の離反による英帝国軍の崩壊を目的とする「印度兵工作」の指令を受けたのは一九四一年九月のことであった。[21] 第二章でみたように藤原はその後バンコックに渡り、対インド兵工作を実行に移すことになる。藤原が報告書に「「プリタムシン」と十数回の会談に依り　日印代表両者間に完全に意見の一致を見るに至り　工作準備を概成せり」と記載したように、[22] 藤原は一九二〇年代から反英闘争活動を開始していたプリタム・シンらのインド独立連盟を頼った。一九四一年一二月一日にバンコックで両者は覚書を交わして日本軍との協力関係構築を表明したが、その内容は、日本軍とインド独立連盟を対等の関係に置くものであった。[23]

自身がこの協定の策定に関わっていたことから鑑みても、藤原本人は大東亜共栄圏の理念とされたアジアの解放に真摯に応えようとしていた可能性が高い。事実としても、藤原の報告書においても、第二五軍と共にマレー半島上陸を果たした後の「工作の成果」として、「国境附近より潜入せしめたる工作員は「ジットラ」北方地区に於て印度兵に接触し約八十名の敵兵を誘致し本工作の端緒を成せり」、「次《つい》て「ジットラ」「アロルスター」に約三十六名の工作員を潜入せしめ、約百七十名の帰順を見たる外、一両日にして敗残印度兵七百名を糾合せり」と具体的な成果を挙げつつ、その成功について「「プ」の配置せる馬来印度人の工作に拠る」と、プリタム・シンによる工作の成果であることを敢えて記載している。[24] 自らの手柄を誇るのではなく、インド人部隊の活躍を陸軍省に伝えようとした姿勢は、藤原の「亜細亜解放」を信じた態度に由来するものであろう。だが陸軍中央や政府の対応はその想いに応えるものだったのか。

F機関はその後、英領マレー北部において「有力なる印度兵将校「モンシン」大尉及印度兵部隊を護〔原文ママ「獲」〕得」した。モハン・シンは、一九二七年にインド軍部隊に志願し、Indian Military Academy で軍事学を学んだイギリス軍大尉であり、それ以降も「「モーンシン」大尉の名を以てする宣伝工作」によって、数百名に及ぶインド人兵士の離反を成功させたように、藤原の有力なパートナーとなっていく。

一九四一年一二月末、モハン・シンはインド国民軍の編成を藤原に要求し、インド独立義勇軍とよばれていた独立連盟の作戦部隊をインド国民軍として再編成させた。だが藤原が報告書において、シンガポール陥落後の状況として「印度国家軍使用に対する帝国の方策決定　並《ならびに》一部日本軍将兵の印度兵に対する精神的取扱の改善は　其の精神指導徹底の基礎を成すものにして　彼等の一部には、帝国の誠意に関し若干の不安動揺を有する向あり」[25]と、遠まわしに日本政府と現地の日本軍将兵に対して苦言を呈していたように、政府や陸軍中央部、そして第二五軍内部にもインド独立義勇軍を日本軍と形式的とはいえ対等に扱うことへの不満が高まっていたことは事実であった。

一九四二年三月、東京にいたラス・ビハリ・ボース（Rash Behari Bose）の呼び掛けで開催された東京会議においてインド独立連盟の活動方針が決定され、六月のバンコック会議でボースが連盟会長に就任して四〇条にわたる決議を採択し、その承認を日本に求めた。その事情について外務省外交史料館に残されている史料では次のように述べられている。[26]

本決議には武器供与、借款供与、日本と正式代表の交換、印度国民軍を同盟国軍なみに取扱ふべきこと等を要請せるの外　将来日本が英国の印度統治を覆滅《ふくめつ》せる場合を想定し　其の際日本の印度に対する政治的経済的野心を封せんか為　凡有《およそあらゆる》角度より印度の完全独立を規定し　右各条に就き其の承認を日本に要請せるも　当時の東條総理兼陸相は之を不遜《ふそん》なりとして解答〔原文ママ「回答」〕を与へず　為に印度独立聯盟内部に於て疑惑漸次《ぜんじ》深まるに至りたる（後略）

このようにビハリ・ボースを含めたインド独立運動家らは、日本との対等外交を主張し、英国に代わるはずの日本によるインド支配の芽を摘むべく手段を講じた。だが引用にあるように、その要求が聞き入れられることはなかった。そしてモハン・シンは藤原が組織を離れた後、日本軍憲兵隊によって身柄を拘束されたのである（なお藤原とモハン・シンは戦後ふたたび再会を果たすことになるのだが、その点は「おわりに」でふれていきたい）。

このようにインド独立運動家らは、単に日本側の思惑に従うだけの主体ではなかった。彼らは英国植民地統治を崩壊させるために日本と手を組む一方で、「日本の印度に対する政治的経済的野心を封せんか為」に日本とも対峙したのであった。このように日本の指導をはねのけようとする意思と能力を持った主体らを登用しパートナーとしなくてはならなかったことが、大東亜共栄圏にどのような影響をもたらしていくのか。その点は次章以降でも見ていくことにしたい。

投降インド兵の「活用」

日本軍に投降・帰順したインド兵は、インド国民軍への編入がはかられたが、すべての者が国民軍に加わったわけではなかった。一九四二年九月一三日、南方軍総司令部は次のような「印度兵取扱に関する規定」を制定して各部隊に通達している。[27]

印度兵取扱に関する規定

第一条　我か軍に投降又は帰順せる印度兵（印度人、将校、下士官、兵を総称す）俘《ふ》虜《りょ》中南総作命乙第三五号に基く印度国民軍に編入せられたるもの以外の取扱は　南方軍俘虜取扱要領及南総参一第一一七号に依るの外　本規定に依るものとし其の細部は現地の状況に即応する如く各軍に於て規定するものとす

第二条　前号印度兵中　反日意識無く印度兵のみを以て部隊を編成するも　特別の監視を要せさるものを以て特殊労務隊を編成し　日本軍の労役、警備の補助に使用し　否るものは俘虜収容所に収容し労役に服せしむるものとす（後略）

このような「特殊労務隊に属する印度兵に対しては、帝国軍に準し休務を与へ帝国軍との関係を顧

慮し外出を許可」し、「酒保、娯楽機関は適宜之を許可する」（第八条）とされ、「特殊労務隊は日本軍の補助部隊として使用するものなるを以て　編成内に在る准士官以下には労務に服すると否とに拘らず　比較的良好なる賃金を支給するを適当とす」として給与も支給されていたものの、[28] 南方総軍は国際法違反にもなりかねない形で、「俘虜」であるはずの投降印度兵を活用したのである。

その業務内容は、「陸上（水上）（建築）部隊又は補給諸廠等に配属し之を補助し労役に服せしむ」ための特殊陸上、水上、建築労務隊に加え、[29]「飛行場部隊等に配属し主として飛行機の整備を補助せしむ」特殊航空労務隊、自動車輸送を補助させるための特殊自動車労務隊など、英帝国時代の多民族部隊の技能を帝国日本が活用するための施策であったが、それでもこれは次に見ていく対「華僑」政策に比べれば、カッコつきではあるが「厚遇」と呼べるものであった。

「処断の峻厳を期す」という「華僑工作」

ここまで多民族社会であったマレー軍政の民族別政策についてマレー系、インド系住民対策を見てきた。最後が人口の四割以上を占める存在であった中華系、当時の表記での対「華僑」政策を見ていきたい。防衛省防衛研究所には、一九四二年五月二七日付で作成された「南方占領地域の現状と兵力運用に就て」と題された、大本営陸軍部の「上奏案」が残されている。[30] そこでは昭和天皇への上奏に際して、次のような内容が検討されていたことを確認できる。

> 次に現地住民の軍政に対する協力状況を申上げまするに　当初軍の対華僑施策が適当でありました為　華僑の協力が最も積極的で御座いまして　産業部門の建設に対しても、相当な役割を演じ

て居ります、原住民たる馬来人は頗《すこぶ》る従順では御座いますが　全くの無気力で万事消極的で御座います　又印度人は華僑に追随して居る様な次第で御座います

このような極めて低いマレー系住民への評価も気になるところであるが、ここで注目したいことは、昭和天皇に対しては詳細が伏せられていた、「華僑の協力が最も積極的」な理由だとされた「当初軍の対華僑施策」がどのようなものだったのかということである。

シンガポール陥落直後の一九四二年二月一四日に開催された第八五回大本営政府連絡会議で決定されたのが、「華僑対策要綱」であった。[31] その目的は「華僑をして蔣政権より離反して速かに我大東亜戦争完遂に積極的に同調寄与せしむる」ことにあり、そのために「必要に応し適宜《てきぎ》政治的圧力を加へ我方に同調せしむる」ことが定められた。これが仏印、タイといった占領地以外も含む地域全般を対象とした中央の打ち出した基本方針であった。だが今から見ていくように、第二五軍軍政部はこの方針を知りながらも、それを読み替えた「華僑工作」を行っていったのである。

防衛省防衛研究所には、第二五軍軍政部で作成された「華僑工作実施要領」が残されている。[32] この要領には作成日が明記されていないが、少なくとも軍政が本格施行された四二年三月以降、すなわち大本営政府連絡会議の「華僑対策要綱」策定以降に作成されたものであったと捉えることができる。そこには何が書かれていたのか。「華僑工作実施要領」の冒頭部は次の通りであった。

華僑の動向に重大なる関心を持し　之が誘引工作を以て華僑対策の大部分なりとせるは　既に過去のことに属す、今次大戦の勃発を契期〔原文ママ「機」〕として　特に占領地内の華僑対策は従

来の誘引工作に比し　其の本質方向共に根本的転換の必要を生ぜり、即ち此の新たなる事態に当面し　現地の情勢に即応して茲《ここ》に華僑工作要領の大綱を決し　以て馬来統治上の重大存在たる彼等華僑に対する処理上遺憾なきを期せんとす

この導入部が含意したことが、あるいは大本営政府連絡会議で決定された「華僑対策要綱」への批判であった可能性も高いが、続いて記載された「占領直後の応急要領」はさらに熾烈であった。

占領地内に於ける彼等の動向は　彼等自らをして決せしめ　服従を誓ひ協力を惜しまざるの動向を取る者に対しては　其の生業を奪はず権益を認め　然らざる者に対しては　断乎其の生存を認めざるものとす

このように同要綱では日本軍への協力姿勢を示した者に対しては「権益を認め」るが、そうでない者に対しては「断乎其の生存を認めざるものと」していた。そして服従の証として華僑団体に求めたのが、「最低五千万円の資金調達」であった。さらにこれらへの協力を拒んだ場合には、

（三）処断の峻厳《しゅんげん》を期す
協力に参加せざる者に対しては極めて峻厳なる処断を以て処理す　即ち財産の没収一族の追放、再入国の禁止を行ふと共に反抗の徒に対しては極刑を以て之に答へ　華僑全体に対する動向決定に資せしむ[33]

と定められた。「反抗の徒に対しては極刑を以て之に答へ　華僑全体に対する動向決定に資せしむ」という文面が何を意味するかは明らかであろう。この点について言及した別の史料も残されている。

一九四二年三月一七日、第二五軍軍政部は事の次第を陸軍省に報告した。[34] そこではより具体的な処置について次のように書かれている。

馬来作戦を開始以来　華僑に対しては厳正なる監視的態度を以て望み〔原文ママ「臨み」〕来る所昭南島入城以来彼等の日本軍に対する関心漸《ようや》く深刻なるを加へ来ると共に　此等の抗日派支那人に対し強硬政策の実施と相俟《あいま》って彼等の動向は茲《ここ》に決定的となり（後略）

このように第二五軍軍政部はその対日協力を得るために、シンガポール陥落前後に「抗日派支那人」と認定した華僑の人々を「極刑」を含めた「強硬政策の実施」によって処置した。それは当時現地にいた藤原岩市にとっても衝撃的な光景であった。[35]

そして先の「華僑工作実施要領」にあった五〇〇〇万円にのぼる「献金」についても、第二五軍と陸軍省の間での電報のやり取りが残されている。富集団参謀長は前出の三月一七日の電報で、「強硬政策の実施」の結果として、日本への「忠誠」の証として、「現有財産の概ね其の半を割《さ》きて　之を日本軍司令官に報ず〔原文ママ「奉ず」〕べしとの具体的意志を決定し　代表者より之が申出来れり」とし、日本側としては「其の志のみを受けることとし　其代償として現金五千万円を即刻納付すべく命じ」たと陸軍省に報告した。[36] 一九四〇年当時の国家予算が一〇〇億円規模であったことを鑑みれば、当時の五〇〇〇〇万円とは、二〇一五年度の予算に換算すれば、五〇〇〇〇億円に相当する金額であった。

ここで見ておきたいのは、このような「華僑献金」を自らの手柄であるかのように報告した第二五軍に対する陸軍省の反応である。第二五軍から報告を受けた陸軍省は三月二一日に南方軍総参謀長及び第二五軍参謀長に宛てて、その後の方針を打電したが、その大意は「華僑に五千万円納付せしむる件了承　但《ただし》将来大東亜共栄圏の国防費負担、統治上の課金其の他に関しては大局より考慮して住民に対し公明なる方法に依り　相当大なる負担をなさしむる如く考慮せられ度」[37]と、その献金納付については了承するものの、今後の措置に釘を刺そうとするものであった。

さらに左掲の史料のように、実際に第二五軍に送られる前に修正が加えられた形跡を追っていくと、「将来」と「大東亜共栄圏」の間に「搾取に見らるる如き献金等に依らず」という修正が一度は加えられた後に、このままの文章では現地軍を刺激しすぎると判断されたのか、その書き込み自体を削除した痕跡を見ることができる。

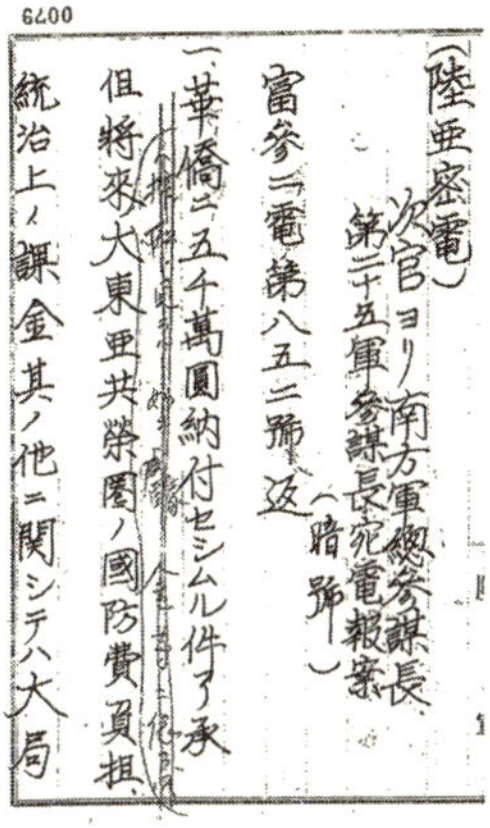
0079
（陸亜密電）
次官ヨリ南方軍総参謀長
第二十五軍参謀長宛電報案
富参二電第八五二号返（暗号）
一、華僑ニ五千萬圓納付セシムル件了承
但将来大東亜共栄圏ノ國防費負担、
統治上ノ課金其ノ他ニ関シテハ大局

「華僑献金処理に関する件」

無論、陸軍中央部の方がより人道的であったと速断すべきではない。だがそれでも、中華系住民に対する第二五軍の施策は、「必要に応し適宜政治的圧力を加へ我方に同調せしむる」と定めた「華僑対策要綱」を逸脱し、[38]大東亜共栄圏の建前を壊しかねない「搾取に見らるる如き」施策であると陸軍中央の眼にも映るものだったのである。

スルタンを活用し、マレー系官吏の雇用を継続した対マレー系政策、対英作戦の軍事力として、あるいは治安維持のための補助兵力としての活用が図られた対インド系住民政策と比較しても、当事者が残した一次史料から見えてくる、対中国系住民政策は苛酷に過ぎるものであった。

無理解という寛容さ

マレー系、インド系住民に対する施策もまた穏当だったわけではなかった。シンガポール陥落直後の「戦時月報」では次のようにその点を述べていた。[39]

占領地土民に対する統治の万全を期せんには　宗教の健全なる発達に俟《ま》つ所多きに鑑み　教化機能の強化及利用を主眼として　宗教団体に関する指導方針を確立すべく攻〔原文ママ「考」〕究しつつあり　又各派別寺院、教会、牧師、信者数、財産及び各団体の経営統轄事業等の調査、回教並に「ヒンズー」教に関する特殊研究及　俘虜印度兵中　回教徒に対する施策調査とを行へり而して当面の処置として　既存宗教各派代表者に対し　当分の間　祈禱《きとう》会のみを許容したり

このような記載内容をそのままに受け取れば、軍政部にはスルタン制度の基盤であったイスラーム教だけではなく、ヒンドゥー教、キリスト教などに対しても一定の宗教的理解があったようにも見える。事実としても大東亜共栄圏において、大規模かつ広域的に住民の改宗を迫るといった宗教弾圧政策がおこなわれたわけではなかった。だがそれは、宗教の「意味」を根本的には理解できていなかったという事情を背景としたものにすぎなかった可能性が高い。

そのことを示すのが一九四二年四月に行われていた「天長節奉祝行事」である。四月二九日、マレー半島と蘭印を攻略して以来、最初の天長節を祝う行事が大々的に開催された。マレー半島各地で統一的に行われる必要があった行事運営のために作成された「天長節奉祝行事要項」によれば、軍政本部で行われた「天長節祝賀式」においては、上掲のような「皇居遥拝《ようはい》」や「戦歿将士の英霊」に対する「黙禱」が行われた。[40]

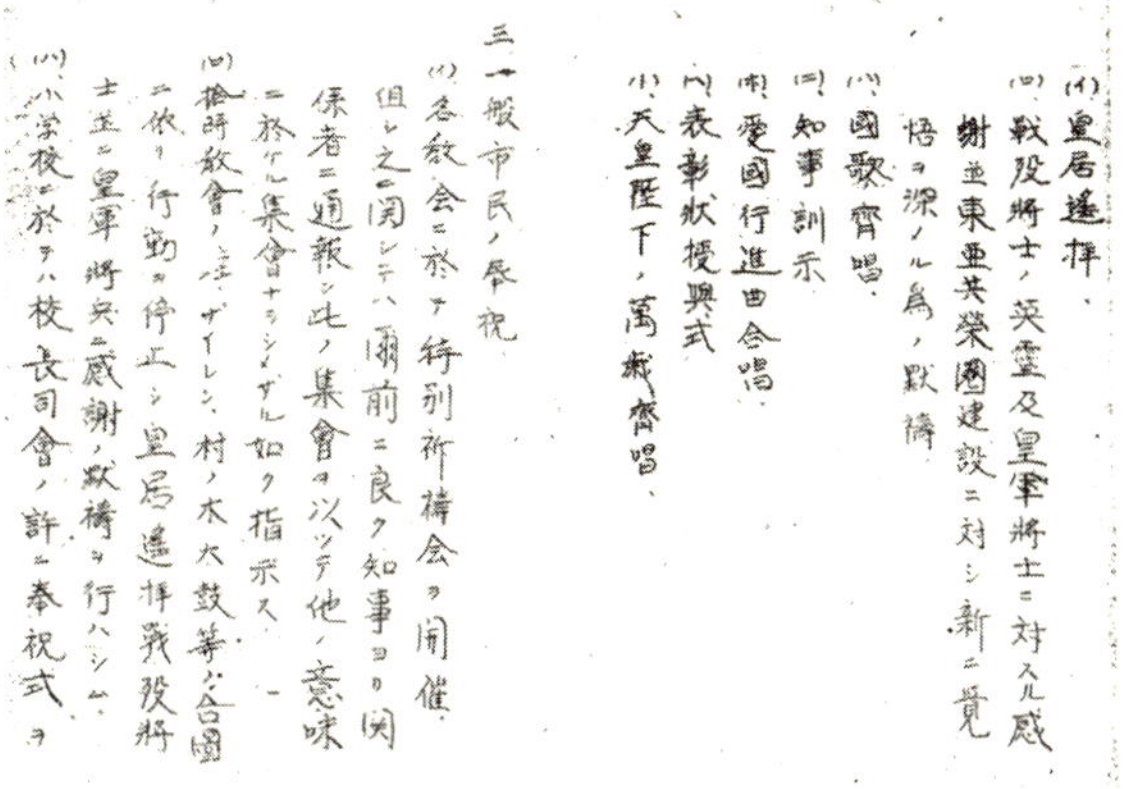
(イ)皇居遥拝、
(ロ)戦歿將士ノ英靈及皇軍將士ニ對スル感謝並東亜共榮圏建設ニ對シ新ニ覚悟ヲ深クル爲ノ默禱
(ハ)國歌齊唱、
(ニ)知事訓示
(ホ)愛國行進曲合唱、
(ヘ)表彰状授與式
(ト)天皇陛下ノ萬歳齊唱、
三、一般市民ノ奉祝
(イ)各教会ニ於テ特別祈禱会ヲ開催、但シ之ニ関シテハ開前ニ良ク知事ヨリ関係者ニ通報シ此ノ集會ヲ以ツテ他ノ意味ニ於ケル集會ナラシメザル如ク指示ス、
(ロ)拾時教會ノ鐘、サイレン、村ノ木太鼓等ノ合圖ニ依リ行動ヲ停止シ皇居遥拝戦歿將士並ニ皇軍將兵ニ感謝ノ默禱ヲ行ハシム、
(ハ)小学校ニ於テハ校長司會ノ許ニ奉祝式ヲ

「天長節奉祝行事要項」中の「天長節祝賀式」式次と「一般市民の奉祝」

さらに軍政本部のみではなく「一般市民の奉祝」を目的とした行事においても史料中に見えるように、「各教会に於て特別祈禱会を開催」させ、「教会の鐘、サイレン、村の木太鼓等の合図に依り行動を停止し皇居遥拝　戦歿将士並に皇軍将兵に感謝の黙禱を行はしむ」といったことが行われた。[41]

無論これは、この一九四二年当時のマレー軍政のみの事例ではなく、大東亜共栄圏全域で一九四五年まで行われ続けたことであった。だが本来はメッカの方向にのみ礼拝をおこなうイスラーム教徒に、皇居の方角に向けて遥拝を行わせることは宗教行為への介入に他ならない。そして教会の鐘を合図として、「戦歿将士並に皇軍将兵に感謝の黙禱を行はしむ」こともまた、キリスト教徒にとって教義上からも許容できることではなかったはずである。

多民族統治における宗教の尊重をうたっていたはずの軍政当局ではあったが、先に挙げたようにスルタンに対しても昭南神社を参拝させていたことを考え合わせても、このような「黙禱」や「皇居遥拝」の強制が、宗教行為への介入にあたることを理解してはいなかったといえよう。理解不足がゆえの寛容さ、それが大東亜共栄圏における宗教政策の一端であった。

「日本人に対する敬礼の実施」

そのような事例は他にも挙げることができる。要員も補充され、一九四二年三月から開始された軍政の運用も落ち着きを見せ始めていた五月二一日、第二五軍軍政部は「富集政総第二八号」という指令を出した。それは管下各民族に対しての実施方が各州知事及支部長市長に通達された「日本人に対する敬礼の実施」であった。その実施要綱の「趣旨」は次のように記載されていた[42]。

軍政実施上　民衆礼式として簡単にして素直に心情を表示し得る形を定め　之に依って軍人は勿論一般日本人に対する尊敬信頼の念を養はしむると共に　民族相互親和の情を涵養《かんよう》せしむるに在り

ここでは日本人に対する尊敬信頼の念をはぐくむと同時に、各民族間での親和の情を涵養させるとされているが、その「実施方法」としては「各民族相互間」における「挙手の礼」が「励行せしむ」とされた一方で、「室の内外を問はず日常生活の総てに於て　日本人に対する挨拶として本礼式を行はしむ」とされた。そしてその指導方針として「本礼式は彼等の自発的感情の発露として行はしむるを本則とするも　躾《しつけ》完成に至る迄は　相当強力なる指導を行ふ」とされたように実際には「躾」として、日本人の優越性を他民族の身体規律に刻み込むための施策が行われたのである。

だがこれはいわば「指針」であった。このような現地軍政部の方針がそのままに適応されていたのかどうかは、また別の話である。その点を見るためには、陸軍の宣伝班員として南方での生活を体験した人々の記録を見ていく必要があるだろう。

三　徴用作家の南方体験

前線を描かせる陸軍

軍部とメディアの関係といえば、情報統制や発禁処分というイメージが強く、軍事郵便との混同もあって、国民に対して作戦行動を秘匿していたという印象をもたれることも多い。だが実際には太平洋戦争初期の陸軍は、軍事行動を積極的に内地に伝えるメディア戦略を展開していた。

大本営陸軍報道部は一九四二年六月から四三年七月にかけて、文化報公会に委嘱する形で、シリーズ『大東亜戦争　陸軍報道班員手記』を大日本雄弁会講談社から発刊させた。まず四二年六月には『マレー電撃戦』、七月には『バタアン・コレヒドール攻略戦』、八月『ビルマ戡定《かんてい》戦』、一二月『ジャワ撃滅戦』、翌四三年一月『ビルマ建設戦』、六月『従軍随想』、そして七月には負け戦であったはずの『ガダルカナルの血戦』まで刊行させている。第一作となる『マレー電撃戦』の序を書いた当時の報道部長であった谷萩那華雄はシリーズ刊行の目的を次のように述べていた。[43]

報道は近代戦にとって重要不可欠のもので、報道と作戦は常に表裏一体のものである。武力戦の勝利は適確迅速なる報道戦の遂行によって一段の光彩を放つことは贅言《ぜいげん》を要しない。また報道は前線と銃後を結ぶ紐帯《ちゅうたい》である。即ち報道戦士は前線将兵の奮闘の状況、又は建設宣撫等の実情を、或はペンに或は彩管に或は写真によって報道して国民の戦意を強化し、その決意を振起《しんき》し、その士気を昂揚せしむる使命を有してゐる。

このように陸軍は前線の様子を内地に積極的に報道することで、「前線と銃後を結ぶ紐帯」を作り、「国民の戦意を強化」しようとしたのであった。その目的のために、「日清戦争以来今日まで極めて多数の報道戦士が第一線に従軍して、或は報道に或は宣伝に挺身し、思想戦の勝利に貢献したことは特筆大書すべきであるが、これ等の人々が陸軍報道班員として軍の統帥下に動員編成せられたことは今次大東亜戦争が初めてである」というように、[44]新聞社の雇用ではなく、「軍の統帥下に動員編成せられた」報道班員として徴用されたのが、当時すでに名声を得ていた、実力も実績も備えた作家や画家、漫画家たちであった。

『マレー電撃戦』に掲載された手記を書いたのは、マレー・シンガポール攻略作戦を担当した第二五軍の宣伝班員であった元プロレタリア作家堺誠一郎や里村欣三、そして井伏鱒二らであった。井伏の記録によれば、井伏は一九四一年一一月の中頃、小田嶽雄とともに甲府に釣りに来ていたところに、夫人から徴用令書が来たことを告げられている。[45] 井伏は急いで帰京して本郷区役所で身体検査を受け、四一年一一月二二日に大阪城に集結、同様に徴用令書を受けた海音寺潮五郎、小栗虫太郎、寺崎浩、堺誠一郎、里見弴《とん》らとともに丁班に編成された。井伏が満四三歳の時である。集められた面々には正式な行き先は伝えられず、行き先はサイゴンかなどと噂しあったという。一二月二日に大阪港を出港した井伏らの一行は、八日の開戦のニュースを香港沖で聞くことになる。

職業作家らが残した作品群は、南方を体験した二〇〇万人に及ぶ兵士・軍属らの肉声を代弁する史料である。無論言うまでもなくこれらの記録は「軍の統制下に動員編成せられた」以上、内面的にもそして実際にも検閲を受けたものであった。だが宣伝班員の職務として現地の新聞などの検閲を担う中で、自ら検閲のルールを熟知して、それをかいくぐる術を身に着けていった者もいた。彼らは軍の期待にこたえながらも、実際に体験した戦地の様子や「異人種」との交流を描いていったのである。

このような職業作家らの記述に対比させる上で有益な史料が存在している。それが公にすることを目的とはしていなかった戦闘記録、「戦闘詳報」である。まずその「戦闘詳報」が描いた戦地の様相から見ていきたい。

「戦闘詳報」が描いた「住民の状況」

「戦闘詳報」とは、連隊クラスの各部隊が戦闘後に作成した報告であった。マレー作戦に従軍した近衛師団歩兵第四連隊が作成したものを一例とすれば、そこで設けられていた項目は「一　戦闘前に於ける彼我《ひが》形勢の概要」、「二　戦闘に影響を及ぼしたる気象地形住民地の状態」、「三　彼我の兵力交戦せし敵の団隊号将帥の氏名素質戦法編成装備」、「四　各時機に於ける戦闘経過の概要」、「五　戦闘後に於ける彼我形勢の概要」、「六　齟齬《そご》過失其の他将来参考となるべき事項」といったものになる。

このように「戦闘詳報」では、単なる敵軍の情報や戦闘経緯だけではなく、戦闘に影響を与えた気象や地形に加えて、「住民地の状態」までが記録された。いわば戦闘行為だけではなく戦地の状況をも立体的に再構築できる記述が要求されていたと言えよう。そのような近衛歩兵第四連隊の「戦闘詳報」では、「住民地の状態」は次のように報告されていた。[46]

三　住民地の状態

1、戦場附近の土民は一般に我に好意を有せず　特に華僑の間諜《かんちょう》〔スパイ〕行為に出ずるもの尠《すくな》からず

(例)

華僑の撤〔原文ママ「徹」〕底的抗日思想の片鱗《へんりん》を語る実例多し

(イ)「スンゲイスフト」に於て我が患者収容所附近に放火せんとする華僑あり

(ロ)第二大隊の夜間機動に烽火《のろし》を以て通敵行為を敢てせり　敵砲弾の落達極めて確実なりしは之等《これら》住民の連絡に依るものと判断せらる

このようにマレー半島内でも地域差はあったものの、「戦闘詳報」が伝えていたのは、一部のマレー系住民を除いては、必ずしも日本軍に好意的ではない「住民地の状態」であった。とくに「華僑」と表記された中華系マレー人らは、祖国と交戦中であった日本軍を歓迎するはずもなく、各地で日本

軍への抵抗を続けていた。

第二五軍軍政部調査班が一九四二年三月にまとめた資料統計集『マレーの人口と人種』によれば、一九三八年の時点で英領マレーの人口は総計五二七万八八六六人、そのうち中国系に分類された人々が約二二二万人、マレー系住民が約二二一万人、インド系住民が約七四万人余りとされている。[47]この統計に従えば、「解放」をうたって進軍していた日本軍は、このように四二パーセントあまりを占めた住民から歓迎されていなかったことになる。

このような戦闘行為のための「戦闘詳報」は、いわばその実態を粉飾なく示したものであり、必要とされたのは「敵か味方」かという極めて単純な他民族の区分であった。そこには当然のことではあるが、異文化を体験した意味もなければ、人間同士の交流が描かれるはずはなかった。ではその地に宣伝班として赴いていた作家らは何を描いていたのだろうか。

戦意高揚という役割

先に引用した谷萩による「序」にあったように、徴用作家らに求められていたのは、「前線将兵の奮闘の状況、又は建設宣撫等の実情を、或はペンに或は彩管に或は写真によって報道して国民の戦意を強化し、その決意を振起し、その士気を昂揚せしむる」ことであった。[48]シリーズ『大東亜戦争　陸軍報道班員手記』の第一作として、太平洋戦争の最初の激戦地を描いた『マレー電撃戦』に期待されていたのも、まさにそのような役割だったといえよう。

このような要求に最も合致した作品を執筆していたのは、元プロレタリア作家であった里村欣三である。里村の手記は同書に収められた二六本中で最多となる六本を占めている。次に多かった中村地平と柳重徳のものが三本に過ぎなかったことを考えれば、「陸軍省報道部の委嘱を受けて、文化奉公会が編纂する唯一にして、最も権威ある、軍報道戦士の報道文学の全集」と銘打たれた同書の中でも、[49]里村がいわば最も陸軍の要請にこたえていたといっても過言ではない。里村が好んだのは、たとえば同書に掲載された「魂の進撃」で次のように描かれた「戦地」そのものの姿であった。[50]

　私たちのトラック隊は、灼熱の太陽の下、緑風を截《た》って坦々砥《たんたんと》の如きマレー縦貫道路を、ひたむきに南下する。沿道は、昼尚《な》ほ暗きジャングル地帯とエステートのゴム樹林である。イポを出発した私たちのトラック隊がカンパルの激戦地を過ぎ、トロラク北方の壊滅陣地に差しかかる頃から、爽涼《そうりよう》たる緑風には、血腥《ちなまぐさ》き硝煙の匂ひがカクテルとなって、私たちの嗅覚を悩ませ始める。爆破されたる橋梁《きようりよう》、路傍の雑草を枕に転がる敵死体、自動車、装甲車の残骸、椰子の葉でカモフラージされた大砲、高射砲——。

　このように里村をはじめとした第二五軍の宣伝班に徴用された作家らは、前線そのものを経験した訳ではなかった。そこで里村はこのような激戦の「痕《あと》」を描くだけではなく、前線部隊の日本軍兵士の言葉を借りて臨場感あふれる前線の様子を次のように書き綴った。

　俺たちは時を移さず、戦車を回転させて、エステート内の高射砲陣地に迫った。友軍機を盲撃《めくらう》ちに砲撃してゐた敵兵は、戦車の出現にあわてふためいて砲身を水平に倒して、正に戦車攻撃に移らんとする刹那に、戦車砲と機銃の掃射を浴びせて敵を潰乱《かいらん》させせてしまった。[51]

この他にも捕虜の数や、日本軍が鹵獲《ろかく》した兵器の数を誇らしげに書き連ねる里村の手記は、「戦闘詳報」以上の躍動感を以て、日本軍の戦勝の様子を内地に伝える役割を果たしたといえよう。だが徴用作家らの手記は、このような類のものだけではなかった。ある者は、「戦闘詳報」が描かなかった異文化体験の意味を、自らの感情を織り込みながら書き残したのである。

「元兵士」堺誠一郎の描き出したモノ

一九〇五年九月一一日生まれであった堺誠一郎は、早稲田大学在学中からプロレタリア劇作家として活動し、一九三三年からは中央公論社に入社、『中央公論』、『婦人公論』の編集に携わっていた。堺が『マレー電撃戦』に寄せた「マレー西岸部隊」によれば、[52]堺らは第二五軍所属の陸軍部隊に遅れて内地を発ち、四一年一二月末になってようやく所属部隊に追いついた。そのような堺を特徴づけていたのは、「断ち難い前線への憧れ」であった。[53]

「曾《か》つて自分が兵隊であったといふたった一つのことがそれ程までに自分を前線へ駆り立てる理由の一番大きなものであった」と堺が述べていたように、[54]堺は里村欣三らと同様に、日中戦争に従軍した経験を持っていた。「自分は今度は戦闘員ではない。そして戦闘員でないことは卑怯な意味で自分を安心もさせ、また同時に自分を寂しくさせる」と揺れる心情を正直に吐露しながら、堺は「曾つての出征」で自身が「身を以て知った」、「戦闘員の置かれるのっぴきならぬ絶対の運命といふものの尊さ」に今一度触れたいと願っていたのである。[55]

ここには従軍作家らの作品を歴史史料として活用する意味が表れているといえよう。従軍作家らは

里村欣三（左端）と堺誠一郎（左から2人目）
出典：松本直治『大本営派遣の記者たち』（1993年，桂書房）

決して戦場を知らない素人ではなかった。堺は行動を共にしていた里村欣三との会話を次のように描写している。

シャワーの水を体中に痛いほど浴びてゐると外では雨がしとしとと降りはじめる。『ひどく大砲を撃ったせゐかな』自分がかう云ふと同じやうにシャボンの泡だらけになった里村君が顔を上げ、『うん、さうかも知れん。戦場が血で汚れると、きまって雨がそれを洗ふんだ。僕が支那にゐた二年半の間いつもさうだった』さう云って再びシャワーの中に頭を突込んで行った。[56]

このように南方戦線に従軍した徴用作家の中には、堺や里村のように日中戦争に従軍した経歴を持ち、その体験から「大東亜戦争」を対比的に語りだす術を持ち併せた者も含まれていた。

本来であれば日中戦争において異文化を体験していても良かったはずの堺の心を捉えたのは、大東亜共栄圏において「馬来人」、「印度人」、「英国人」、そして「支那人」の混在する異文化空間そのものであった。堺は自らに言い聞かせるように次のような対比を描きだした。[57]

去年の暮マレー半島に上陸して以来、われわれが此処に見るものは飽くことなき英人の搾取である。
　彼等はどの一軒をとって見ても、堂々たるバンガロー風の建物と広々とした青い芝生と自動車の車庫を持った住み心地のいい家に住み、見事な家具とタイル張りの浴槽と電気冷蔵庫がある。そしてそれは一目見て彼等の権力のむごさを思はせるものがあった。

それに対比されるのは、次のようなマレー系、インド系住民の姿であった。[58]

　それに較べて印度人及び馬来人たちは、そのいづれを見ても汗も出ない程に痩せ細った黒いはだしの足をしてゐるのである。今度こそは自分も大東亜戦の真の意味を血液を以て感じとることが出来る。

堺はこのようにイギリスによる植民地支配の様相を目にしたことで、「大東亜戦の真の意味」を理解できるようになったと記述した。だが堺がおそらくは意図せずに書いてしまった「今度こそは」とは何を意味していたのか。続いて描かれた、堺と自分の肌の色を較べるために親しげに腕を押しつけてきたインド人青年に関する記述で、

　『日本人、印度人、マレー人は皆同じ色だ。オール・ブラザースだ』と云った言葉も自分は素直に受けることが出来るやうになってゐた。今、自分は心からこの戦争を信じ、輝かしいシンガポール攻略戦の第一線に出動を命じられたことを譬へやうもない喜びで受取ってゐる。[59]

と記した堺にとって「今」、心から信じることのできた「この戦争」に対比されていたのは、あるいは「聖戦」の二文字を信じることができなかった「支那事変」の戦場ではなかったのか。

その点の傍証となるわけではないが、堺の描いた「支那人」は先ほどの「戦闘詳報」で描かれたものとはまったく異なっていた。堺はマレー半島中部の都市スリムに滞在した際の出来事を次のように描いていた。[60]

> こゝは学校らしく、自分たちの泊る部屋の扉には校長室と書いた木の札がかかってゐる。部屋の外の石畳には『仕林、公立和平学校』（Slim village Perak Ho Pin School.）と表紙に支那語と英語で二様に書かれた薄っぺらなノートが散乱してゐる。
>
> 一冊を拾ひ上げて見ると幼い子供の手で支那文字と英語が並べて書いてある。その幼い手蹟を見ると、自分は見てはならぬものを見たやうな気がしてそれを足元の暗がりに投げ捨てた。そしてふと家のことを思った。父は七十一歳、妻は三十二歳、子供は二歳、そして自分は今年三十八歳になったわけである。ふとそんなことが頭をかすめる。防蚊面をかぶり、防蚊手套《てとう》をつけてそのまま横になる。

堺をとらえた「見てはならぬものを見たやうな」感情を呼び起こしたのは、堺が先ほどの引用のように、「今度こそは自分も大東亜戦の真の意味を血液を以て感じとることが出来る」と正当化したはずの「この戦争」が崩壊させた、ある中国人児童の日常生活の痕跡である。ここに表れたのは、「戦闘詳報」に描かれた敵対的な「華僑」の姿とは異なる視線であった。同様の筆致で堺は戦争に巻き込まれたマレー系住民の姿も次のように書き記している。[61]

> 山の上から引かれてゐる鉄管が破れて水道の水が一間余りも上に吹き上ってゐる。かういふ生生しい戦ひのあとへ何処から帰って来るのか大きな眼をした馬来人の女が小さな子供をこの地方独特の横抱きにする抱き方でかゝへて部落の方に帰って行く。無表情な、何のために戦争があるのかとでも云ってゐるやうな顔付である。

「解放戦争」によって救済されているはずのマレー系住民がみせた「無表情な、何のために戦争があるのかとでも云ってゐるやうな顔付」を記した堺は、あるいは意識せずに、自ら信じたかったはずの「この戦争」への疑念を書き残したのではなかったか。これもまた「戦闘詳報」が記録することのなかった「解放戦争」の一面に他ならなかった。

「どちらを向いても異人種ばかり」

では「戦闘詳報」には描かれなかった異文化体験の意味は、徴用作家らによってどのように描かれていたのだろうか。一九〇四年生まれで西条八十《やそ》や横光利一らに師事し、一九三三年に発表した「角《つの》」や三六年の『祝典』などの短編集で知られていた小説家、寺崎浩の手記からその点を考えていきたい。

寺崎が所属した当初の宣伝班部隊の人的構成は、少尉の下に兵長一名、一等兵三名、それ以外に

「日本語の分る軍属の本島人」、「運転手の馬来人が二人と軍属としてわれわれ三人」、「コックの支那人」、「給仕男の馬来人が一人」であり[62]、このメンバー構成だけでも十分に異文化性を感じさせるものがあった。それに加えて寺崎の宣伝班では、マレー社会を構成していた各エスニックグループから、ボランティアで宣伝工作を補助する人員を集めていた。寺崎はその様相を次のように述べている[63]。

委員会が出来てゐて、そこで各民族が各自処置出来るやうになってゐる。支那人、馬来人、印度人、混血人の四種に別れてゐて、英語の出来る知識階級がその会長を占めてゐる。そこへ自動車を飛ばして協力者を出させるやうにする。女からも呼びかけさせようといふので細君や娘を出させるやうにする。支那の女は上海育ちで英語も巧みであり、英語の歌なども唄へた。Y・W・C・Aのメンバーで恐らく四五年前の上海に活躍して共産党のために働いてゐたのだらうと思ふ。その女がぶつけるやうな蓮葉《はすつぱ》な英語で南洋華僑に呼びかけ、日本と手を握らうと云ってゐるのだから考へてみればをかしい。この女は非常に金持ちであるとかで、見たところ三十三四である。

印度人夫婦も来た。淡桃色の布や、白絹の布を着て、生活が豊かであることは裸足で木綿の縞《しま》の布を纏《まと》ったり、燃えるやうな赤い布を纏った女たちよりずっと気品もあり豊かな感じである。

寺崎はこのような異文化のただなかに送り込まれた自身の心情について次のように述べていた[64]。

どちらを向いても異人種ばかりで、話を通じさせるのももどかしく、すべての風景の違ってしまった、まるで引っかかりのない境地が云ひ得ぬ郷愁を起させてゐる。

本来は国民の戦意を高揚させることを目的としていたはずの徴用作家らの手記は、このように圧倒的多数の「異人種」に自らが囲まれている不安感も描き出していた。

寺崎は続いて「印度人」「支那人」「馬来人」の民族性について自身の感想を述べていった。「印度人」については、「印度人はいくつかの種族に分れてゐるのだが、相当高等教育も受けてゐ、英国が印度人たちの位置を重要なものに置いてゐたので、親英と親日とがほぼ半々くらゐではないか」、「また一種大国のほこりを持ってゐて、堂々たる態度を取ってゐる」と、いわば自主的に行動できる誇り高き主体性をみた。[65]

寺崎浩

一方、「支那人」については「委員会の中でも溌剌《はつらつ》としてゐて、即座に実行に取りかかる所がある。どの支那人も張り切ってゐる感じがし、われわれがゆくと一言二言でこちらを察してしまふ」としながらも、同時に「上目使ひのやや宙に浮いた定着してゐない眼差しは長く見てゐると気味が悪くなる。どの支那人も英語でしゃべり合ってゐる。戦前は英国側に味方し、重慶を支持してゐたのだ。重慶が駄目だとなるとすらりと転身する。ここらあたりに支那の恐しさがある」と、その高度な適応能力への畏怖と侮蔑とを示していた。[66]

だが「馬来人」についての評価は異なっていた。「馬来人は長い間英人の支配下にあったので、本質的に英人を偉いものと思ってゐて、手を振り上げることさへ出来ないのだ」、「むしろ英人の下から自由にされたことが、どうしていいか分らないやうな境地に落されてゐるものらしい。だから馬来人たちは全く日本の支配の下にある」と、他者性の欠如した存在として捉えた。[67]本人にその意図があったわけではないだろうが、寺崎は「馬来人たちは全く日本の支配の下にある」と、大東亜共栄圏によって解放されたはずの人々と日本の関係の実態を書いてしまっていたのである。

「デマだらうがいくらか真実はあるだらう」

このような「異人種」に対して徴用作家らが進めていた宣伝・宣撫工作はどのようなものだったのだろうか。次の寺崎が書き留めた一例はあくまでも宣伝班の組織が整備されていなかった開戦初頭の例であるが、なかなか興味深いものである。[68]

○○〔原文ママ伏字「宣伝」〕内容は二三日も経たない内に豊富なものとなった。五日には、『英兵退却に於ける謀略』といふ感想が話される。『印度婦人の同胞に次ぐ』といふ印度婦人がある。六日にはジャズバンドが、それは支那人たちの手ではあったが華やかに演奏される。八日には支那音楽の演奏があった。印度の捕虜たちはオルガンをそのまま小さくアコーデオンにしたやうな楽器と、鼓のやうに横にして打つ太鼓とで軍歌を唄った。簡単なメロディーのくり返しと神に祈る時の高い調子とで出来上ってゐるが、テムポの早い八木節のやうな音楽であった。

中国由来の楽曲演奏だけではなく、アメリカ文化のジャズを弾きこなす中国系住民、インドの楽器を奏でる「印度の捕虜」、そして彼らを使いこなさなくてはならなかった日本人。ここには確かに寺崎の書いたとおりの「異人種ばかり」の日常空間が表れている。だがそれは同時に日本が宣伝しようとしていた、大東亜共栄圏の理念なるものが容易には浸透するはずもない現実を示すものであった。

寺崎は宣伝工作を始めて一週間ほどの後、町の盛り場に取り付けたラウドスピーカーを見廻った。そして「ラウドスピーカーの前には各人種が群り立って聞いてゐた」ことを確認し、「日本人の二世少年」を群衆の中にもぐりこませ、「人たちがこれを聞いて何と批評するかさぐらせた」のである。[69]

ほどなく帰ってきた少年は危なっかしい言葉で、群衆の言葉を話してくれる。日本の○○〔原文ママ伏字「宣伝」〕は恐らくデマだらうといふ説が多いとのことである。デマだらうがいくらか真実はあるだらうといふ気持で聞いてゐるものらしい。また印度人は英人当時を懐しんでゐるらしく意見を納めてゐる。結局庶民が求めてゐるのは戦況ニュースだけで、他はあまり真実とは思ってゐないことが分る。[70]

寺崎は続いて「私は○○〔原文ママ伏字「宣伝」〕をきはめて真実と思はせなければならぬと考へた。最初から虚偽と信じ込んでゐる民衆に、真実を吹き込むのは容易ならぬことである」と述べていたが、ここに記されていたのは、マレー社会の住民たちが示していた、したたかな他者性に他ならなかった。

「彼等に迎合してみせたわけでもなく、また札びらをきってみせたわけでもない」

『マレー電撃戦』に掲載された手記の中で、異彩を放っているのが井伏鱒二による短編「アブバカとの話」である。これは井伏が、マレー半島南部のクルーアン郊外のあるマレー人家庭との交流を描いたものであった。井伏らはある日、井戸を借りるために接収先であった民家の隣家を訪れた。井伏は「私の英語が拙《まず》かったためか」井戸は借りられなかったものの、その家の「逞《たく》ましい恰好《かっこう》のマレー人」の男から家屋内の土間に通されることになる。

私の周囲には子供たちや大人たちが集まって来てすでに彼等は危害を加へないとわかった私を物珍らしげに眺め始めた。なかには私のそばに寄って来て、腕を私の腕と並べて色をくらべて見る子供もゐた。つひにその子供は小さな指で私の腕を抓《つね》ったが、たぶんこの子供は、彼等の皮膚と同様な色に私が皮膚を染めてゐるかどうかを確かめてみたわけだらう。私は半袖の軍衣を着てゐるので腕が陽に焦けマレー人の皮膚に彷彿《ほうふつ》たる色になってゐる。私はその子供の才気と無智とに親しみを覚え、何か童謡のやうな歌をうたってくれと子供に英語で所望した。(中略)子供たちは声をそろへ何だか悲しさうな声でマレーの歌をうたひ出したが、私には無論その歌詞も意味もわからなかった。しかし子供たちがうたひ終ると私は拍手して『ベリー・グッド』と賞讃し、いちばん大きな声でうたった子供にマレーの五銭だまを一つやった。いちばん背の高い子供には日本の一銭だまを一つやり、いちばん背の低い子供には、仏印の一銭だまを一つやった。然し私は敢て、彼等に迎合してみせたわけでもなく、また札びらをきってみせたわけでもない。逞しい体格の男はアブバカといふ名前だと自分自身で紹介した。[71]

ここで注目したいのは、まるで自己に言い聞かせるかのように刻まれた井伏の留意である。寺崎の事例でも見てきたように、『マレー電撃戦』に収められた他の手記が、多かれ少なかれマレー社会のエスニックグループを「親日」の度合いで選別していたのに対して、井伏は歌を歌ってくれた児童に「一銭だま」を分け与える際にすら、「彼等に迎合してみせたわけでもなく、また札びらをきってみせたわけでもない」と立ち止まっていた。

他の作家に較べれば格段に少ないものの、井伏にも英国軍の遺棄物資の量を誇らしげに記すなど、日本軍の戦勝の姿を描く一面があったことは確かであった。[72] それでも井伏はマレー人、華僑、印度人らを安易に理解するわけでも区分するわけでもなく、その他者性を慈しむ態度を取り続けた。

井伏鱒二（前列左端）

井伏が『マレー電撃戦』に寄せたもう一つの手記「マレー人の姿」で描かれたのは、沐浴《もくよく》好きなマレー人の姿であり、その身に入れ墨を入れた「マレー随一の義賊」の手下とのやり取りなどであった。そしてこの「マレー人の姿」の最後のエピソードは、「日刊の日本文字の新聞と印度字、マレー字、英字の日刊新聞」の発刊を手伝う次のようなマレー人同僚らの姿である。

この新聞発行に関係してゐるマレー人たちは、ニュースを翻訳しタイプを打ち同時に印刷工の役目もつとめてゐる。いつ見ても忙《せわ》しさうに立ち働き、彼等の大好物であるマンデー《〔沐浴〕》をする余裕もなささうである。しかし彼等は日本人に阿諛追従《あゆついしょう》するごとき様子もなく、通りすがりに『やあ、こんにちは』と呼びかけると『ヤア、コンニチハ』と返答する。何しろ、あっさりしてゐて気持がいいのである。[73]

「日本人に阿諛追従するごとき様子もなく」働くマレー人を「あっさりしてゐて気持がいい」と表現できる井伏の姿には、先に見たように、「日本人に対する敬礼の実施」によって日本人をマレー人らの上位におく社会秩序を定めようとした軍政部の指令の影響を見ることはできない。従来の大東亜共栄圏研究が見落としてきたのは、このような在り方だったのではなかったか。このような事例はジャワ軍政においても見ることができる。

北原武夫のジャワ体験

ジャワ島での徴用期間を終えた北原武夫は、帰国後の自らの変化について次のように述べていた。

僕は爪哇《ジャワ》から帰って来てみて、そこの自然のすがたが実に強く深く僕の中に沁《し》みついてゐるのに驚いた。ちょっとした景色を見ても、すぐ爪哇の景色が眼に泛《うか》ぶ。実際これほどとは思はなかった。内地の景色を見馴れ、気候に馴れるに従って、日に日にその感が深くなる。爪哇にゐる間は少しも気がつかなかったが、南方の自然は僕にとってよほど驚威であったらしい。[74]

北原が徴用されていたのは一九四二年三月から一一月までであった。武田麟太郎、大宅壮一、浅野晃、阿部知二、横山隆一らとともに第一六軍の宣伝班員となった北原が体験したジャワ生活は、井伏らのシンガポールとも異なっていた。

北原らは後にジャワ島沖海戦と呼ばれることになる、オランダ・イギリス・オーストラリア海軍との海上砲撃戦を経験し、重油まみれの海を泳いでジャワ島に上陸した。前掲の引用にあるジャワ島の圧倒的な自然を最初に目にしたのは、その上陸直後のことである。

ジャワ攻略にあたった第一六軍はおよそ三ヵ月余りでジャワ島主要地を占領したが、北原武夫は日本軍の占領直後のジャカルタで、町中で「ワルツか何かのダンス音楽が、雨の音に混ざって、間近かにはっきりと聞えて来る」様子や[75]「僕等の部屋から庭の樹立を隔て、その僕等の部屋とちゃうど平行したやうな具合に並んでゐる、向ふ側の小部屋の一つのテラスに、明々とスタンドの灯が点《つ》き、その灯を囲んで三四人の異国の女たちが椅子に腰を下し、お茶を飲みながらラジオを聴いてゐる」[76]光景から受けた衝撃を、次のように記した。

祖国が滅びたといふのに、あの女たちはどういふ気持で音楽などを聞いてゐるのだらう。僕等はさう思はざるを得ない。が、さういふ僕等日本人の気持は、彼等にとつては凡《およ》そ不可解な、理解を絶した不思議な気持であらうし、彼等のさういふ気持も亦僕等にとつては凡そ奇怪な、理解し難い不思議な気持である。彼等と僕等との間には、何か理解を超えた、絶対なものがある。そのことが奇怪な不思議なものを見たといふことよりも、人間も民族によつてかうも根源的に違ふものかといふそのことの方が、妙に深く僕の心にひびき、僕を驚かしたのである。[77]

北原武夫

本書で注目したいのは、この引用において、「祖国が滅びたといふのに、あの女たちはどういふ気持で音楽などを聞いてゐるのだらう」という違和感を示したその直後に、「が、さういふ僕等日本人の気持は、彼らにとっては凡そ不可解な、理解を絶した不思議な気持であらう」と、自分たちの他者への感覚があくまでも相対的な基準にすぎないことを、北原が理解した点である。異文化理解なるものが、安易に他者を把握するのではなく、排斥するわけでもないことを意味するのだとすれば、北原の姿勢はまさしくそれにあたるのではなかったか。

そのような北原の在り方がよくあらわれているのは、北原がジャワ滞在中に陣中新聞『うなばら』（一九四二年九月二〇日）に寄稿した小説「カリオランの薔薇《ばら》」である。実体験を基に描かれた同小説において、北原はジャワ島中部のカリオランで、「混血児」の姉妹が営むホテルに停泊した際のやり取りを描いている。

一人は馬鹿に背が低く、一人は驚くほどに背が高かったが、一見して混血児と分る、皮膚の浅黒い、しかしどう見てもあまり綺麗とは言へない女である。

このように決して心惹かれる対象ではなかった姉妹に対して、オランダ語ができない北原は十分なコミュニケーションをとることも出来ず、若干の居心地の悪さを感じながらもそのホテルに滞在した。翌日、ジョクジャカルタのスルタンの王宮に招待された北原がホテルを出ようとしたところ、給仕から背の高い妹からだとする一輪の薔薇を差し出された。

不意を打たれた北原は咄嗟《とっさ》にそれを受け取ったものの、すっかりそのことを忘却して送迎の車内に薔薇を置き忘れてしまう。「忘れるともなくその薔薇のことを忘れてしまってゐた」北原は、王宮でのレセプションを終え、出迎えの車のドアを開けた瞬間に、充満した薔薇の香りに打たれた。そして車内で北原は混血児の妹が自分に薔薇を手渡した意味に思いをめぐらす。北原はその期待に応えるために、その薔薇をそっと胸に挿して姉妹の待つホテルに歩いて戻り、感謝を述べたのであった。

この話がどこまで真実であったか否かを問うことは無意味であろう。問題としたいのは、この筋書き《プロット》に現れたポストコロニアル空間における他者と北原の立ち位置である。オランダ植民地支配において、現地官僚としても一定の社会的立場を築いていた「混血児」グループは、日本統治下では重用されることはなかった。姉妹と北原との遭遇は、大東亜共栄圏がもたらした、それ以前の社会的関係の断絶を暗示するものである。さらに、このプロットにおいて伏線となっていたのは、薔薇を贈った妹が、精神障害を負っているという意味で二重に疎外されていたことであった。

薔薇一輪を胸に差して姉妹の待つホテルに戻っていった北原の行為は、決して感情の交流を求めてのことではない。精神障害を負った原因がオランダ人青年に捨てられたことであったとしても、そのことにもさしたる意味を置かず、シンパシーも抱かなかった北原には、植民地支配への怒りはなかった。だが北原の行為は解放者としての誇りをひけらかしたものでもなかった。

北原は確かにこの時、贈られた薔薇を胸に差すという言語コミュニケーション以外の手法を使って、解放者でも支配者でもない一個の人間として、他者に歩み寄ろうとしたのではなかったのか。

すでに前著でも論じたが、後述していく武田麟太郎のように、ジャワに派遣されていた徴用作家らの多くは、「アジアの解放」を信じていたがゆえに、インドネシア人を肯定的に評価する傾向が強かった。[78] だが北原は、ジャワで出会ったインドネシア人に対して、「短時日ではその核心が摑《つか》めぬが、一体に彼等が想像以上に個人主義的であって団結心がなく、男女共に異常に嫉妬深く、且《か》つ思ひやりとか親切とかいふものに比較的欠けてゐる」とも記していたように、[79] 差別的とも映りかねない認識を示していた。

異文化接触を楽しみ、他者との日常的交流を描いた井伏鱒二であれは、決してそのようには描かなかったであろう。だが北原は同時に、「現在インドネシア人は、僕等日本人を崇敬し唯々諾々《いいだくだく》として、すべてのことに従ってゐるが、それを彼等が生来素朴で素直だからだと解したら、速断に失しはしないかと思ふ」と、[80] 日本人にも容易に従わない主体性を見出してもいた。

後述していくように、北原はこの感覚を持ち続けて、日本帰国後には政府が打ち出そうとした大東亜共栄圏構想への疑義を提示していくことになるのである。

武田麟太郎のジャワ

北原とも井伏とも違った意味で住民との交流を行っていたのは、第一六軍の宣伝班員として徴用されていた元プロレタリア作家、武田麟太郎であった。自らが主宰していた『人民文庫』を幾度も発禁処分に処せられ経済的な困窮に苦しんでいた武田にとって、ジャワ滞在は居心地のよいものであった。武田の大東亜共栄圏に対する態度を示すのは、次のような逸話である。

偶々《たまたま》先日、南方に、マライからスマトラ、ジャワなぞに亘って、三十年間も事業を営んでゐた人の講演を聞いたが、この人さへも、古いヨーロッパ人の見たインドネシア観以上に出てゐなかった。インドネシアの無知を例をあげて嘲笑《ちようしよう》し、以前のままの愚民に捨てておいて、唯、そこの物資だけを取り上げて行けばよいと演説してゐた。ジャワの工業化なぞもっての外だと、今日の企画に反した意見までも述べてゐた。聞きながら、自分はたとへやうなく不愉快になったが、これは一時の新聞記事なぞが、南方の資源、南方の物資と騒いだと同様に困ることだと思ふ。

大戦争遂行のため軍需資源の確保の必要はもとよりだが、だが、単に物資のために、聖戦があるのではないと云ふ厳粛な事実は忘れようとしても忘れられない。しかし、この有名な事業家の話によれば、毛唐《けとう》たちが強盗的に東洋を犯してゐたのを継承し、その巧妙（？）〔原文ママ〕な植民地政策を模範として行きたいやうな口振りであった。八紘為宇、アジアの眼ざめとかその解放なぞの大理想はどこにあるのかとあやしまれた。[81]

このように武田は「八紘為宇、アジアの眼ざめとかその解放なぞの大理想」を心から信じていた一人であった。多くの徴用作家らが一年間の徴用期間後に帰国したのに対し、自ら希望してもう一年をジャワで過ごした武田が力を入れていたのは、啓民文化指導所での活動であった。啓民文化指導所とは一九四三年四月に軍政監部によって設立された団体であり、[82]本部、事業部のほかに文学部、音楽部、美術部、演劇部がおかれ、大宅壮一なども運営にかかわったが、武田はその中でも文学部の活動に携わっていった。

この啓民文化指導所のユニークな点は、各部長にジャワ人が据えられたことであり、武田は本部長

「啓民文化指導所の初顔合わせ」（『ジャワ・バル』第8号）
最前列右端が武田麟太郎、左端が大宅壮一

となったサヌシ・パネ（Sanoesi Pane）や、その弟で文学部長となったアルメイ・パネ（Armijn Pane）らと交流を深めた。このようなインドネシア人との共同運営という形態がとられたのは政治的な意図からだったが、それまでインドネシア文学に関心を向けた日本人がほとんど存在していなかったことを考えれば、同所開設の意義は小さくはなかった[83]。

ジャワ滞在中には意図的に作品を発表しなかった武田による数少ない作品が、『大東亜戦争　陸軍報道班員手記　ジャワ撃滅戦』に横山隆一の絵と共に掲載された「旅だより」である。武田はその中でジャワ島にイスラーム教を伝えた「スナン・グノン・ジャティの子である」、「セー・アブドル・モツフヰの墓所へ参詣した」ことについて次のように書き記している。

彼の墓は、メッカに行けぬ者たちにとって、この島のメッカとも云ふべき聖地だ。外門にて脱帽、蟬《せみ》の声しきりに聞える小径を行くこと暫くして、石の多い小川で履物を取って手足を浄める。先導のハヂたちは『ハーラム・ハーマン』『ハーラム・ハーマン』と唱へながら古い石段を昇ってゆく。簡素な廟内に入り、しいんと冷い廊下を廻って、祈禱がはじまった[84]。

武田が内地に伝えたのは、このように日本人といえども「外門にて脱帽」して厳粛に「ハヂ」に先導されていく姿である。すでに本章で見てきたように、マレー軍政部などでは、スルタンの宗教上の地位を尊重するとしながらも、昭南神社を参拝させていたことを考えれば、このような武田の姿勢はそれとは異なるものであったといえよう。

井伏鱒二が伝えた大東亜共栄圏の日常

井伏は他の徴用作家らと同様に、マレー滞在中から内地の新聞や雑誌への寄稿という形で、自らの南方体験を還流し続けていった。井伏は先に紹介した「アブバカとの話」を四二年四月一日の『モダン日本』第一三号第四号に載せ、六月二七日の『東京日日新聞』に「昭南市の大時計」、翌二八日の『週刊少国民』に「親子かうもり」を寄稿し、八月一七日から一〇月七日までは、五〇回におよぶ長期連載企画として、『東京日日新聞』・『大阪毎日新聞』紙上に「花の町」を寄稿し、九月一日の『文学界』には「昭南日記」を掲載した。「花の町」が伝えたシンガポールの日常生活は次のようなものであった。


「皆さん、さあさあ早くお集まり願ひます。これは危険なる蛇、コブラの踊りでございます。」

彼はアラブ人だがマライ語でいふのである。

見物人はもう可成り集まって蛇遣ひのぐるりに人垣をつくってゐた。お寺帰りの支那人の娘たちは無論のこと、印度人やマライ人や混血の児など人種の展覧会のやうにいろいろの人間が集まって来た。

そこへ数人のマルセンの旦那たちが三脚つきの大きなカメラを持って来て、蛇遣ひに向けそのカメラを据ゑつけた。そこへもう一人これはヘルメット帽を被り、背の高くない太ったマルセンの旦那がやって来た。[85]

最後に登場する「マルセンの旦那」とは、現地でそのように呼ばれていた井伏ら宣伝班のメンバーらであった。「花の町」はこのマルセンの日本人らと、マレー系の「ベン・リヨン」、中国系の「シンフハ老人」ら「人種の展覧会のやうにいろいろの人間」との日常的な交流を描いたものである。このように井伏が内地に伝えたのは、平和そのものの大東亜共栄圏の日常空間であった。

一方で『文学界』に掲載された「昭南日記」は、より写実的な日誌体の記録であった。井伏はシンガポールの昭南タイムスという新聞社での新聞発行にかかわり、昭南日本学園という日本語学校の講師も担当していた。その日常は次のようであった。

街で昭南タイムスの記者サベイジに逢った。彼はワイシャツの袖を肩のあたりまでまくり、ヘルメット帽を手に持って大急ぎで歩いてゐた。「記事とりに行くのか」とたづねると、彼は「御機嫌いかがですか」と挨拶して、それから私の云った「記事とりに行くのか」といふ英語の発音を訂正してくれた。これは私が昭南タイムスにゐたころからのサベイジの悪癖《あくへき》で、彼は私の英語の発音をよく訂正した。べつに頼みもしないのに余計なおせっかいだといひたいところだが、第三者が傍《かたわ》らにゐるときには彼はそのおせっかいをひかへてゐた。親切のつもりなのだらう。[86]

「印度生れの純粋ビルマ人」であったサベイジとのやり取りを見ても、井伏は決して占領者でも解放者としてでもなく、一個の人間として東南アジアの人々との交流を楽しみ、その姿を日本に伝えていたといえるだろう。もはやここにあるのは、『これだけ読めば戦は勝てる』に現れたような「土人」ではなかった。井伏がどこまでそのことに意図的であったのかはわからない。だが、井伏は南方の人々を「土人」とみなすような視線を相対化する役割を果たしていったのである。

井伏鱒二の挑戦

一方で大東亜共栄圏下におけるシンガポールの平穏な日常を内地に還元したことのみを捉えれば、井伏はともすれば「共存共栄」を描いたという意味では、大東亜共栄圏構想を補完する役割を果たしたかのように見える。だが井伏はしたたかであった。徴用期間を全うして帰国した井伏は、一九四三年三月に内地の雑誌『新女苑』で、シンガポールにいたある少女の「日記」を題材とした次のような小論を公表するのである。

十二月八日
空襲警報。気難しい婦人が（これは多分、看護婦長のことを云ったのだらう）〔原文ママ〕室内の電灯をつけた。人々は（看護婦たちや同僚の見習看護婦たちのことだらう）〔原文ママ〕直ぐに出かけるために起床した。私の犬は警報の音に驚いて吠えてゐた。
みんな恐怖のため息苦しさうにして、実際の事情を知らうとした。しかしラジオの放送はきこえなかった。（後略）

十二月十九日
映画見物の最中に館のものが空襲を予報して、しかも映写はつづけられた。私の考へ——阿呆らしいと思ふ。見物人はみんな帰る。お銭の無駄づかひ。
戸外でマッチをするもの、煙草をすふものは譴責《けんせき》された。[87]

この日記調の文章は、さらに次第に深刻さを増す主人公の状況と心情を描き出していった。

十二月二十二日
今日は防空壕を掘るので忙しかった。屑鉄や丸太や、そのほか重いものを、貨物自動車でよその原っぱへ持ち運んで小さな空地をつくった。その空地は馬鹿のやうに見える。

十二月二十九日
八時から一時まで空襲。高射砲を撃ち出す震動で家が揺れた。みんな震へあがって、ぴったり身を伏せてゐた。——祈りながら。
爆撃の音と高射砲の音の区別がわからなかった。暗がりのなかで、寝台の蒲団を防空壕のなかに運んだ。空襲警報、三回。とても眠れなかった。(後略)

二月十五日

もう三日間も太陽を見なかった。新聞も来ない。無電局も九日に破壊された。午後になって、あと六時間たてば砲火が止むだらうとの噂がつたはった。しかし英軍はまだ兵力を増強し、抵抗を試みてゐた。[88]（後略）

のちの『黒い雨』にも通ずるように、実在した日記を基に他者の視線から書きすすめる手法で描かれた小文である。だが日記の書き手であった「オランダ系のユーラシアンで、十四歳の少女」の生命を脅かしていたのは、シンガポールへと迫る日本軍であり、井伏自身でもあった。

「この日記の最終日の二月十五日には、私はジョホール・バールの空家に泊ってゐた。ジョホール水道を隔てた対岸に、三箇所から石油タンクの燃える煙りが立ちのぼってゐた」と記した井伏が描きたかったのは、[89]被害者と加害者の立ち位置を倒錯させて初めて見えてくる「解放戦争」のあり方ではなかったのか。戦時下にもかかわらず、井伏がこの小論を発表したことの意味は小さくはない。井伏もまた自らのやり方で文学者としての矜持《きょうじ》を示し続けていた。

四　東南アジア情報の還流と蓄積

『南方画信』の世界

一九四二年九月、陸軍美術協会は定価五〇銭の絵画グラフ紙『南方画信』を刊行した。陸軍美術協会は、日中戦争下の一九三九年四月に成立した、松井石根《いわね》が会長、藤島武二や藤田嗣治《つぐはる》が副会長をつとめた陸軍の外郭団体に当たる組織であり、三九年七月以降には朝日新聞社と共催して、「聖戦美術展覧会」などを開催していた。

『南方画信』第一輯には、陸軍省報道部の黒田千吉郎中尉による「戦争画について」と題した巻頭文が掲載され、藤田嗣治や向井潤吉、小磯良平、中村研一らの描いた絵画が掲載され、藤田や山口蓬《ほう》春《しゅん》、鶴田吾郎、宮本三郎らによる「陸軍派遣画家　南方戦線座談会」記事が掲載された。藤田らはその中で次のように述べている。

藤田　僕は今まで支那の戦線へもノモンハンの戦跡へも出かけた経験があるが、今度大東亜戦争が始って南方へ従軍してみると、今までと全然気組みが違ふね。勿論、今までだって決していゝ加減な仕事をして来た訳ぢゃないが、今度こそは、といふ気がする　絵を描くのにもずっと気持が締ってくる。

山口　全くさうです。元来日本画家の立場から云へば戦争画はやり憎いので、支那事変の頃陸軍省から話があったのですが、僕は外の人達に行って貰って、自分では御免蒙ったのですところが今度は違ふ。日本人としてそんなことを云ってる場合ぢゃない。描けても描けなくても、日本画家としてやれる処までやってみる、そんな気持で従軍しました。[90]

このように語る藤田らの発言からは、ビルマに派遣された伊原宇三郎が一九四二年二月に「事変の当初、聖戦と言ひ、東亜共栄圏と言ひ、又世界の新秩序と言ふも、余りにその大きな設計に、一寸われわれには手に余る感があったが、今では雄渾《ゆうこん》な大計画が判然具体的な形をとり始めた」、「われ等の花園を荒した米英が尻尾を巻いてその古巣に引き退る。ザマ見ろである」と述べていたのと同様の高揚感をうかがうことができる。[91]

『南方画信』第一輯に掲載された絵画に特徴的なことは、それが兵士や戦場の様子を描いた狭義の戦争画のみではなかったことであった。

『南方画信』第1輯

例えば『南方画信』一輯の冒頭画は小磯良平による「勇部隊勇士習作」だったが、次のページに掲載されたのは、鶴田吾郎による「鹵獲《ろかく》したハリケーン機」と並んだ、「ムシ河」や、「マレーの印度婦人」といった絵画であった。

一九四二年一二月に刊行された『南方画信』第二輯においても、ジャワに派遣されていた川端龍子《りゅうし》の弟子であった日本画家、福田豊四郎はジャワ島やボルネオ島でみた自然の事物について、現地の子供たちとの交流風景などを記し

鶴田吾郎筆「マレーの印度婦人」など（『南方画信』第1輯）

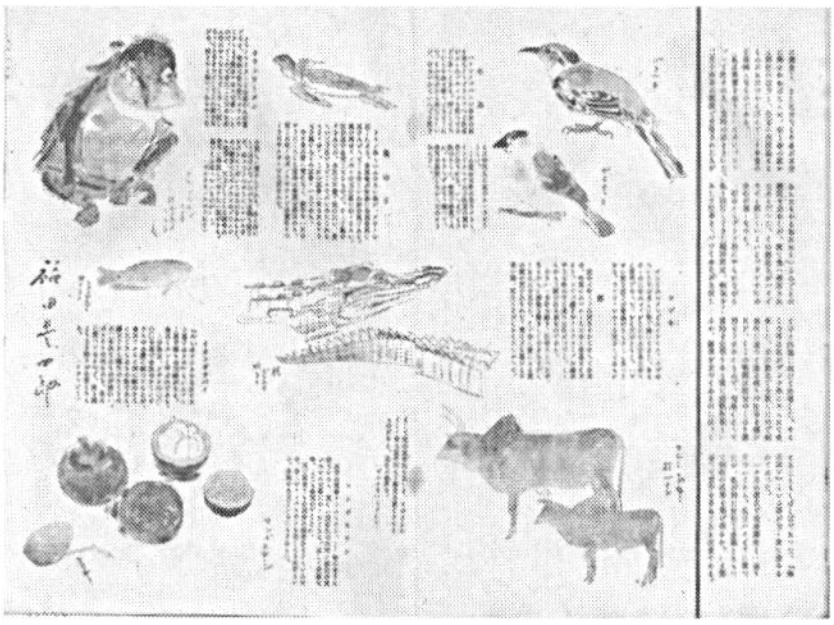

福田豊四郎画（『南方画信』第2輯）

ながら、愛着と親しみを持ってそのスケッチを掲載している。

総じて従軍画家らは、徴用作家らと比較しても率直な口調で南方での生活を描いていた。たとえば福田は「小鳥」の絵の説明書きとして、次のように記した。

> 小鳥
>
> バリックパパンの宿舎の前を毎日インドネシヤの子供達がゴムのパチンコを持ってふざけ歩いてゐる。仲よしになったら小鳥を捕ってきてくれた。その次の日も来たらしいが、自分がゐないので子供ぎらひの友人に追ひかへされたらしい。
>
> この素朴な野の鳥をみると、インドネシヤの子供達の顔が想ひ出される。いつまでも子供のやうに、無智で純真であれ。オランダはさう願って、彼等を教育しなかったのかも知れない。[92]

このように『南方画信』は「土人」観をはらみながらも、それまで馴染みのなかった内地の人々に対して、広く南方の人々や風景、文化を伝えていったのである。

宮本三郎が描いたもの

マレー・シンガポール攻略戦に従軍した宮本三郎は、大作「山下・パーシバル両司令官会見図」を描き、第二回帝国芸術院賞をとった人物であった。だがこのような大作だけが宮本の描きたかったものではなかった。宮本自身が「暑い南の土地では、ねっちりと物を追求したり、思索しながら描き続けるといふことは、不適当のやうに思はれる。従軍三カ月中、油絵として纏《まとま》ったものはほとんど無く、ただ鉛筆の素描が百点以上に出来た」と述べていたように、[93]主要人物らを後日スケッチし直して、再現配置して描いた「山下・パーシバル両司令官会見図」以上に重視すべきは素描類であろう。では宮本は何に心惹かれていたのか。

陸軍美術協会は一九四三年に『宮本三郎南方従軍画集』を発刊したが、そこには素描類と共に宮本の手記というべき文章が掲載されている。その手記のタイトルのみを挙げて見ても、「マライの芝居」、「マライの子供達」、「混血」、「マライの少女」、「昭南の蛇つかひ」、「印度の映画」、「南の空のいろ」と、その関心は民族風習から自然の事物にまで多岐にわたっている。その中でも特に人物描写に関心をいだいていた宮本は、服装にも格別の関心を持っていた。

> マライの女達は、下に更紗《さらさ》のサロンといふものを巻き、レースの上着に、レースの被りものを被ってゐる。こまかい繊細な模様を使ふのだが、それが晴着らしい。少女など、被りものの額ぎわに、赤い大きな花をつけたりしてゐるのをよく見かけたが、可愛らしい。小さな子供でも、耳輪

や腕輪をしてゐる。[94]

そしてこのような宮本の服飾への関心は、次のように日本の現状への批判にもつながった。

単に婦人達ばかりでなく、南方の人たちが、あれだけ長い間、英米蘭の圧政下にありながら、ついぞ洋風に馴染まず、洋服といふものをからだに着けなかったといふことは面白い。昔のまゝの服装を着て通し、この頃の様に、半ばヨーロッパ化した生活の中でも、それほどの不便も感じず、見劣りもなく、あの黒い肌に却って美しさを感じさせる。立ってもしゃがんでも、汚れてゐれば汚れたなりにしゃんとしてゐる。洋服が、かならずしも自分たちの軀を美しく見せるものでないことを知ってゐるのであらうか――この頃の日本人の服装が、混乱をきはめてゐるのと較べて、南の人たちが伝統的な服装を、いつまでも大切にしてゐるのは考へさせられる。[95]

その内容の適否はともかくとしても、宮本にとって初めての体験となるマレー・シンガポール滞在は、それまでヨーロッパに学ぶために渡欧していた自己の立ち位置を見直す契機となった。

宮本は「戦争画に就いて」と題した文章で、「時々経験することだが、時局柄戦争画を描かなければならないことについての感想をきかれることがある。そのたびに私は戦争画が面白いからと答へることにしてゐるが、事実迎合するとか止むを得ずにとかいふ気持はない。面白いから描くことが、お役に立つといふことになれば有難いと思ふばかりである」と述べていたが[96]、これは宮本の率直な気持の吐露だったのだろう。

自らを「従軍画家」と自称していた宮本は、兵士を描くことにも強い関心をいだいていた。たとえば激戦地として知られたブキ・テマ高地の激戦を経験した兵士について「ひとたび戦塵をくぐると、兵隊の顔や服装などに、従来とは全然ちがった迫力が出て来る。私は、さういふ人たちにモデルになってもらって絵を描いた。さういふ人たちは、ポーズをよく知ってゐてくれるので、戦争画を描く上に大へん勉強になった」と、[97] 兵士が映し出す戦争の姿を描こうとした。だが宮本がユニークなのは、その対象を日本兵だけではなくイギリス兵にも関心を向けたことである。

宮本三郎『宮本三郎南方従軍画集』より

　英国兵の捕虜は裸になっても、お洒落である。帽子をはすかひに被って——装飾といふのは帽子とパンツだけだが——それに愛嬌もよい。ちゃんと敬礼もする。私は、大勢重なり合ってゐるなかから、反感を持ってこっちを睨むやうな奴はゐないかと探してみたが、意外なことに少しも見つからなかった。

　捕虜の生活の中でも、コーヒー茶碗を用意して、われわれにちゃんとお茶をすすめてくれたり、物のない中で、きちんとした生活を工夫してゐた。判断は簡単に下せないだらうが、さうした生活は私の心をひいたひとつだ。[98]

渡欧体験のあった宮本にとって「西洋人」それ自体が物珍し

かったわけではなかった。だが宮本にとって、あるいは当時の帝国日本の人々にとって、捕虜となった「英国兵」や「濠洲兵」らの立ち居ぶるまいは衝撃であった。捕虜として昭南神社の建設に従事させられる中でも、「お洒落」に気を配り、朗らかに振る舞いながら「きちんとした生活を工夫してゐた」英国兵の姿を伝える宮本の視線には、戦争末期になって登場してくるような、「鬼畜米英」といった視線を見ることはできない。これもまた、大東亜共栄圏がもたらした体験の一側面であった。

「画材そのものの背後にある我々の持つ感情」

宮本にとっての大東亜共栄圏経験は、絵画の対象の拡大のみを意味していた訳ではなかった。宮本は「画材と伝統」と題した小文で次のように記した。

南方では周囲の眺めなど、なるほど日本にない樹木や果物があって、風俗も違ひ、非常に稀らしい。だが、さてその稀らしい画材にぶつかっても、画材そのもの丶背後にあるわれわれのもつ感情――それがいったいどうなのか判断がつかない様でとまどふのだ。日本の伝統として、竹に雀とか、柳に燕とか、さういふ画材を摑めば、そこに一つの日本の風土を中心とした季節を感じさせる或る情緒を持たせ得るのであるが、南方ではさういった感じが果してどの様なのか、私たちにはわからない。

向ふの人たちに絵を見せるやうな場合でも、日本のさういふ伝統が理解できるかどうかといふことが問題だと思ふ。[99]

宮本にとっての大東亜共栄圏経験を異文化体験と名付けることができるのは、このような価値観の変遷の痕跡を見ることができるからである。宮本は南方の事物を描き、それを南方の人々や内地の人々に見せる場合にも、描き手と鑑賞者の間で文化的コードが問題となることを体得した。このことは南方体験が単なる対象の広がりに止まってはいなかったことを示しているといえよう。

児童向けの明るい南方

左掲の写真は雑誌『家の光』の付録として作成された双六「大東亜共栄圏めぐり」である。東京駅を振り出しに、朝鮮半島から中国大陸に渡り、海南島、サイゴン、タイ国、ビルマ国、インドからジャワに渡り、ボルネオ、セレベス、ニューギニアを経てフィリピンから帰国するという、まさに大東亜共栄圏全域をめぐる双六には、各「独立国」の政治指導者らの顔写真が掲載され、日本を歓迎して旗を振る児童や民衆らの姿が描き込まれていた。

その作者は、昭和一二年ごろから講談社の『少年倶楽部』に挿絵を描き、その後『幼年倶楽部』に漫画「ゲンキノゲンチャン」を連載していた人気漫画家沢井一三郎であった。一九四四年という時期ではあったが、新年を祝う家庭での娯楽として、児童にも親しみが持てる絵柄が選ばれたと言えよう。本書冒頭でも紹介したように、このような双六や紙芝居

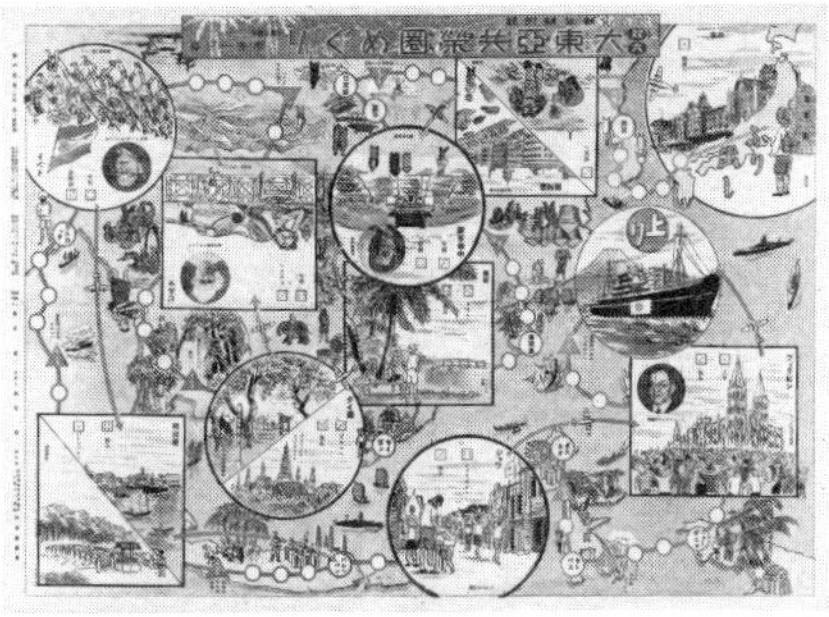

「大東亜共栄圏めぐり」（『家の光』20巻1号新年号付録）

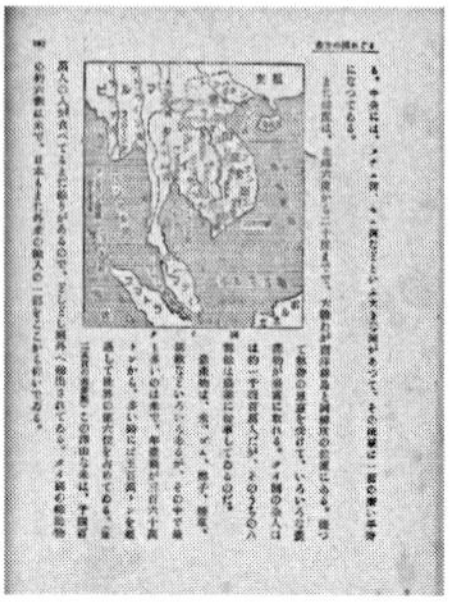

『南方の国めぐり』182頁

といった児童向けのメディアに東南アジア・南アジアの地名や人々が描かれたのは、大東亜共栄圏の一つの特徴であった。

　また紙芝居などよりも年齢の高い児童を対象とした南方関連書物の出版が相次いだのも、日中戦争期には見られなかった大東亜共栄圏ならではの特色である。たとえば一九四二年一二月に新潮社から「新日本少年少女文庫」の一冊として刊行された武富邦茂『南方の国めぐり』は、「南洋がへりの叔父さん」と、一郎・春子の会話という体裁をとっている。

叔父「どうした、何か用か?……さうだ、わかった。大東亜戦争の話を聞きに来たのだね。」
一郎「ちがひます。戦争の話ぢゃないんです。」
叔父「ほう、それぢゃ何だね。」
一郎「南洋の地理の話をうかがひに来たのです。ねえ、春ちゃん。」
春子「さうよ。……叔父さん。今度日本は、仏印やタイをはじめ、フィリッピンや東印度の人たちと、新しくお友達になったのでせう。」
叔父「さうだ、大東亜共栄圏といって、日本の隣組にはいる国が、たくさん出来たわけだ。」
春子「あたしね、その国の子供たちが、毎日どんなことをして遊んだり、勉強したりしてゐるのか、それが知りたいの。だって、それを知らないと、お友達になるのに、工合《ぐあい》が悪いでせう。」[100]

このように極めて平易な会話文によってすすめられる内容は、思いのほか具体的で要領を得たものであり、緯度情報から人口、農産物の生産額、そして雨季や乾季の存在といった地理的情報が、現在からみてもそれほど遜色のないレベルで紹介されている。

児童向けの同書でも、ジャワのボロブドゥール遺跡やタイのワット・チェン寺院が紹介されるなど、民族文化の歴史と現状がわかりやすくまとめられていたように、内地の国民学校生は大東亜共栄圏を紹介したこのような書物を通じて東南アジアという異文化に触れることになった。明治以降の歴史の中で初めて日本人に東南アジアを知る機会を与えていたのは、疑いなく大東亜共栄圏であった。

「南方民族文化」への関心の高まり

大東亜共栄圏構想がもたらした南方への関心は、学術研究にも影響を与えた。演劇に強い関心を持っていた坪内逍遥《しょうよう》の弟子のひとりであり、一九二〇年代からジャワにわたって「東印度民族研究」を行っていた松原晩香は、逍遥の序文をいただいた『南方の芝居と音楽』（誠美書閣）を一九四三年三月に刊行した。松原は、一九二〇年代初頭からジャワ島のワヤン（影絵芝居）についての論文を内地の新聞や雑誌に投稿していた専門家であったが、この書籍の中でもワヤンだけではなく、舞踏や楽曲、楽器、舞踏の背景にあ

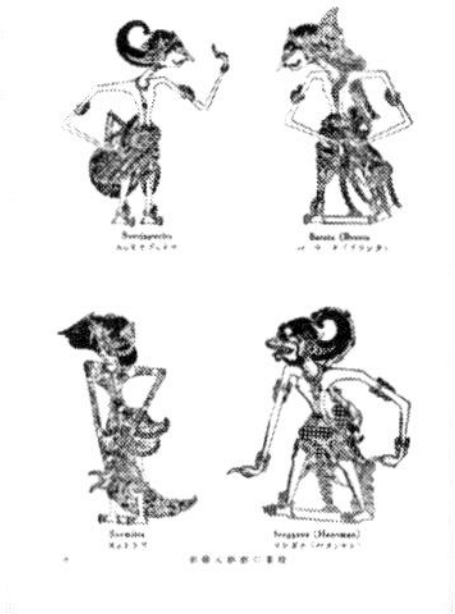

『南方の芝居と音楽』挿絵

った民族文学にまで目配りしている。
松原が執筆した『南方の芝居と音楽』は、図版や写真に加えて、ジャワ語の表記も加えて解説を行うなど、戦前、戦中期の研究の到達点というべき学術的な専門書であった。松原自らが「後記」として、

本書は特殊的内容であるが、南方関係の大衆向出版物と同様に、将来江湖《こうこ》に歓迎され、もっと安易に提供し得らるゝの日を待望するものであり、斯《かか》る日の到来こそ真に我が国民をして南方認識を齎《もた》らしめ　大東亜共栄圏確立が証拠立てらるゝ秋ではなからうかとひそかに想ふのである。[101]

と書き記した。このように同書の刊行は、一面では大東亜共栄圏期の「南方関係の大衆向出版物」の氾濫に便乗したようにも見える。だが、実際にはそれまで存在していなかった南方への強い関心が、このような専門書の刊行を可能にしたとみるべきであろう。

そのような民族文化への関心は厚生省を動かすことにもなった。厚生省研究所人口民族部では、小山栄三らが中心となって一九四三年五月に『南方民族図譜』（国際報道株式会社）を刊行している。

同書は「例言」において「本図譜は当研究所において蒐集せる研究資料の一部であって、南方諸地域（仏印、タイ、マライ、スマトラ、ジャワ、小スンダ列島、ボルネオ、セレベス、フィリッピン）に住む民族の人種体型、生活様式、文化等の実態を平易に図版によって示さうとしたものである」とした通りに[102]、大東亜共栄圏内全域のエスニックグループを網羅したものであり、学術的内容が受け入れられる素地が生まれていたことを示しているといえよう。確かに言説レベルでは、日本の縄文文化

がすべての南方文化の始原であるといった主張も見られたものの[103]、このように南方関連書物の氾濫の中に乗る形で学術的な専門書が一般向けにも刊行されていたこともわかる。書物を通じて南方の文化に触れる機会は、内地の児童だけでなく市井の人々にも広く共有されていったのであった。

ボロブドゥール遺跡の発掘調査

南方への関心の高まりは、刊行物の増加といった点のみに影響を与えていた訳ではなかった。ジャワ軍政部の統治下では、ボロブドゥール遺跡の発掘調査が行われたのである。その発掘を行ったのはジャワ軍政監部の陸軍司政官としてジャワ島中部のケドウ州に赴任していた古沢安二郎であった。古沢は一九二六年に東京帝国大学文学部英吉利文学科を卒業した後、二七年から明治大学に勤務した英文学者であったが、同時にイスラーム教への関心が強い異色の研究者であった[104]。

古沢の戦後のインタビューによれば、古沢はイスラームの知識を買われて一九四三年六月九日付で陸軍司政官就任を発令され、ケドウ州庁での文教関連業務に当る中でボロブドゥールの管理を任された。現地のインドネシア人の記憶を基に一度発掘をおこなったが、めぼしい成果は得られなかった古沢は、その後ジャワ軍政監部がジョクジャカルタに設置して

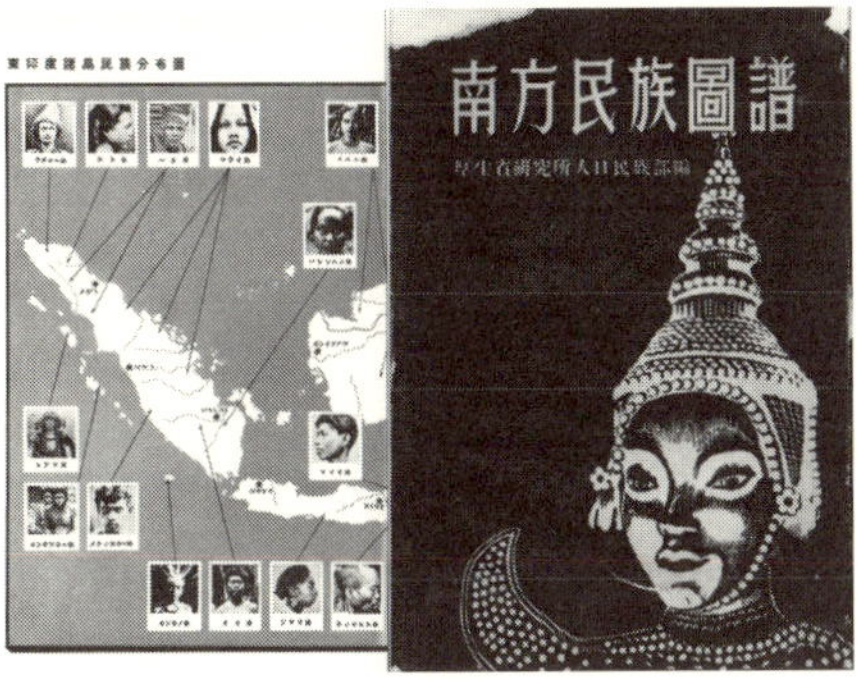

『南方民族図譜』表紙および挿絵

いた仏蹟復旧工事事務所において、旧蘭印政庁のボロブドゥール遺跡修復工事の記録をもとに文献調査を行った。

それ以上の発掘を逡巡していた古沢は、同遺跡の撮影に派遣されてきた写真家、小川晴暘《せいよう》と知り合った縁から発掘を行うことを決め、一九四四年二月一五日に一八八五年に確認された後に埋め戻されていたボロブドゥール遺跡の基盤のレリーフを掘り出した。

その後、同遺跡の調査を行ったのが、日本軍政下でバンドン工業大学の教授となった千原大五郎（一九一六〜一九九七）であった。千原は一九四一年に京都帝国大学工学部建築学科を卒業後、一九四四年五月に陸軍軍政地教授としてバンドン工業大学に赴任し、同地でボロブドゥール遺跡をふくめたジャワ島各地の遺跡群の実地調査を行った。

特筆すべきはこの時バンドン工業大学では、日本人だけではなくインドネシア人の教授も採用され、遺跡遺物の保存も協同して行われていたことであった。「おわりに」で見ていくように、この時の人的交流は戦後の千原の人生をも変えていくことになるのである。

第四章

「アジア解放」をめぐる異文化交渉

第二章までに見てきたように、大東亜共栄圏が広域的多民族統治を必要とする構想だったことの意味を、松岡洋右を含めた政策決定過程上部のアクターらが真剣に検討していたわけではなかった。だが一九四三年以降になると、内地の政策決定者らは「独立許与」の結果として、新国家建設を担う東南アジアの政策主体らと向き合う必要性に迫られていった。

東南アジア各地を訪問し、各国の政治主導者を招いた大東亜会議を開催した東條は、明治以降の近代史の中で東南アジア各国の首脳らと直接面会を果たした最初の首相でもあった。だがその体験は、単なる親睦感を育むだけの契機とはならなかった。

「ビルマ」人は大東亜共栄圏の中にて割合良い方にて上の部に属すると云ひ得べく　之を泰国《タイ》人に比するに泰人の方が扱ひ難し　併し我方として信頼し得るや否やを不問《とわず》　兎《と》に角《かく》政策としては怪しきものをも抱込む心算なり[1]

ビルマ独立と同時に締結された日緬《にちめん〔ビルマ〕》同盟条約をめぐる枢密院審査委員会議の席で、東條はビルマ人とタイ人を比較してこのように述べていた。東條は東南アジアの政治家らと接する機会を得ながら、あるいはそれが故にこのような他者認識を持つに至ったのである。

逆にいえばこれは、日本を指導国とするはずの大東亜共栄圏において、タイをはじめとする国々の民族指導者らが、東條をして「扱ひ難し」と述べさせるほどに抗い続けた証拠でもある。この点を見ていくことは、解放でも植民地支配でもなかった大東亜共栄圏の姿を明らかにすることにつながっていくはずである。第四章では一つの軸として、東條の行動や発言を中心に、タイやビルマ、フィリピン人政治家らと向きあった日本人政策決定者らが体験した異文化接触を見ていく。

もう一つの軸は、政策決定過程ではなく、より日常的な空間で繰り広げられていた内地の人々と南方の人々との交流である。一九四三年に南方特別留学生制度が開始されると、東南アジア各地から日本内地には、二〇〇名以上に及ぶ留学生が招かれた。市井の人々にとっても、初めて東南アジアの人々と触れ合う機会が生まれたのである。

また今までは顧みられてこなかったが、戦闘記録のみを記したはずの「戦闘詳報」といった一次史料の中からも、東南アジアの現場で異文化接触を余儀なくされていた兵士らの想いを読み取ることができる。本書「はじめに」において、日本人にとっての大東亜共栄圏の意味は、異文化体験の均一性ではなく、その「濃淡の差異」にあると書いた。東條とそのような一般の人々や一兵士らは対照的な反応を示していたが、それは立場の違いというよりも、もっと深く仄《ほの》かな亀裂から生じた差異であった可能性がある。本書「おわりに」で述べていくことになるが、大東亜共栄圏体験の意義とは、そのような狭間に芽生えたものであった。

一　抗い続ける他者の姿

タイ国軍のビルマ進軍

一九四二年二月のシンガポール陥落、同三月の蘭印占領に続いてビルマ作戦が順調に進んでいた四二年五月、突如としてタイ国軍がビルマ領域への進撃を開始した。日本は一九四一年一二月八日の開戦に際して、ピブーンの抵抗を押し切って、タイ国内の日本軍の通過を認める協定を締結させ、二一日には日本との同盟条約を調印させていたが、タイ国軍はその同盟を盾に進軍したのであった。[2]

大本営政府連絡会議では五月九日の第一〇二回連絡会議において、「「タイ」軍の「ビルマ」進撃に伴ふ対「タイ」措置に関する件」を決定してその行動を黙認した。[3]だがこの決定ではビルマ領の「占領の既成事実」化によって、「「ピブン」首相の国内的地位を強化し　且《かつ》「タイ」の対日協力を積極化せしむる為有利」である一方で、将来的なビルマ独立に際しての困難さを生じさせかねない、という困難な選択を迫られることになったのである。

日本に抗うタイ国の政治主体

そもそも日本にとって、大東亜共栄圏の構成国にして同盟国でもあったピブーン率いるタイ国はどのような存在だったのか。日本側からは、「日「タイ」同盟締結以来　「ピブン」政権は着々其の独裁権を強化しつつあり」、「近く内閣を改組し皇族及反対派を排除し　「ピブン」腹心を以て政権を全面

的に掌握し　且又《かつまた》「ピブン」系少壮軍人を抜擢して全国重要各部門に配置し　軍事政治を一元化し」、「摂政委員会の権限を縮少」するといったように、ピブーン政権は強固な独裁体制へと向かいつつあるとみなされていた。[4] 歴史的にも「親英派」が多数を占め、一九四〇年代初頭でも親英派の「自由タイ」系政治家らが影響力を保持していたタイ政界の中で、[5] 対日協力の姿勢を示していたピブーンの政治力に日本は期待をかけていた。

だがそもそもそれほどの能力を持つピブーンは、諸刃の刃というべき存在でもあった。日タイ同盟締結以前のことではあったが、在タイ国大使坪上貞二が得ていた情報によれば、四一年一〇月に、ピブーンは英国元海相「ダフクーパー」と極秘会談を行なっていた。その際にピブーンは、クーパーに対して、「「タイ」は如何なる場合に於ても日本に荷担せさるを以て安心ありたし」と答えながらも、[6] 同時に泰国への英国軍の進駐を拒否するなど、大東亜共栄圏を提唱していた日本と、日本の進駐を恐れる英国を両天秤にかける外交手腕を発揮していたのである。

だがピブーンのみが「扱ひ難」かったわけではなかった。例えば四二年四月二五日、タイから「日「タイ」同盟慶祝「タイ」国特派使節」が派遣されている。[7] 東條は総理官邸で来訪挨拶を受けた際、「東亜の民族には同じ血が流れてゐると思ってゐる。大東亜の国々は個々ばらばらであってはならない。相共に兄弟の如く互に扶け合って　強い団結の下に大東亜の共栄圏の確立に当っていかねばならぬと考へてゐる」と、ことさらに親愛の情を示しながら、大東亜共栄圏建設への協力を求めた。[8]

だが同使節団の「ピヤ、パホン、ポンパユハセーナー」前総理大臣は、帰国に際した挨拶の席で、「「タイ」国にある日本人の中には其の特権を濫用し、「タイ」国として迷惑を感ずる者もある」と、東條に苦言を呈した。[9] 事実としても、坪上大使が同時期に「「タイ」政府閣僚の偽らさる真意」として、「日本か「タイ」国の独立を認め乍《なが》ら「タイ」政府の国内施策に対し容喙《ようかい》干渉する嫌《きらい》多く　之か為　政府の国内統制力を阻害しつつあり」というタイ側の強い不満を伝えていたのだが、今から見ていくようにタイでは政治家から一国民までが日本に抗い続けるのである[10]。

一九四三年の転換

一九四二年六月のミッドウェー海戦での航空母艦の喪失は、当事者らにとっても痛手ではあったものの、攻守転換点と認識されるほどのものではなかった。修理や補充も十分には行えず、航空機の運用機数にも制限があった航空母艦に代わって、島嶼《とうしょ》部への航空基地建設によってアメリカとオーストラリアの間を遮断するF・S作戦が計画されたのは、そのような事情によるものである。

だが米海軍もまた同様に米豪間の島嶼部を占領しながらフィリピンへと迫る計画を立てていた。中国大陸北部からビルマ、蘭印にまで戦線を拡大させつつ、少数の陸軍兵力を以て米豪遮断計画へと進んだ日本と、豊富な物量を準備しながら総力を挙げてアメリカ陸軍と海兵隊の兵力を集中させた米軍は、一九四二年八月にガダルカナル島攻防戦で衝突した。

日本陸軍は蘭印攻略を成功させていた第二師団を投入するも、総攻撃に失敗、多数の餓死者と負傷者を出しながら、遂に四三年二月にガダルカナル島から撤退した。日本海軍もまた陸軍部隊を支援するために、多数の艦艇と航空機の投入を余儀なくされ、その多くを消耗した。攻守転換点となったのはこのガダルカナル島の戦いであった[11]。

四月一八日にはブーゲンビル島上空で山本五十六連合艦隊長官が戦死し、五月にはアッツ島守備隊が玉砕した。多くの先行研究が指摘するように、日本がビルマとフィリピンの独立許与の実現に動き出すのは、確かにその後のことである。第一、二章で見てきたように、一九四〇年当時の大東亜共栄圏構想においても、当初から独立は想定されていたが、日本が欧州戦争に参加しない前提で、欧米宗主国の主権を放棄させるために計画した「独立」と、一九四三年のビルマとフィリピンへの「独立許与」が連続した政策であったということはできない。

この時期にはジャワ防衛義勇軍や「兵補」とよばれた治安維持を目的とした軍事組織がつくられており、[12] 労働者の供出なども含めた人的資源の利用促進のためにも、[13] 独立あるいは政治参与という果実が必要とされたことも当然否定すべきではない。いわば対大東亜共栄圏「内」政策としての独立許与である。だが一次史料が伝えるのは、独立許与が大東亜共栄圏「外」政策としての意味を持っていった事実である。

このような対外政略としての大東亜共栄圏構想に活路を見出そうとしていったのが、四三年四月に外務大臣に就任した重光葵《まもる》であった。[14] では一九四三年にどのような対外戦略が行われ、大東亜共栄圏構想にどのような意義が与えられたのか。まずはその具体例として「大東亜政略指導大綱」と「大東亜宣言」からみていきたい。

「大東亜政略指導大綱」と「大東亜宣言」

一九四三年五月三一日、御前会議において日本軍の反転攻勢への道すじを定めた「大東亜政略指導大綱」が決定された。[15]

帝国は大東亜戦争完遂の為　帝国を中核とする大東亜の諸国家諸民族結集の政略態勢を更に整備

強化し 以て戦争指導の主動性を堅持し世界情勢の変転に対処す
政略態勢の整備強化は遅くも本年十一月初頭迄に達成するを目途とす

とされたこの大綱では、「対泰方策」として「「マライ」に於ける失地回復」が明記され、ビルマ独立、フィリピン独立の時機が明確化された。そして「政略態勢の整備強化は遅くも本年十一月初頭迄に達成する」と定められたことに対応する形で、「本年十月下旬頃（比島独立後）大東亜各国の指導者を東京に参集せしめ 牢固たる戦争完遂の決意と大東亜共栄圏の確立とを中外に宣明す」るための「大東亜会議」の開催が決定されたのである。[16]

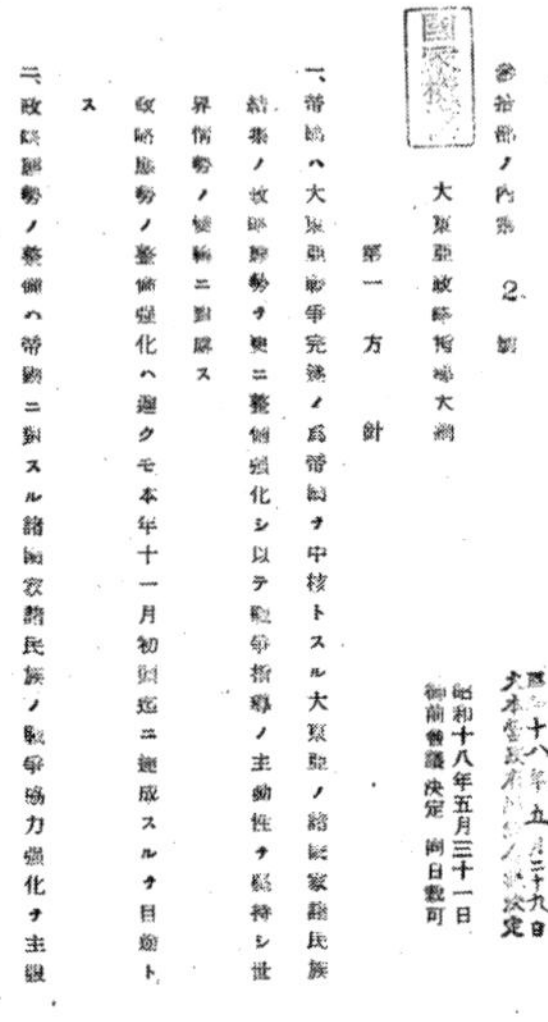
昭和十八年五月二十九日 大本営政府連絡会議決定
昭和十八年五月三十一日 御前会議決定 同日裁可
参謀部ノ内 2部
大東亜政略指導大綱
第一 方針
一、帝国ハ大東亜戦争完遂ノ為帝国ヲ中核トスル大東亜ノ諸国家諸民族結集ノ政略態勢ヲ更ニ整備強化シ以テ戦争指導ノ主動性ヲ堅持シ世界情勢ノ変転ニ対処ス
政略態勢ノ整備強化ハ遅クモ本年十一月初頃迄ニ達成スルヲ目途トス
二、政略態勢ノ整備ハ帝国ニ対スル諸国家諸民族ノ戦争協力強化ヲ主眼トシ特ニ支那問題ノ解決ニ資ス

「大東亜政略指導大綱」冒頭部

そのような方針に基づいて、一九四三年六月一六日の第八二回臨時議会において東條首相が表明したのが、当時「大東亜宣言」と呼ばれた声明であった。東條と重光が強い期待を寄せていた大東亜宣言は、すでに前著でも論じた内容ではあるが、のちの大東亜会議後の「大東亜共同宣言」の先駆けというべきものである。その宣言の内容は多岐にわたるが、東條が「本年中に、比島に、独立の栄誉を、与へんとするものなることを、茲《ここ》に中外に、宣明するものであります」と発言していたように、[17]同宣言は「同盟〔通信社〕をして「キャリー」」されていった。[18] 大東亜宣言はいわば対外宣伝工作に

よる反転攻勢の試金石とされたのである。

反枢軸国内の反響

外務省は六月一七日から一八日にかけてストックホルム、ベルリン、ヘルシンキ、南京、北京、サイゴン、ブカレスト、ローマ、リスボン、ベルンなどの在外公館から同宣言への反響を報告させた。六月一九日に外務省調査部第四課は、それらをまとめた大東亜宣言に対する反響を分析した調書『東條首相及ひ重光外務大臣の議会演説反響』を作成している。[19]同調書によれば、大東亜宣言は確かに欧米諸国の多くのメディアに取り上げられていた。だが例えばUP通信が伝えたハル国務長官評とは、「東條首相か議会に於て「フィリッピン」の独立を約せることは　明らかに将来日本の統治下に奴隷たるか　或は米国の共同と協力の下に一九四六年完全なる自由を獲得するかの問題を「フィリッピン」民衆に提起せることを意味す」というものであった。

同様に蔣介石率いる中国国民政府は、東條が大東亜宣言において「斯くて、中国民衆、多年の宿望たる、中国人の中国の理想は、正に、達成せられつつあるのであります。最近、龐炳勲、孫殿英、栄子恒等の将軍を始めとして、幾多の人士が、踵《きびす》を接して、重慶政権の傘下を離れ、汪主席と行動を共にするに、至りつつあります」と述べていたのに対して、[20]次のような反論を発表していた。

龐炳勲、孫殿英に関する報道は単なる捏造に過きぬ。龐は負傷して捕虜となり、孫も同様捕虜となれるか　その部下は依然湖南北部に於て戦闘しつつあり。之は東條か七万の軍か傀儡《かいらい》軍に投せりと為す報道の虚構なるを表示するものなり。

東條は南山東省副司令官栄子恒も同様傀儡政権に投せりと称せるか　斯る名前は支那陸軍の名簿に記入され居らす。彼の官名は多分　東條か議会に虚構の報告をなす為に彼に与へたるものなるへし。東條はこのことについては部下より誤魔化され居るか、或はまた意識的に　天皇陛下と国民を欺きたるものなるへし。東條は多分彼か日本人の士気崩壊を防くために嘘を言へることを自覚し居るへし。[21]

このように大東亜宣言は確かに反枢軸連合国の関心を惹いたものの、東條らの期待したような反響を呼び起こしたわけではなかった。では同盟国であったタイ国内での反響はどうだったのだろうか。

同盟国タイでの反響

東條は大東亜宣言の中でタイに関して、次のように述べていた。

「タイ」国に付きましては、同国が、多年、米英との、複雑機微なる関係を、一擲《いってき》し、敢然として、帝国と行を共にし、「ピブン」首相統率の下に、幾多の、困難障碍を克服しつつ、一路、大東亜戦争完遂に、邁進《まいしん》して居るのであります。之に対し私は、深く、敬意を表する次第でありま す。帝国は、同国との提携を、今後、愈々《いよいよ》、密にし、同国の軍事、経済、文化等各方面に亘《わた》り、更に、一段の協力を、致さんことを、深く、期し、同国民、多年の宿望にも鑑み、同国の発展の為、新なる協力を為すの、用意あることを、茲《ここ》に、表明するものであります。[22]

このように東條はタイに対しても、日本として新たな施策を行う準備があることを表明した。だがそれに対して、駐タイ国坪上大使が収集したタイ国内の反響とは次のようなものであった。

東條総理の本件演説か「タイ」側に深き感銘を与へたる次第は「ピ」首相及「ビ」外相等の表示せる所に依るも明瞭なる処　諜報を綜合するに　一部に於ては　日本の「タイ」に対する協力の声明は度々のことにして　如何にして其の実を示さるか問題なりとし　本件演説に対しても現実的角度より　批判的に眺め居る向なきにあらす[23]（後略）

このように坪上大使が諜報によって収集したタイ国民の反応とは、その内容にも新鮮味を感じておらず、どの程度の実現性があるのかを「批判的に眺め居る」程度のものに過ぎなかった。タイ国民はその主体性を発揮して日本側の宣伝を読み替えていたのである。

在満州「内地人」と「朝鮮人」の反響

さらに大東亜宣言を大々的に宣伝したことによって、日本の植民地支配を揺るがしかねない衝撃を与えていたことが明らかとなる。七月五日、在満州国特命全権大使梅津美治郎《よしじろう》は、「東條首相の施政方針演説に対する反響に関する件」（後掲）と題した、満州における反響をまとめた報告書を提出した。[24] そこで梅津が伝えたのは、「アジア解放」の成果であったはずの南方の独立に対する満州在住の「内地人」と在満「朝鮮人」の怨嗟《えんさ》の声であった。

梅津は在満州「日本内地人」は、概ね「既往《きおう》堅持し来れる帝国不動の方針を更に一層具体的に世界

に闡明《せんめい》せる　正に英断的宣言にして　大東亜共栄圏確立乃至《ないし》対印政策上其の効果蓋《けだ》し甚大なるものありとなし　全面的賛意を表し居れる」一方で、次のような反響もあったと報告した。

○大東亜戦に於ける現段階に於ける南方諸民族に対する独立許容乃至政治関与は　時期聊《いささ》か尚早なり

○帝国の尊き犠牲に依る占領地に対し軽々《けいけい》に独立を許容し　之か代償を如何にするか

このように思想統制が相対的に弱かった満州国内では、内地人は必ずしもビルマ・フィリピンの独立に対して好意的ではない反応を示していた。だがこの点は、その背景に内地とは異なった事情が存在していたことも考慮してはならない。同じ資料では次のような在満内地人の反応があったと記されているのである。

○報道機関の対民衆宣伝啓蒙適切ならす、延《ひい》て満州国内各民族　就中《なかんずく》朝鮮人に重大なる刺戟を与へたることは否定し難し

すなわち朝鮮族系住民も多かった満州において、南方とは異なった形での「異民族協和」空間を生きていた内地人にとっては、ビルマ、フィリピンの独立は「朝鮮人に重大なる刺戟を与へ」かねない政策だと把握されたのである。事実としても梅津自身が内地人に続けて記した在満「朝鮮人」の声は次のようなものであった。

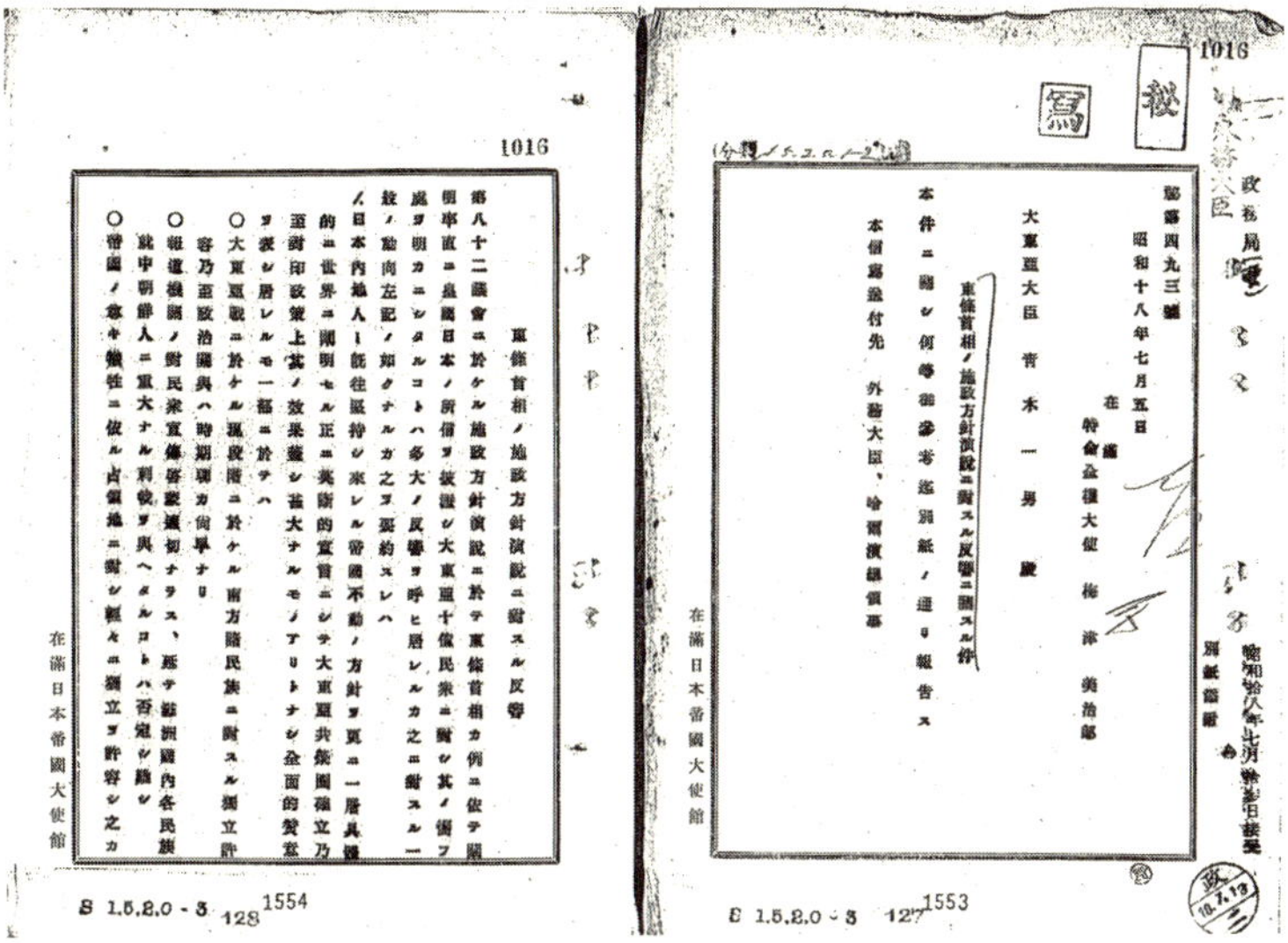

1016

秘

寫

政務局

機密第四九三號

昭和十八年七月五日

在滿特命全權大使 梅津美治郎

大東亜大臣 青木一男 殿

東條首相ノ施政方針演説ニ對スル反響ニ關スル件

本件ニ關シ何等御參考迄別紙ノ通リ報告ス

本信寫送付先 外務大臣、哈爾濱總領事

在滿日本帝國大使館

別紙添附

昭和拾八年七月拾參日接受

E 1.5.2.0-3 127 1553

1016

東條首相ノ施政方針演説ニ對スル反響

第八十二議會ニ於ケル施政方針演説ニ於テ東條首相カ例ニ依テ闡明率直ニ皇國日本ノ所信ヲ披瀝シ大東亜十億民衆ニ對シ其ノ衛フ處ヲ明カニシタルコトハ多大ノ反響ヲ呼ヒ居レルカ之ニ對スル一般ノ動向左記ノ如クナルカ之ヲ要約スレハ

ノ日本内地人ハ既往堅持シ来レル帝國不動ノ方針ヲ更ニ一層具體的ニ世界ニ闡明セル正ニ英断的宣言ニシテ大東亜共榮圏確立乃至對印政策上甚大ノ效果齎シ甚大ナルモノアリトナシ全面的賛意ヲ表シ居レルモ一部ニ於テハ

○大東亜戰ニ於ケル現段階ニ於ケル南方諸民族ニ對スル獨立許容乃至政治關與ハ時期尚早ナリ

○報道機關ノ對民衆宣傳啓發適切ナラス、既テ滿洲國内各民族就中朝鮮人ニ重大ナル刺戟ヲ與ヘタルコトハ否定シ難シ

○帝國ノ多大ノ犠牲ニ依ル占領地ニ對シ軽々ニ獨立ヲ許容シ之カ

在滿日本帝國大使館

S 1.5.2.0-3 128 1554

「東條首相の施政方針演説に対する反響に関する件」

○朝鮮民族を度外視して　東亜に於ける民族政策の根本的解決なし
○南方未開の原住民に独立を与ふる以上　当然我等にも同様の栄誉を与へよ
○首相の南方民族に対する独立声明には無関心たり得す、北方民族たる鮮、蒙両民族に何等言及せさるは遺憾なり
○今次の東條宣言か　在満鮮系に更に深刻なる精神的苦痛を与へたることは否定出来す、憂鬱の極なり

在満特命全権大使として満州にあった梅津は、南方への独立許与が単なる南方のみの施策にとどまるはずはなく、満州国を含んだ大東亜共栄圏全域、そして帝国日本の植民地支配にも影響を与えかねないと危惧

し、あえてこのような声を内地に届けたのである。

だがそのような反響は満州にとどまるものではなかった。一九四三年一〇月、『帝都日日新聞』は「帝日論壇」として「独立のみが必ずしも民族の幸福とは限らぬ」(野依秀市《のよりひでいち》署名)という記事を掲載しようとして発禁処分を受けている。[25] 内閣情報局第二部検閲課、内務省警保局検閲課の資料『出版警察報』によれば、その文面は「ビルマ、フィリピンの独立を我々は喜ぶと共に、理想を言ふならば、此の両国も大日本帝国の中に吸収せられて、大御心に均しく浴するといふことにするといふことになることを実は願ふべきものではなからうかと思ふ」、「即ち、独立して小国家、小民族が分立してゐるよりは大国家、大民族の中に融け込んで抱き合って行く方がより一層幸福になり得る」としたものであった。このような独立反対論は、政府方針への批判にあたるとして発刊が禁止されたのである。大東亜共栄圏最大の成果であったはずのビルマ、フィリピンの独立許与を喜ぶ声は言論統制によってつくられたものであった。

また政策決定過程にかかわる主体の間でも、ビルマ、フィリピンへの独立許与、そしてインドネシアでの政治参与許可といった一連の大東亜政策が、より深刻な事態を惹起すると認識されていたことも確認できる。一九四三年九月の大本営陸軍部戦争指導班の記録でも、南方の独立や政治参与が、帝国日本の植民地支配にも波及すると警戒されていた。[26] 実際にも一九四四年九月には、政府は「小磯声明」という形で、インドネシア民族に対して認めると同時に、朝鮮民衆の政治参与を認めざるを得なくなった。南方への独立許与は帝国自体を揺らしていったのである。

東條の東南アジア訪問というイベント

東條は一九四三年六月三〇日、東京を発って七月三日にタイ、五日にシンガポール、七日にスマトラ、ジャワ、一〇日にフィリピンを訪問した。新聞紙面ではそれに合わせる形で、「共栄圏の指導者」という写真コラムの連載を開始し、汪兆銘やバー・モウらの写真を掲載している。東條の東南アジア訪問は、先に述べたような大東亜宣言と同様の対外宣伝戦略の一環であり、メディアが報道した内容を分析していくと、東條らが望んでいた報道の一端をうかがうことができる。

このときに積極的に内外に伝えられた内容とは、東條を歓迎する東南アジアの市民や政治家らの姿、シンガポールで宣言されたチャンドラ・ボースによる「印度臨時政府樹立」、そしてタイへの「マライ四州とシャン二州」への割譲の三点であったとみることができる。

昭南（シンガポール）に到着し，子供たちに迎えられる東條首相

まず第一点目であるが、朝日新聞社の写真グラフ誌『アサヒグラフ』七月二八日号は、「昭南《しょうなん〔シンガポール〕》市民の歓呼に答へる東條首相」を表紙とした特集号を組んでいる。そこでは東條の来訪を日の丸を振って歓迎している「マライの子供」たちの姿や、「市民の歓呼に迎へられて南方軍装も颯爽と昭南入りする東條首相」などの写真が掲載された。[27] 無論動員されてのこととはいえ、近代日本史上初めての現役首相の東南アジア訪問は現地で歓待され、その姿は「アジア解放」の象徴として内地に還元された。

『アサヒグラフ』では「出迎へのピブン首相より花の首

飾を贈られる東條首相」や、ピブン首相の家族とも笑顔で会話を交わす写真などが掲載された。これらの報道を通して、日本国民の多くは東南アジアの政治指導者らの姿に触れることになる。

チャンドラ・ボース（『写真週報』298号，1943年11月17日）

　二点目として、この時に急速にメディアへの露出を増やしていったのが、チャンドラ・ボースであった。一九三九年九月の欧州戦争の勃発後、マハトマ・ガンジーと対立し、国民会議派議長の職を追われていたボースは、会議派左派とともに「前衛党《フォワード・ブロック》」を結成し、インド独立運動を展開したが、一九四〇年七月に逮捕された。

　翌一九四一年一月にインドを脱出したボースは、四月にベルリンにまで逃亡し、同地で「在欧インド軍団」を組織、ナチス・ドイツを頼ってインド独立運動を推し進めようとした。だが日本軍がビルマ全土を占領すると、今度は日本への接近を図って、駐独大使大島浩らの支援を受けて日本に向かうことになる。ボースは一九四三年四月にマダガスカル島の沖合で、ドイツ海軍の潜水艦から日本海軍の潜水艦へと移乗し、五月一六日に東京に到着後にインド独立連盟の総裁に任命されていた。この時以降、ボースの姿はことあるごとに新聞紙面や『写真週報』などに登場し、その姿は「大東亜戦争」が解放戦争であることを示す表徴となっていった。

　正式なインド臨時政府の樹立は一〇月のことであったが、すでに第三章でみてきたようにインド独立軍の組織化がすすめられ、地理的にもより効果が期待できたシンガポールで、東條はボースと会談して臨時政府樹立を表明した。

三点目として東條は七月五日、ピブンと会談した席で「マライ四州とシャン二州」をタイに割譲することを明言し、「共栄圏相互の主権尊重」をうたった「日泰共同声明」を発表している。

このように東條は、自ら訪問した東南アジアの地で、このような三点に及ぶ大東亜共栄圏の成果を大々的にアピールしたが、その対象は日本国民だけではなく、東南アジアの政治指導者や自らを歓待した民衆、それを伝えるはずの欧米メディアらであった。だがビルマ、フィリピンの独立を進めていった東條は本当に「大東亜の諸国家、諸民族」を「盟邦」だと考えていたのだろうか。

二　独立に対する本心

ビルマ独立に対する東條の認識

東南アジア訪問からの帰国後、ビルマ独立を数日後に控えた七月二九日、重光と東條は同盟条約の諮詢《しじゅん》のために枢密院会議に臨んだ。外務省外交史料館にはその時の議事録が残されている。この記録の中には、枢密院のメンバーらにも配付されたビルマの面積や気候、民族構成を記した小冊子の草稿も含まれており、政策決定上位者らにとっても、独立許与を契機として東南アジア情報が共有されていったことが示されている。だが本書で注目したいのは、議事録に現れた東條の本音である。

会議は重光が独立許与に至る経緯を説明し、東條が補足を加えるという形で進められたが、その席で枢密顧問官であった窪田静太郎から、今後の日本とビルマの間での「政治上の協力に関する事項」に枢密院が関われるのか否か、といった質問が投げかけられた。それに対して東條は次のように述べていた。

首相　「ビルマ」国の将来の処置に付ては　同国が英米の反攻ある限り　深刻なる戦場となることを念頭に置き総《すべ》てを考慮し度し　我方としては武力の存在する限り「ビルマ」の喉元を押へ居ることは腹の中にては充分承知し居るも　小国には小国の僻《ひが》みあり　之をして安心して自尊心を持たせ引付けて協力せしむるの要あり　此の為には余り細い事項を定め付けることは考へざるべからず　「ビルマ」にせよ「フィリッピン」にせよ我方の大なる網の中にあり　其の中にて五尺伸びようと十尺伸びようと勝手次第なり[28]

このように東條にとって、ビルマは「小国」にすぎず、独立許与にしても「我方としては武力の存在する限り「ビルマ」の喉元を押へ居ることは腹の中にては充分承知し居る」ような施策にすぎなかったのである。

その後の質疑では清水澄顧問官から「「ビルマ」民族とは如何なる民族なりや　「マレー」「タイ」等の民族と近きや　大和民族と血の関係ありや、盟邦たるには余程信頼し得る民族たるを要すと信ず」と、独立許与を契機として南方の諸民族への認識が生じたことも確認出来る。[29]それに対して大東

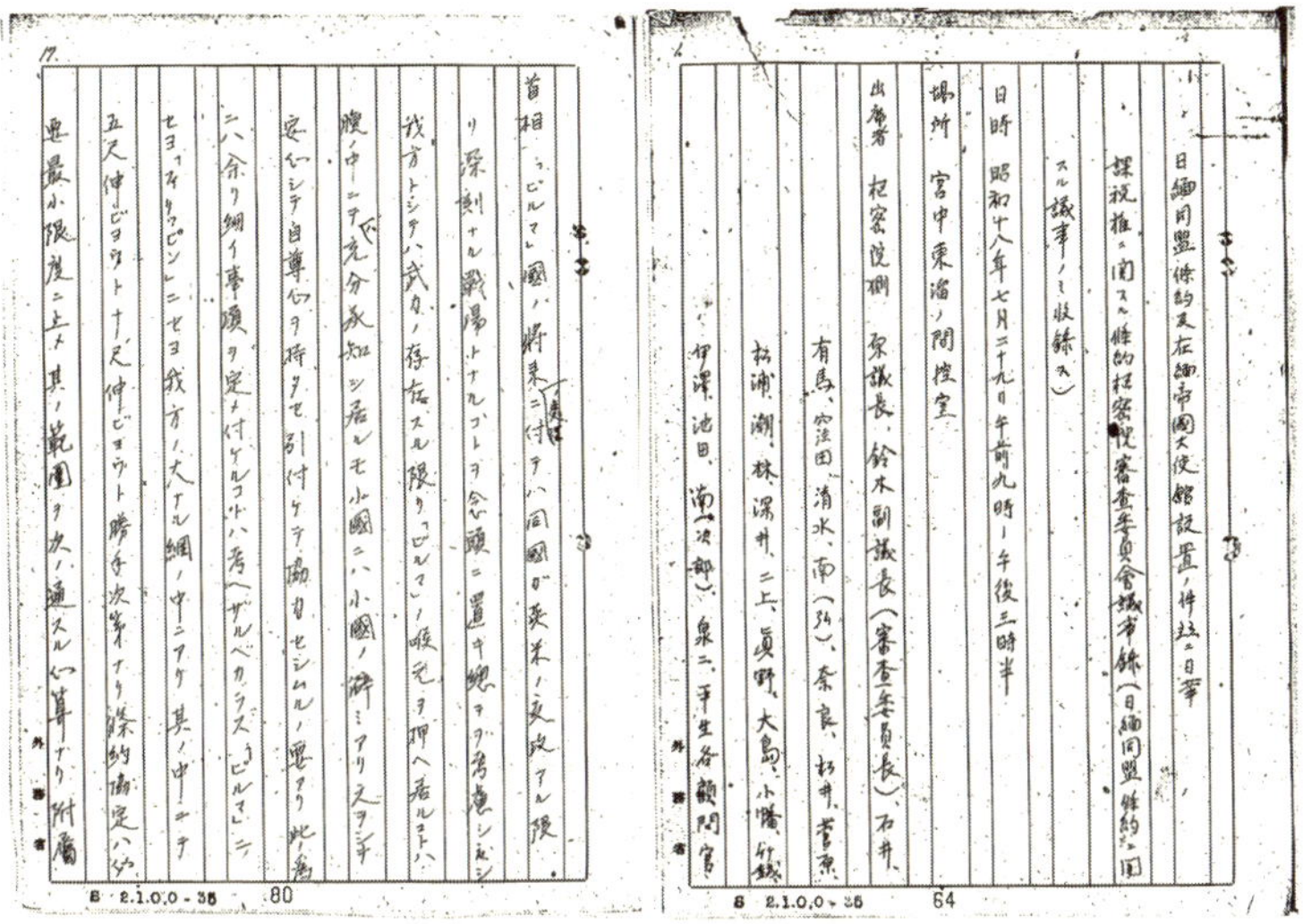
日緬同盟條約及在緬帝國大使館設置ノ件並ニ日華
課税権ニ関スル條約枢密院審査委員会議事録（日緬同盟條約ニ関スル議事ノミ収録ス）
日時 昭和十八年七月二十九日午前九時ヨリ午後三時半
場所 宮中東溜ノ間控室
出席者 枢密院側 原議長、鈴木副議長（審査委員長）、石井、有馬、窪田、清水、南（弘）、奈良、松井、菅原、松浦、潮、林、深井、二上、真野、大島、小幡、竹越、伊澤、池田、南（次郎）、泉二、各顧問官

B 2.1.0.0-35 64

17.
首相 「ビルマ」國ハ将来ニ付テハ同國ガ英米ノ支配アル限リ深刻ナル戦場トナルコトヲ念頭ニ置キ絶ヘズ考慮シ
我方トシテハ武力ノ存在スル限リ「ビルマ」ノ喉元ヲ押ヘ居ルコトハ腹ノ中ニテ充分承知シ居ルモ小國ニハ小國ノ悩ミアリ之ヲシテ安心シテ自尊心ヲ持タセ引付ケテ協力セシムルノ要アリ此ノ為ニハ余リ細イ事項ヲ定メ付ケルコトハ考ヘザルベカラズ「ビルマ」ニセヨ「フィリッピン」ニセヨ我方ハ大ナル綱ノ中ニアケ其ノ中ニテ五尺伸ビヨウト十尺伸ビヨウト勝手次第ナリ條約協定ハ必要最小限度ニ止メ其ノ範囲ヲ次ノ通スル心算ナリ附属

B 2.1.0.0-35 80

「日緬同盟条約及在緬帝国大使館設置の件並に日華課税権に関する条約　枢密院審査委員会議事録」表紙および東條発言部分

亜大臣であった青木一男が「カレン族」、「シャン族」などの名称を挙げながら民族構成を説明し、「「ビルマ」族は蒙古系民族にして大和民族に近き系統に属す　性質は勇気に富み快活なるも激し易く感動し易く人情に厚し　従て同盟の相手方として適当なるものと認めらる」などと述べた。すると、このやり取りを聞いていた東條は再び次のように発言したのであった。

揚足《あげあし》を取る様なるが此の際明かにし置きたき事あり　「ビルマ」人は大東亜共栄圏の中にて割合良い方にて上の部に属すると云ひ得べく　之を泰国人に比するに泰人の方が扱ひ難し　併し我方として信頼し得るや否やを不問《とわず》　兎《と》に角《かく》政策としては怪しきものをも抱込む心算なり

本章冒頭にも挙げたこのような発言は、大東亜共栄圏においては決して日本が植民地統治に比した統治を敷衍《ふえん》出来てはいなかった事実と共に、東條がビルマやタイを心の底では、「盟邦」だとも考えてはいなかった可能性を示している。だがこのような認識は東條一人のものではなかった。

「「ビルマ」国は子供と云ふよりは寧ろ嬰児なり」

この議事録には東條以外の政策主体らの認識も表れていた。第一五代台湾総督や齋藤実《まこと》内閣の逓信大臣を務め、一九三六年から枢密顧問官となっていた南弘は次のように述べていた。[30]

「ビルマ」国の独立を承認するも「ビルマ」国は子供にして我方の保護指導の下にあるは当然なり　然るに今回の同盟条約には右の関係が全然現はれ居らず　条文の上に全然現れずして宜敷《よろし》きや

このように台湾統治を実地で経験していた南はビルマを「子供」と認識し、日本の「保護指導」が当然ではないのかという質問を重ねた。それに対して東條は次のように答えた。

御考の通「ビルマ」国は子供と云ふよりは寧ろ嬰児なり　一から十迄《まで》我方の指導の下に在り　夫れにも不拘《かかわらず》本条約が形式上対等となり居るは「ビルマ」国を抱き込む手なり　軍事上の便宜供与　敵産の処理交通通信等に付　必要なる事項は予め諒解せしめあり　然れども表向は何処迄《どこまで》も対等とし自尊心を傷けざる様計ひたるものなり

このように東條の認識におけるビルマは、「子供と云ふよりは寧ろ嬰児」とみなし、日本とビルマとの「条約が形式上対等となり居るは「ビルマ」国を抱き込む手なり」とするようなものにすぎなかった。東條の本心としては、解放の成果としての独立許与といえるものではなかったといえよう。

タイ「失地恢復」問題と東條批判

先述のように一九四二年五月、英国によって奪われていたビルマ領の「シャン」地方を占領したタイ軍の行動に対して、日本側は黙認したものの、その領有を正式には認めなかった。

ところが東條はビルマ独立に当って、タイ軍が占領中であったシャン二州に加えて、「「マライ」地方四州」の失地恢復をタイに対して認めたのである。これは東條が「「タイ」国は従来失地恢復の強き希望あり」、「右希望は大東亜共栄圏を固める上に活用する武器なり」と述べていたように、タイを懐柔して大東亜共栄圏をより強固にするための施策であった[31]。

しかしながら、四三年八月一八日、タイの失地恢復を承認する国際条約の諮詢《しじゅん》を得るために枢密院審議委員会に臨んだ東條を待っていたのは、思いもかけない強烈な批判であった。一連の報告を受けた南弘は、「今回「タイ」国に対して「マライ」の四州及「シャン」の二州を与へたることに対しては全然賛成の考を有する」としながらも、次のように発言した[32]。

「ビルマ」は占領地なるも　住民が一致して独立を為し　我方は右独立国を承認したるものなるに依り疑問なかりしも　今回は日本の占領地を「タイ」国に割譲することとなるべきに付　国際

法に違反すること無きや疑問あり　右地域は日本が未だ領土権を確固として有せざる軍事占領地なりと思惟す　右地域の割譲は国際法上之を如何に説明すべきや

このように南は日本が占領しているのみであって、領土権を保有していないマライ四州の割譲に国際法的な根拠があるのかを問いただした。

それに対して出席者であった森山鋭一内閣法制局長官は、「今回の「タイ」国の領土編入に付ては該地域を譲渡するの条約を締結せば問題あるやも知れざるも　我方は占領を撤し「タイ」国は右地域を自由に自己の領土に編入するものなるに付問題は無かるべし」と、今回の措置はタイ国自身による「編入」だとする苦しい解釈での了解を求めた。だが南は納得しなかった。

右の説明を聞きて疑益々深くなりたり　軍事占領地を領土として獲得したりとの解釈を採り　之を「タイ」国に割譲すといふならば了解し得るも　「タイ」国が領土に編入することを承認するならば「タイ」国は右の如きことを行ふ何等の権限なし　出来難きことなりと思考す　従って我方は何等国際法上根拠無き行為を承認することとなるなり

このように、南は内閣法制局側の説明を逆手にとって、そうであればタイの領土編入自体が国際法に合致しない行為であり、「我方は何等国際法上根拠無き行為を承認することとなる」とさらなる批判を加えたのである。ここで枢密院副議長であり、この時の枢密院審査委員会の委員長でもあった鈴木貫太郎が議論を仲裁しようとしたのだが、それを押しのける形で東條自身が次のように応酬した。

本大臣は国際法上の事は知らざるも　占領軍は占領地を我方が獲得せるものとして処置し居れり　条約の締結の説明は我方に都合良き解釈を採用すれば足るものにして　条約の解釈が如何に良く行くとも戦争に敗れては仕方なし　要は戦争に勝つに在り

このように明らかに国際法を軽んじる態度を隠さずに感情的に応答した東條に対して、南は「説明員の言ひたることにては明瞭ならざるも　委員長の御注意もあり本点に関する質問は之にて止むべし」と不承不承ながら追及を止めた。

だが議事も終盤に差し掛かったころ、今度は刑法学者の泰斗であり元大審院長であった泉二《もとじ》新熊《しんぐま》顧問官から、「辞令妥当を欠く所有るやも知れざるも　既に総理大臣より「タイ」国首相に対し約されたることにて　事は決定し居るものにて「タイ」国側にても権利を得居る如く思ひ居る趣の情報あり」と、[33]国際条約批准には枢密院の諮詢を要するという規定があるにもかかわらず、それ以前に「「タイ」国首相に対し約」した東條の行為が明治憲法に背いている可能性を指摘したのであった。それに対して東條は次のように答弁した。

事実を申上ぐれば簡単なり「タイ」国にせよ「ビルマ」にせよ十日遅れて言ひたらんには其の効果は半減し居りたるやも知れず　戦争中政治的の手を打つに当りては政機を把ふること必要なり　之を失すれば其の効果は無となる　苟《いやしく》も内閣総理大臣たる者が効果を逸しては其の職責は尽し得ず　然れども制度を無視することは出来ざることとなり　本件に付きては夫々所定の手続を踏み

即ち廟議《びょうぎ》を決し統帥方面の意思を決し　更に御決裁を経居る次第なり[34]

このように東條は今回の件が、「政機を把ふる」ために必要な措置であったことを力説し、制度的にも問題はなかったと述べた。だが勢い余ったのか「尚戦争を対照〔原文ママ「対象」〕としたる政策を実施する現在の状況に於ては　今後も斯の如き手段を採るの必要あるべし」と付言したのである。

それに対して泉二は引かず、「大体の見透しがあらば　条約を先つ秘密に準備し　御諮詢相成って為さば出来ざること無かるべし」、「形式の上より言ふときは　どうも本件の如き処置は適当ならざる如き気がするなり」、「条約の内容が先に公にせらるることは　戦争中便宜なるべきも　憲法上の問題なる故　出来得る限り形式も尊重して戴くこと適当なるべし」と、重ねて申し立てた。

対する東條は「私は今回のことに付　憲法上違法なることや又は国体に悖《もと》る措置を採りたること無し」としながらも、

戦争に於て機は生命なり　戦争完遂上最も大切なることなり　一つの手を打つにも種々のことを考へ各種の作用を必要とす　日本国民の人心を掌握し相手国国民の気持も察し　最も適当な時機に行はざれば敵国より反撃せらるべし　機を失はば政治的効果は半減すべし　私は大政輔弼《たいせいほひつ》に付ては　国体に違反し又は憲法を蹂躙せること無し　又毛頭考へたることも無し

と、統帥を優先させる立場を変えずに、激昂した様子で議事を終了させた。だがこの場には発言は控えていたものの、東條内閣打倒を図っていた近衛文麿に極めて近い関係にあった有馬頼寧《よりやす》らも臨席していた。東條は倒閣運動が盛り上がる中で、一九四四年七月に首相の座を追われることになる。

タイ国内の反応

ではこれほどのリスクを負いながら強行された失地恢復へのタイ国内の評判はどうだったのか。直後に日本が収集した反響は次のようなものであった。[35]

泰国に於ては馬来四州の編入は夢想だにせさりし所なるを以て 「ピブン」初め泰国官民は深く感激し 同国は新聞に、「ラヂオ」に絶大なる感謝、感激の情を述べ居れり。
尚泰政府は此の機を利用して「ピブン」政権目○〔一字分不鮮明 「自体」か〕の強化に努め 今回の如く日本か領土の編入を許したるは 泰に大なる指導者「ピブン」の存在あれはこそなりと為し 日本の道義性を強調すると共に 寧ろ其れ以上に「ピブン」の功績を宣伝する傾向強し。

このようにタイ政府は、失地恢復を「日本の道義性」の発露というよりも、「「ピブン」の功績」と読み替えて国民に伝えた。そしてさらに同報告によれば、「巷間には日本の措置に対する反対給付を穿鑿《せんさく》する者もあり、殊に「デリー」放送と呼応し日本は代償として盤谷《バンコク》を租借すへしとの「デマ」も飛ひ居る有様なり」と、イギリス側の放送とも相まって、日本が代償としてバンコクを租借するという流言飛語までを生じさせていた。[36] 東條が己の立場すら危うくしながらも成し遂げたはずの失地恢復は、大東亜宣言の時と同様に、タイ政府とタイ国民、そしてイギリス側の宣伝工作によって二重三重に読み替えられて効力を失っていたのである。

フィリピン独立への「違和感」

四三年一〇月一四日に新生フィリピン共和国は独立を果たした。『朝日新聞』は八日からはすでにそのニュースを報じ、あわせて新国家の根幹たる「フィリッピン共和国憲法」を掲載した。だがその反応は複雑であった。一面を挙げて慶事を伝えなくてはならないはずの紙面には、様々な戸惑いがあふれていたのである。一〇月一四日の『朝日新聞』に掲載された「独立比島の栄誉と責務」という社説は次の様に指摘した。

> 比島新憲法は　米国的民主々義政治思想の一応の否定の上に起草されてゐることは認められる。然し新憲法は今なほ　かゝる思想の残滓《ざんし》を何処かに止めてゐないであらうか。

『朝日新聞』編集部が指摘した違和感は根拠のないものではなかった。日本軍による占領以前の一九三五年に自治政府コモンウェルス（Philippine Commonwealth）によって制定された、米国合衆国憲法に範をとった旧フィリピン憲法を改定したはずの「比律賓共和国憲法」は次の通りであった。[37]

> 前文　比律賓人民は神助を懇願しつつ且《かつ》自由なる国家の存続を維持せんことを欲しつつ茲に其の独立を布告し　又一般の福祉を増進し国民世襲財産を保存開発し　且平和、自由及ひ道義に基く世界秩序の創造に寄与すへき政府を樹立せんか為茲に本憲法を制定す
>
> 第一条　比律賓国は共和国なり　本憲法に依り創設せらるる統治組織は之を比律賓共和国と称す

このようにフィリピン共和国の新憲法には、大東亜共栄圏や大東亜戦争は登場しなかった。ビルマ暫定憲法第一条が「ビルマは完全なる独立国家たるべく、大東亜共栄圏を構成すべき主権国家集合体の平等構成分子たるべし」(『朝日新聞』四三年八月二日附)とされていたことに比べれば、『朝日新聞』編集部が「米国的民主々義政治思想」の「残滓」の匂いをかいだことは妥当であったといえよう。

それに関して、憲法起草委員会の会長であったホセ・ラウレル(José P. Laurel)は、外国人記者のインタビューに答えて、「前文において大東亜共栄圏に触れることのなかったのは　大東亜共栄圏の確立なくしては　いかなる世界新秩序の建設も不可能なることが自明の理であるからである」と弁明していた[38]。

だが同じ紙面で水野伊太郎大東亜省南方事務局長は、「新憲法はデモクラシー宣言を削除した点を初めとして、その精神においては旧憲法と全然別物であるが、形式的には相当似た所があり、一見旧憲法に部分的修正を加へたやうな印象を受けるかとも思はれるが、これは憲法に対するわれ〳〵の考へと、比島人の頭とが違ってゐるのだからやむを得ない」と苦しい言い訳に終始していたように、フィリピン共和国新憲法は、日本の「敵国」アメリカ合衆国憲法と極めて類似したものとなった。ではなぜそのようなことが起こっていたのか。

フィリピン共和国憲法をめぐる異文化折衝

一九四三年七月二日、宇都宮直賢《なおかた》軍政監部部長が、当時狙撃事件の傷が癒えていなかった独立準備委員長ラウレルを病院に訪問した。外務省外交史料館にはこの時の会見録が残されている。

それによれば、宇都宮は日本側の意向を示達し、大東亜共栄圏の一環としての新憲法制定を要請していた。だがラウレルは「旧憲法中　新事態に即せさる規定を除き　差支《さしつかえ》なきものはなるへく之を生かし　曾《かつ》て国民の承認せる条項を織込みたる新憲法を採用」することを主張し、[39] その要請を拒否した。ここで着目したいのは、ラウレルが言うところの「曾て国民の承認せる条項」とは、一九四六年の独立許与を前提としてフィリピン人自身が練りあげてきた、アメリカ合衆国憲法に範をとった旧憲法の条項を指していたことである。

またその場に同席していたアキノ（Benigno S. Aquino）も、「なるべく多数民衆をして　独立を謳歌せしむる様　先つ形式的には出来得る限り旧憲法の条項を採用せる憲法を起草」することを主張したのだが、これもまた単に「形式」上の継承を主張しながらも、実際には憲法の基本理念そのものを保持しようとした戦略であったとみることができる。

宇都宮はそれに対して、旧憲法を組み込むことになれば、戦後「共栄圏の一壊〔原文ママ「環」〕たる比島の地位と矛盾せる点等に付　ごたごたの起るか如き惧」があると指摘して再度の翻意を求めた。

だがそれに対してもラウレルとアキノは新国家の運営のためにも、「「比島人の作れる比島憲法」と云ふか如き気分的満足を民衆に与へ」ることが不可欠であるとして頑として譲らなかった。

その結果、宇都宮は旧フィリピン憲法の大幅採用を認めてしまうことになる。『朝日新聞』紙上で提示された疑義は正鵠を射たものだったのである。その後、宇都宮は日本に帰国した際に弁明を強いられている。例えば大本営陸軍部戦争指導班は八月二三日に「比島憲法案に関し軍務局長室にて宇都宮〔直賢〕大佐の説明」を受けた。だが戦争指導班も「新比島か旧比島より蟬脱《せんだつ》し切れさる点は遺憾」であるとしたものの、結局は納得せざるを得なかった。[40] フィリピン共和国憲法は、フィリピン人政治家らが日本側の指導を撥ね退けた成果となったのであった。

比島独立式典の空間

防衛省防衛研究所には、フィリピン独立当日の現地の様子を記した史料が残されている。それが歩兵第二〇連隊が残した「戦闘詳報」である。それによればフィリピン共和国が独立を果たした一〇月一四日、第二〇連隊連隊長吉岡頼勝はルソン島南東部のタヤバス州庁前で「日本国旗降下式並に比島国旗掲揚式に臨場」した。[41] その時の様子は次のようであった。

定刻数万の民衆の前に軍隊参列、皇居遥拝《ようはい》の後　喇叭《らっぱ》「君が代」吹奏裡に日本軍の手に依りて日章旗は最も厳粛に降下を始むれば　民衆も寂《せき》として声なく　期せずして襟を正さしむるものありたり

続いて比島側の要望に依り　聯隊長は比島国旗を州知事代理に手交　知事代理は之を棒〔原文ママ「奉」〕じて旗竿の下に前進し　比島側音楽隊の奏楽と共に掲揚を始め　軍隊も一斉に敬礼を送る　比島民衆が四百五十年の間待望してやまざりし独立が日本の絶大なる犠牲と信義に依て茲に実現し　今ぞ之を表徴する新国旗が竿頭高く碧空に翻る感激の一瞬　「マブハイ」（万歳）〔原文ママ〕は民衆の口より自然に渀《ほとばし》り出てたる歓喜の声なりき　かくて掲揚式を終了　此の厳粛にして堂々たる日本軍の態度に　比島人をして真に日本に依りて独立の栄を享受したるの感を深からしめたるものありたり

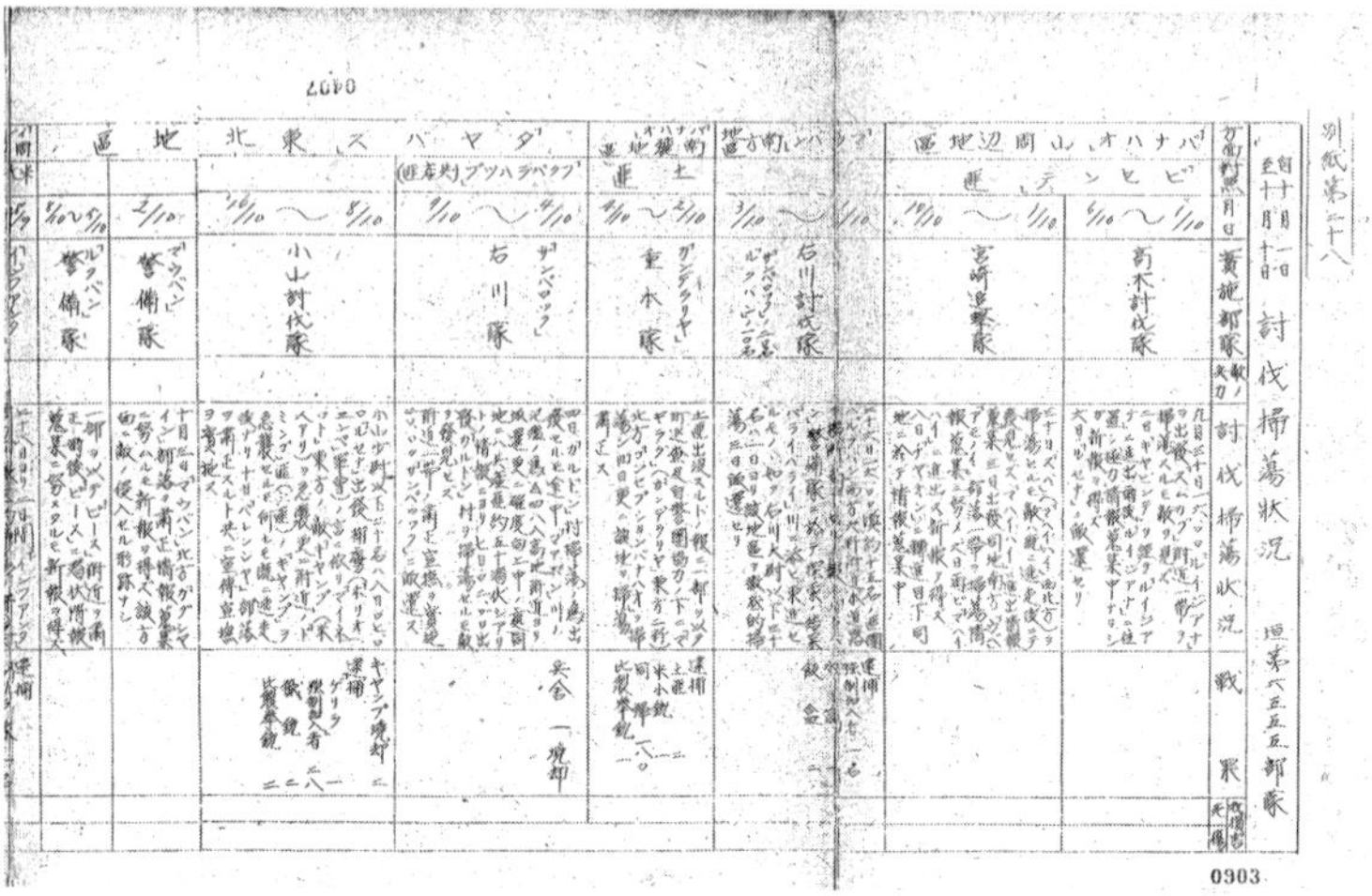

「比島全島粛正討伐戦闘詳報」掲載「討伐掃蕩状況」表

それまでの日章旗に代わって新生フィリピン国旗が翻る瞬間を目の当たりにしたフィリピン民衆が「自然に迸り出てたる歓喜の声」をあげたのは事実だっただろう。だがそれは連隊が記したような、「比島人をして真に日本に依りて独立の栄を享受したるの感を深からしめたる」ものだったのか。

この一場面を記した史料そのものが「比島全島粛正討伐戦闘詳報」と題した「戦闘詳報」だったこと、しかもこの場面が挿入された戦闘詳報の章題が「比島独立前後に於ける粛正討伐」であったことは何を意味していたのか。式典が開かれていた州内の状況は次のようであった。

然れ共　未だ米軍再来を夢見て　独立の悦《よろこ》びを偕《とも》にし得ざる少数の匪《ひ》団《だん》ありて　警備隊の絶えざる討伐に依り　著しく其勢力衰へたるも　局部的に蠢動《しゅんどう》しあるもの尚其跡を断ず

此機に於て更に果敢なる討伐に依り　不逞分子の芟除《せんじょ》に努むると共に　宣伝宣撫を強化し　独立を機として匪団の投降を促し以て民心明朗化を期せんとす[42]

このように「戦闘詳報」という性格上、第二〇連隊の「粛正討伐」によって「其勢力衰へたる」と書いてはいるものの、前掲の史料にある「討伐掃蕩《そうとう》状況」表が示していた通りに、[43]実態としては山岳部に立てこもったゲリラの武力討伐は困難を極め、現場レベルでは「独立を機として匪団の投降を促」すという宣伝工作に期待するほかにない状況に追い込まれていた。[44]独立式典は日本側が「匪団」と呼んだ親米派フィリピン人との血みどろの戦闘空間で実施されたものであった。

確かに日本側の占領地域においては、前述のように新生フィリピン共和国の独立を喜ぶ住民がいたことは確かだっただろう。だが中野聡が指摘してきたように、[45]日本軍の占領以前からすでに一九四六年の独立が認められ、一九三五年からはフィリピン人によって運営される自治政府が設置されていたフィリピンにおいて、日本による独立許与が支持を得る状況は生まれなかったのである。

三　南方特別留学生制度と大東亜会議

南方特別留学生の内地派遣

一九四三年七月一日附の『朝日新聞』は「将来は南方の中堅　留学生第一陣けさ入京」という記事を掲載した。南方特別留学生第一期生として、現在の国名でいえばインドネシア、マレーシア、シンガポール、ブルネイ、フィリピン、タイ、ミャンマーから招聘された一一六名の留学生らは、東京での寮生活を終えたのちに、四四年四月から宮崎高等農林、久留米高等工業、熊本医科大学附属専門学校、広島高等師範学校、横浜警察練習所などに進み、日本人との交流を深めた。四四年二月に募集された第二期生八七名は久留米高等工業に代わって徳島工業専門学校、宮崎高等農林に代わって岐阜農林専門学校で学ぶことになる。

特別留学生の日常生活を記した一次史料は多くはないが、主に一九八〇年代から研究が行われ、一九九〇年代になってからは存命であった留学生への聞き取り調査も行われた[46]。それらを基に南方各地から集められた留学生らがみた日本と、彼らを受け入れた内地の人々との交流の姿を復元したい。

一九二三年にジャワのケドゥー州で生まれたモハマッド・スジマンは、一九四二年に原住民官吏養成学校を卒業後、日本軍政下のプルオレジョ県で行政官に就任中、第一期南方特別留学生に選抜された。彼は一九九六年にインドネシア史研究者、倉沢愛子とのインタビューで一九四三年六月二八日に門司港に上陸した日のことを次のように語っている。

『ジャワ・バル』(17号，1943年9月）掲載
「涼しい夕方，宿舎の屋上で日本の婦人と楽しく語るジャワ留学生たち」

旅館というのは、はじめての経験でおもしろかったです。靴をぬいで、フトンを敷いて。私と一緒の部屋になったユオノ・ブディアルジョさんはマラリア持ちで、そのときすこし熱があってぐあいが悪かったので早く寝たかったのですが、フトンの使い方がわからなかった。それでタタミの上に寝て、フトンを上からかけて寝たんですよ。[47]

スジマンは日本の銭湯や食事に戸惑いながらもその生活を楽しんだ。彼はビルマ、マライ・スマトラ、フィリピン、セレベス・南ボルネオからの留学生らとともに横浜警察練習所に入校した。法学などを学びたかったスジマンにとって、その内容は満足のいくものではなかったが、三ヵ月間、日本精神などを植えつけられたという。

スジマンは訓練終了後に市ヶ谷の陸軍省を訪問し、知己であった陸軍将校らの提案を受けて、明治大学政治学科に進学し、その後は京都帝国大学の法学部に入学を果たしていく。自らの力で日本留学の機会を最大限に活かそうとしたスジマンは、「おわりに」で触れるように、このような大東亜共栄圏構想がもたらした体験を、戦後の日本との交流事業へと還元させることになる。

南方特別留学生との交流

江上芳郎は一九八二年から南方特別留学生の送っていた日常生活に目を向けたユニークな研究を続け、一九九七年に『南方特別留学生招聘事業の研究』（龍溪書舎）にまとめた。その中では留学生本人や受け入れた内地の人々へのインタビューをもとにした、特別留学生と内地の人々との交流が描かれている。

例えば宮崎師範学校男子部の校長であった長谷川亀太郎の娘、芳子氏へのインタビューでは、宮崎第一高等女学校時代に留学生らと海岸で遊ぶなど、憲兵隊に尾行されながらもビルマ人留学生と交際を続けていたことが記されている。[48]

そのような交流は日本各地で繰り広げられた。例えば広島県を事例とすれば、留学生らが滞在していた興南寮に隣接した隣組では、彼らを招いて食事をふるまい、それに対して留学生らは民族衣装を着て出席し、郷里の歌や踊りを披露した。隣組の中の一軒であった池内知恵子氏は、江上のインタビューに対して「萬代橋のたもとの土手に、留学生たちはサリーを腰に巻いて、夕涼みに出ていた。彼らはすぐブンガワンソロ、ラササヤンゲ等母国の歌を歌った。近所の人々も夕涼みに加わり、留学生たちの歌う歌を覚えた」と、留学生らと市井の人々との日常的な交流を証言している。[49]

もっとも直接的に江上に人的交流の証拠を見せたのが、フィリピンからの元留学生コンスタンテ・ヴェントウラ氏であった。江上は戦時下においてヴェントウラ氏が受け取った日本人女性一六名からの手紙二六通を掲載しているが、その中には明らかな恋文といえる手紙も複数含まれている。[50]憲兵隊の監視を潜り抜ける形で繰り広げられていた南方特別留学生との交流は、大東亜共栄圏における異文化交流の一端を示している。だがそのような親密さだけが交流の本質だったわけではなかった。

日本に抗う留学生たち

南方特別留学生らの出身地や出身階層は多様であった。そしてそのことは留学生制度への評価の幅につながったとみることができる。留学生の中には、ビルマ国総理大臣バー・モウの息子や、フィリピン共和国大統領ラウレルの息子も含まれていた。その点を考慮すれば、留学生制度は「人質」と同義となる。その一方で倉沢や江上らのインタビューが描き出したのは、留学生制度を経験した人々がもたらした日本と東南アジアの人々との交流の在り様であった。

このようなズレはどのように理解すればよいのだろうか。注目すべきは研究者らのインタビューに応じなかった人々の存在であり、大きな声では語られなかった留学生らの行動ではないか。例えば熊本医科大学臨時附属医学専門部の事例である。同校には一九四四年四月にジャワから三名、ビルマから三名、マレー、フィリピンから各一名ずつ特別留学生が入学した[51]。

だが当時、同校の学生主事補であった林修一氏や本人へのインタビューによれば、フィリピンからの留学生「〔シーザル・〕アルゾナはフィリピンでアメリカ的な教育を受けたのであろう、反抗的であった。彼は日本にダンスホールはないのか、女性とつきあってはいけないのかと不平を述べ、また現在の生活はあまりにも軍隊式であると批判した」という[52]。その批判は授業内容にも向けられていた。「医学のみ勉強したかった」アルゾナは、「修身が不満で、週一時間の修身が無駄に思えた」。そしてそのような不満を募らせた結果「東京、広島、久留米、熊本」の留学生らと示し合わせて、「授業出席拒否」という形のストライキを起こすことになる。フィリピンで教育を受けていた留学生らの中には、指導国としてふるまう日本に抗う姿勢を示していた者も多かったのである。

倉沢はジャワからの第一期留学生のサム・スハエディ氏に一九九六年に行ったインタビューのなかで、このようなフィリピン人の振る舞いについて次のように聞き出している。[53]

倉沢　他の国の留学生との接触はありましたか。

サム　仏教の影響かもしれないけど、ビルマの人の精神はすばらしいです。ねばり強さというか、ねばり精神がすごいのです。ビルマの人は腹がぺこぺこでも頑張っているんです。えらいですよ。フィリピン人は、アメリカに支配されたから、もうデモクラシー精神一辺倒で、堂々と発言するし。

　地方へ行くまえに、国際学友会で会議をして、それぞれの国の代表が日本の印象など感想を述べたんです。ジャワからスパディと私が代表して出席しました。日本語でスピーチしました。でも、フィリピン代表は日本語ではなくて、英語でやったんです。しかも、彼らはっきりいうんです。私たちは日本精神を学ぶために日本へ来たわけじゃない。戦争まえからわが国にはデモクラシーがあったとね。すごいですよ、やっぱり。われわれは物事を強くいわないほうですね。でも、フィリピン人は堂々というんです。いまなら何ということもありませんが、当時は、日本政府は陸軍が押さえているから、私たちは簡単にそんな反対の立場にはなれないんです。でもフィリピン人は遠慮なしに堂々といえるんです。

ジャワからの留学生にとって五〇年間忘れられない記憶として残り続けていたのは、このように日本精神を教え込もうとした在り方に、正面から異議を唱えることのできたフィリピン人留学生の姿であった。大東亜共栄圏は、日本による指導だけではなく、それまで関わることのなかった東南アジア各地の民族同士の交流の記憶を残したのである。

「大東亜会議」の憂鬱

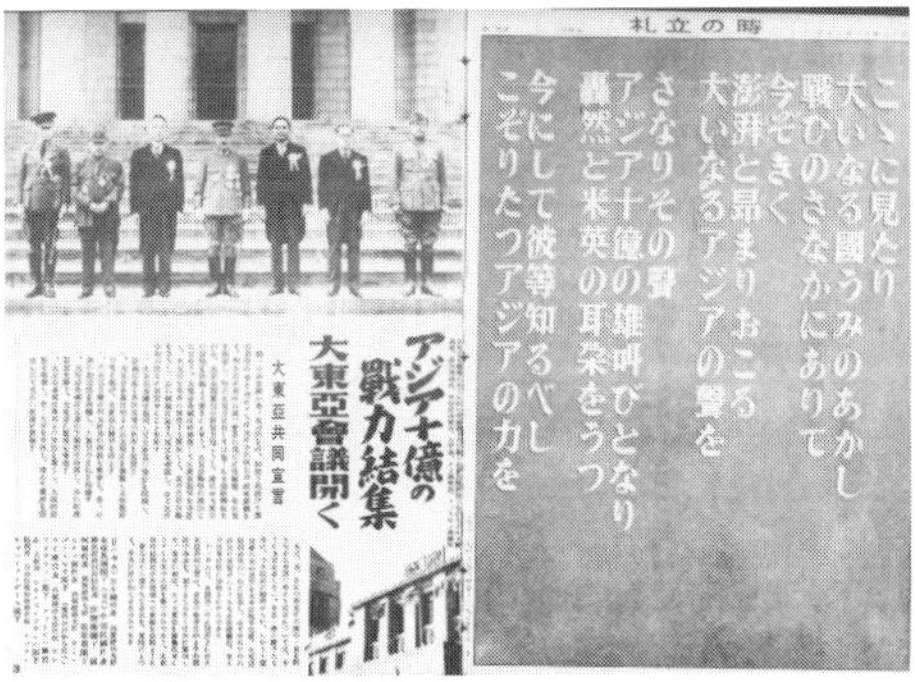

『写真週報』(298号, 1943年11月17日)

一九四三年一一月五日から六日にかけて大東亜会議が開催された。新聞紙面はもちろん『写真週報』においてもその成功がうたわれた会議の内実はどうであったのか。

大東亜会議と大東亜共同宣言を理解するために必要なのは、一つにはその内容以上に、「共同」という体裁が重視されたとみる視点である。共同がうたわれた結果、会議は単なる「日本による一人芝居」ではなくなった。残された一次史料からは、招集された各国政治主体らの思惑をうかがうことができるが、その中には日本の指導に抗って会議への出席を拒む主体も登場することになる。大東亜会議は共栄圏構想をめぐる闘技場《アリーナ》でもあった。

もう一方の視点とは、その会議を当事者らの戦局認識との関わりからとらえなおすことである。内閣情報局が一一月一八日に作成し、閣議で報告された文書では、「大東亜会議　殊に満場一致を以て採択せられたる大東亜共同宣言の趣旨徹底に関しては　大東亜各国の大東亜戦争完遂の決意と大東亜建設に対する団結協力とを　弘《ひろ》く中外に宣揚し　敵側の戦争目的を覆滅《ふくめつ》し　其の戦意を破砕するを目標と」するとされた。[54]「ローズヴェルトとチャーチルを署名者とする米英二国の共同宣言に過ぎ」ない大西洋憲章に対して、「大東亜共同宣言は大東亜諸国の共同意志を宣言し、大東亜そのものの意志を表現せる」ものだとされたのである。[55]

ではなぜこの時期に「敵側の戦争目的を覆滅し其の戦意を破砕する」ことが、声高に叫ばれなくてはならなかったのか。その点を理解するためには、当該時期の外務大臣や軍令部総長といったアクターらの戦局認識を把握する必要がある。

「戦局の前途を確言することはできぬ」

大東亜会議の開催が決定された一〇月二日の第一六五回連絡会議直前の九月三〇日、昭和天皇の列席を得た第一一回御前会議が開催されていた。この時の御前会議では「世界情勢判断」が示され、「今後取るへき戦争指導の大綱」が議題とされたが、注目したいのは、陸軍参謀次長が口述した天皇の御前で行われた原嘉道《よしみち》枢密院議長と永野修身軍令部総長との次のようなやり取りである。[56]

枢密院議長〔原嘉道〕　絶対確保すへき圏域とは如何なる意か
　　　　　　　　　　　現在の線は捨てる気なのか
参謀総長〔杉山元〕　　戦況の推移につき詳細説明す

枢密院長〔原文ママ「議長」〕 一体〔航空兵力が〕四万機あれは絶対確保圏を確保する自信かあるのか

軍令部総長〔永野修身〕 絶対確保の決意あるも勝敗は時の運てある 独の対「ソ」戦の推移を見るも初期の通りは行ってゐない 今後とうなるかわからぬ戦局の前途を確言することは出来ぬ（今後の作戦の見透しに関し、海軍の自信のない悲観的言辞を述へたるにより議場にわかに緊張す）

このように、いわゆる絶対国防圏を設定したはずの御前会議において、永野修身は、同席していた参謀次長が「議場にわかに緊張」したと記せざるをえなかったほどの、「自信のない悲観的言辞」を述べていた。前述のように、いまだ打つ手はあると考えられていた一九四三年五月の大東亜政策指導大綱から五ヵ月余り、戦局の展開はついに軍令部総長自らが「戦局の前途を確言することは出来ぬ」と認めるほどに悪化していたのである。

だがそのような見通しを示していたのは永野だけではなかった。この時の御前会議では、その冒頭で英・米・ソ各国の戦争指導や戦争遂行能力の予測を軸とした「世界情勢判断」が東條首相によって読み上げられたが、そのうち米国の戦争指導の部分は次のようなものであった。[57]

一、米国

米国の戦争目的は 自国を中心とする世界体制の確立を期し 日独特に日の完全屈服に在り 而

重光葵

して米は速に終戦を企図し　今明年中に戦勝の態勢を概成せんことを期し　優越せる物的戦力を極度に発揮して　英国と協力し「ソ」及重慶を利用し以て日独の打倒を図るへし
其の攻撃兵力の重点は東亜に指向せらるへく　又「ソ」を対日戦に導入するに努むへし
「戦争交綏《こうすい》し日独の完全屈服至難なりと認むる場合に於ては　日独の勢力を努めて圧縮し　与国並に敗戦国に自己勢力を扶植する程度に止め　戦局収拾を企図することなしとせさるへし」

「二」で付け加えられた末尾の二行が楽観的にすぎる見通しだったことは、当事者らも重々承知していたのであろう。特に回りくどい文末の表現をみても、このような見通しは、文字通りの蛇足というべきものにすぎなかった。アメリカが「優越せる物的戦力を極度に発揮して　英国と協力し「ソ」及重慶を利用し以て日独の打倒を図るへし」という認識は、それが昭和天皇の御前で開陳されたとは思えないほどに率直なものである。さらに外務大臣重光葵も次のようにも述べていた。[58]

現戦局に於て帝国の戦勢を有利に転回する為めには　支那事変を解決に導くことか緊要てあります。蓋《けだ》し目下戦争状態の終結を図り得る可能性あるものは　支那〔重慶〕〔原文ママ〕との関係のみてありまして、他の敵国との終戦は企図致し難い所てあります。

このように、圧倒的な米国の攻勢の前に、日本が取り得る方策が極めて限られていたことは、当事者らが何よりも自覚していたことであった。だからこそ、重光はこの時の説明において、次のように宣伝工作の重要性を訴えていたのであろう[59]。

我大東亜政策を徹底し、此政策を支那を中心として強力に推進すればする程、而して又宣伝に於て之を高調すればする程、我正当なる戦争目的は鮮明となりまして　之れに依って敵の戦争名目は薄弱となり　惹《ひ》いて其の戦意喪失、支那と米英との背反、印度民衆に対する影響より　其の独立気運の醸成等に資することを期して居る次第でありまして、大東亜政策の宣伝は　敵に対する外交大攻勢となるものと信ずるのであります。

先述のように永野軍令部総長は四万機の航空機の生産をもってしても、戦局の前途を見通すことができないと述べていた。だが実際の生産能力は、東條の説明では「陸海軍計年産一万七、八千機程度」にすぎなかった[60]。熟練パイロットの損失を含めた有形無形の国力の低下はすでに天皇の御前においても隠すことができないほどに悪化していたのである。そのような中で、講和条約を導き得る可能性は、「アジア解放」を基軸とした大東亜政策の宣伝による英米の「戦意喪失」の成否に託されていた。ではそのような日本の望みは叶えられたのだろうか。

ピブーンの抵抗

一九四三年一〇月二日の第一六五回大本営政府連絡会議でようやく開催の了解を得た段階で、会議の開催までに残された準備期間は、わずか一ヵ月余りに過ぎなかった。日本政府は参加予定であった中華民国（汪兆銘政権）、タイ国、満州国、フィリピン国、ビルマ国の各国大使に対して「本件会議参加方に関する責任国側の内意を徴せられ結果回電あり度」との訓令を送付し[61]、各国駐在大使はあわただしく赴任国での調整に動いた。

だが事態は早速そこでつまずくのである。ことのあらましは、会議終了後に大東亜省がまとめた「大東亜会議開催に関する経緯概要（執務報告）」に記されている。この一次史料から成功裏に終わったはずの会議の裏側で何が起こっていたのかを探っていきたい。

調整日程が限られていた中で政府が当初から危惧を抱いていたのは、タイのピブーン首相の動向であった。同史料によれば、「「タイ」国に付ては特に「ピブン」総理の出席を容易ならしむる為」、「別に訓令する所」があった[62]。具体的には、駐タイ国大使坪上貞二にあてては、ピブーン渡日の際の夫人の同行や、飛行機の不使用などの特別待遇措置を用意する一方で、「右にも不拘《かかわらず》「ピブン」か招請を拒否するか如き態度を固執する場合には」、「本大会開催の意義か減殺せらるるのみならす　日「タイ」関係面白からさるやの印象を　両国国内は素より世界一般にも与へ　政治的に好ましからさる結果を生すへし　との趣旨を貴大使の意見として指摘せられ差支《さしつか》へ無し」と、なかば脅しともいうべき訓令が伝えられた。

坪上大使はこの訓令を受け、一〇月六日にウィチット外務大臣陪席のもと、ピブーンと二時間にわたる会談を行った。だが会談の冒頭から「「ピブン」は会議の重要性は充分之を了解せるも　自分の健康状態は　日本への往復には到底堪《た》へさるものであり」と述べ、さらには「今回の機会に於て　日本か飽迄《あくまで》も総理の出席を求むるに於ては　自分は直に議会を召集し　自己の辞職と後継者の決定を諮り　右後継者か総理として会議に出席することとなるへし」と、自らの辞任までをにおわせながら出席を固辞した。[63]

　だが日本側の記録によれば、ピブーンの健康状態は、「帝国大使会見直前　離別挨拶の為総理に面会せる石井参事官に対し　「ピ」は極めて明朗の態度にて　最近盤谷《バンコク》の好季節に向ふるに連れ　健康状態良好にして　毎日「テニス」に興し居れりと語りたる程」良好であった。[64] ではなぜピブーンはあからさまな仮病を使ってまで会議への参加を固辞したのだろうか。

「彼の健康上云々は渡日不可能の真の理由に非す」と判断した日本側が推測した理由とは、「最近戦況枢軸側に不利なること」や、「「ピブン」か海外に出る如き場合　政敵の「クーデター」的陰謀を極度に惧《おそ》れ居ること」などが挙げられている。自由タイ系の政治家らの動向をうかがう限り、たしかにその可能性も否定できないものであった。[65] だが日本側も「「タイ」国か他の諸国に比し　日本と特殊の関係を有する立場上　他の出席国と同様に取扱はるることは　「タイ」国の面子《メンツ》上忍ひ得すと考へられること」も推測していたように、[66] 指導国日本が会議を参集するという形式そのものにピブーンが抵抗したという側面も強かった。先の会談の際にも、陪席していたウィチット外相は次のように発言したと記されている。[67]

　会議に列席の他の諸国は　日本の援助に依り建設せられ　或は独立を得たる国々なるに反し

「タイ」は古より独立を有し　戦争と同時に日本と同盟し　共同作戦にも共に努力し居る国なるを以て　他の列国とは自ら立場を異にして居るものなるか　日本は是に対し他の国と異なる如何なる待遇の用意ありや

日本側はこのような発言を踏まえて「「タイ」国の面子上忍ひ得す考へられる」と判断したのであろうが、タイが東南アジア唯一の独立国として存続し続けてきたことは厳然たる事実であった。タイにとっての独立保持という歴史は、日本側が表現したような単なる「面子」程度のものであるはずはなかった。英帝国と仏帝国という二つの植民地帝国に隣接しながらも独立を保ち続けてきたタイ国の苦悩と自負心が自らの想定を超えるものだったことを、日本側の政策決定者は把握できてはいなかったのである。

坪上大使は八日に再び会談を行うもピブーンの固辞を翻意できず、「結局帝国政府としては善後措置を決定する必要に迫られ」、ピブーンの代理としてタイ王室の「ワンワイ」皇子を出席させることで妥協せざるをえなかった。だがこのことも後に対外宣伝上の禍根となっていく。

声明中の抵抗

日本側はワンワイ・タヤコーン親王、ビルマ国行政府長官バー・モウ、フィリピン共和国大統領ラウレル、満州国務総理であった張景恵、中華民国行政院院長の汪兆銘、自由インド政府首相チャンドラ・ボースらを招聘して一一月五日から六日にかけて大東亜会議を開催した。先述のようにピブーンの抵抗にはあったものの、とりあえずは各国政府との共同会議という体裁は守られたのである。だが参集した面々もまた、したたかだった。
　たとえば主催国代表挨拶に立った東條首相は、各国の「自主独立」を「尊重」するとは言いながらも、「我等共同使命とする此の大東亜戦争を完遂」するための協力を強く求めた。[68] だがラウル大統領は、「大東亜共栄圏の確立は　之を形成する或る一国の利益の為に行はれ居るのではないのであります」と日本を牽制する発言をスピーチに潜り込ませ、[69] さらには会議に招聘されず、東條もあえて触れなかった「ジャワ」「スマトラ」についても言及することで、日本の思惑に抗う姿勢を示した。[70]
　すでに見てきたように、もともと会議自体への出席に消極的であったタイ側は、先述した大東亜省の調書では「その熱意及雄弁振《ぶり》に於て　多少見劣りせるも　兎も角大東亜会議に「ヒッチ」を来さしめることなく　協調の態度を示したるは幸と謂ふへし」と述べられていたように、会議の足を引っ張ることはなかったものの、「その熱意及雄弁振に於て　多少見劣りせる」態度に終始した。[71]
　また実際の演説の内容を見てみても、ワンワイ・タヤコーン親王は、日本の治外法権撤廃交渉に言及して、「泰国も亦之と同一の道を歩み来って居る次第てありまして　幾年かの歳月を費し不断の努力を以って治外法権を撤去し　首尾良く独立と主権とを再ひ獲得したのてあります」と、[72] ウィチット外相が事前の会談で示していたのと同様の自負を示したのである。

大東亜会議への反響

　大東亜会議の翌七日には参加国代表らを来賓とし、多くの日本国民を動員した「大東亜結集国民大会」なるイベントまでもが開催され、その様子は国内新聞や雑誌に掲載された。[73] その意味では会議は対国内宣伝の点からはある程度の成果を収めたといってもよいであろう。では当初の目論見であった対外宣伝上の効果はいかほどだったのか。まず同盟国であったドイツ国内での報道である。在ドイツ大使館が報告した所によれば、たとえば「ハンブルグ、フレムデン、ネラット」紙は、[74]

英米か莫斯科《モスクワ》会議席上蘇聯の意を迎ふる為　欧州の処分名目を「ボルシエビズム」に引渡し居る間　東亜にては既に政治的文化的に完全なる独立を有する六箇国の代表者　東京に集合し　自主的東亜聯盟を結成せり、右聯盟は時日の経過と共に鞏固《きようこ》となり　英米の虚偽的反対宣伝を事実を以て紛〔原文ママ「粉」〕砕するに至るへし

と、幾分誇張を交えながらも手放しで高く評価した。だが当然のことながら連合国側の反応は異なっていた。たとえば重慶政権下の新華社通信（一一月一三日）は、

今回東京に於て招集されたる大東亜会議は　満州、緬甸《ビルマ》、馬尼剌《マニラ》及新嘉坡《シンガポール》を一串扮飾せんとする傀儡劇の演出に外ならさりしことは異言の余地無し　時恰《あたか》も莫斯科《モスクワ》会議の直後にてもあり　日本側に於て　右は世界史上如何なる会議も之に及はすと宣伝し居れる事実より見て　本会議が三国会議の成果に驚き　日本国及占領地域国人民に対する一の芝居たるは明かなり　右は却て日本の益々困難状態に陥り居れる表象とも見らるへし[75]

と述べていた。このうち、大東亜会議を一九四三年一〇月一八日から一一月一日にかけて行われたハル、アンソニー・イーデンイギリス外相、モロトフらが集った第三回モスクワ会議への対抗策と捉え

た見方は外れていたが、それが「日本国及占領地域国人民に対する一の芝居」にすぎないと見抜くものであった。さらに痛烈な批判を加えていたのは、タイ語で行われたデリー放送であった。

会議劈頭《へきとう》東條挨拶に依れは　会議の目的は英米か全力を挙けて亜細亜を功〔原文ママ「攻」〕撃しつつあるを以て　右に対する反撃の為各国の全力を集めるにあるか　若し日本政府に充分なる戦力かあったならは　何も辞を低くして管轄下の諸国の助力を求めなかったてあらう　泰の「ピ」元帥は健康勝れさる為出席不能となり　「ワンワイ」殿下か代理として参加したか　斯《か》かる衰弱せる指導者は決して国家を救ひ得ない、何れにしても今次の会議は聯合軍の連勝に対する煩悶《はんもん》の現れてあり　正に「死の条約会議」てある[76]

このようにビルマ国境沿いで日本軍と対峙していたインドのデリー放送は、日本軍の後背地に当たるタイに向けて、ピブーンの健康状態を名目とした会議への不参加を逆手に取った宣伝工作を行っていたのであった。同様にオーストラリアのＡＢＣ放送も次のように報道した。

今次の東京会談は新日本帝国を繞《めぐ》り　如何なる事態か起りつつあるかを如実に示すものである第一に二名の有力者の不参加あり　泰国「ピブン」首相と仏印「ドクー」総督之なるか　右は彼等か日本側独裁者の脅迫と頤使《いし》に反撥《はんぱつ》するに充分なる自信を抱き初めたる〔原文ママ「始」〕証左と認むるを得へし[77]

ここに登場するドクー総督は、ヴィシー政府との関係もあって当初から呼ばれていなかった。だがこのようにピブーンの不参加という事実は、日本側の思惑を超えて、大東亜共栄圏のほころびを示す事実として報道されたのである。大東亜会議の成果として、大西洋憲章の封殺を意図して公表された大東亜共同宣言もまた、日本側の期待したような反響を呼び起こすことはなかった。御前会議で昭和天皇に開陳したような重光の悲痛な意気込みは、結果として実を結ぶことがなかったのである。

東南アジアの政策主体らにとっての大東亜会議

では大東亜会議に参集した東南アジアの政策主体らにとっての会議の意義は何であったのだろうか。フィリピン史の知見を以て同会議を含めたラウレルやマニュエル・ケソンらの対応を論じた中野聡は、会議に集った各国代表の示した抵抗姿勢にその自主性の発露をみた。[78]

無論、会議に参集したメンバーすべてが強い不満を抱いていたわけではなかった。例えばフィリピンのように、それまでに独立を承認されていなかったバー・モウにとっては、大東亜会議への参加そのものには不満はなかったであろう。だが彼もまた単なる日本への協調者ではなかった。会議の声明において、バー・モウは「大東亜会議の重大意義」について、第一の成果として東亜共同宣言をあげながらも、次のように語っていたのである。[79]

> 第二の成果は東亜史上初めて民族の指導者間に個人的接触か出来たことで、余個人にしても汪主席に初めてお会ひしたか、其の結果余には支那問題の深さか判り、其の解決か如何に微妙複雑を極めてゐるかを諒解した、「ビルマ」か接敵地域としての困難を冒して健闘してゐる事実を伝へ

> れは各国代表は我か事の様に「ビルマ」の第一線政策を諒解して呉れた、（中略）各民族間に使臣を交換し合ひ各民族間の紐帯を強化せねばならない

このようなバー・モウの中国問題の「解決が如何に微妙複雑を極めてゐるかを諒解した」、あるいは「各国代表は我か事の様に「ビルマ」の第一線政策を諒解して呉れた」といった語り口からは、その意見交換が表面的なものではなかったことがわかる。

また「各民族間に使臣を交換し合」うといった発言も、日本を刺激する意図からなされたものではなかったであろう。だが指導国日本を通さずに、東南アジア各地の政治主体らが相互に外交を行うことは、日本の望む所ではなかった。

その一方で、形式的にも独立国としての体裁を認めた以上、このような自主外交の確立をバー・モウが望んだこと自体は、直ちに否定できるものでもなかった。戦局の悪化に伴って、バー・モウらが望んだ「各民族間に使臣を交換」する機会は失われたが、大東亜会議でも自由と独立を提唱した以上、日本は彼らの要求を抑圧しつくすことはできなかったはずである。そしてこのように外交当局が望んだ以上の反響を生んだ現実は、日本国内でも同様であった。

「戦闘力などは微塵もない空中楼閣が出来上った」

北原武夫は一九四四年四・五月合併号の『三田文学』に「戦いの厳粛さについて」と題した一文を公表した。北原はそこで大胆にも大東亜共同宣言についての持論を述べたのである。

大東亜の共同宣言とは、言うも愚なことだが、その意味を喧伝し、世に広く知らしめれば知らしめるほど意義が深まり効果が挙るというようなものではあるまい。[80]

このような北原の言は、重光らの進めようとした、宣伝工作のための大東亜会議という考え方を明確に批判するものであった。「これは標語ではない、道義なのだ。道義たる以上、道義の正に道義たる所以《ゆえん》を闡明《せんめい》し宣伝するとは凡《およ》そ愚なことであって、やるかやらぬか、やったかやれなかったかによって、一切の勝負は決ってしまうのだ」とも記したように、大東亜共同宣言そのものの意義を否定しようとしたわけではなかった北原を変えたのは、次のようなジャワ滞在経験であった。

僕は南方にあって、僅かな間の戦闘であったが、将兵と共に戦火の中に暮らし、人類の平和とか、人類の幸福とか、自由平等とかいう言葉が、如何に抽象的な空語であるかを、身に沁みて沁々《しみじみ》と悟った。[81]

このように大東亜共栄圏を生身で体験した北原の批判は、その根幹となっていた八紘一宇についても向けられた。

思想戦というが如きものにとっては最大の眼目《がんもく》たるべき八紘為宇という言葉を取って見よ。学者も評論家も力を尽して理論を展開したわけだが、唯一人心から国民の共感を喚《よ》ぶことは出来なかった。

八紘為宇という大精神は、言うまでもなく一つの思想である。だがこの思想は、文字の上で表現を練り、論理を構築し、思索に思索を重ねて行けば遂に頂に達するという底の思想であろうか。多くの学者はそう解釈し、努めて表現を練り、論理を構築し、専ら思想としての態を整えようとした。が、何が出来上ったか。押しつけがましく記紀の文句を援用した見掛けだけは立派だが、説得力も迫真力もなく、況《ま》して戦闘力などは微塵《みじん》もない空中楼閣が出来上った。[82]

さらに北原は、大東亜共同宣言について次のように結論付けていった。

人類の幸福と言うが、幸福とは手を束ねて茫然としていれば天から降って来る何かではあるまい。力を尽し、自ら努力して摑むことの出来る何かであろう。況して、そうやって摑んでみれば分ることだが、自分にも他人にも共通し、万人に等しく味わうことの出来る劃一的な何かではあるまい。人類平等の平和とか幸福とかという言葉は、人間刻苦《こっく》の厳しい事実から観念を抽象し、論理で捏《こ》ね上げて作り上げた砂上の楼閣に過ぎない。日本人は日本人のやり方でしか幸福にはなれないし、マライ人はマライ人のやり方でしか幸福にはなれまい。[83]

第三章でも見てきたように、インドネシア人に対しても肯定的な評価を示すことがなかった北原は、一方ではこのように大東亜共同宣言の表層的な「平和とか幸福とかという言葉」を相対化するすべを身に着けていた。大東亜共栄圏下の南方体験は北原を変えていたのである。

四　崩壊する共栄圏

大本営陸軍部の対タイ認識

防衛省防衛研究所には『最近に於ける泰国事情』と題した大本営陸軍部が作成した調書が残されている。[84]一九四四年二月一日に作成されたこの調書の最初のページには、「泰国陸軍総兵力は約八万、空軍兵力は約一二〇」とタイ軍の兵力が記され、併せて同国の政治機構や政策決定者を図示した「泰国内政情一覧表」などが附せられていた。その冒頭に「世界情勢の推移に伴ふ敵側の宣伝謀略は　泰国政界を不安定ならしめ　戦局の将来に対し疑惧《ぎぐ》の念を懐《いだ》かせしめあり」と記された同調書は、何を意図して作成されたものだったのか。

「泰国内軍兵力配置要図」や「泰国飛行場配置要図」、「泰国内政情一覧表」そして「泰国対外動向要図」といった一連の附図のうち、「泰国対外動向要図」には一九四四年初頭までの同盟国にして大東亜共栄圏の構成国であったはずのタイ国による独自外交の様態と、それに対する日本側のいらだちが記されていた。たとえば日本軍が交戦中であった重慶政権とタイとの関係に関しては、

対重慶態度不徹底（未だに宣戦布告乃至《ないし》国交断絶の外交措置を取りあらず）最近の泰国華僑懐柔政策は対重慶媚《び》態《たい》策とも思料せらる[85]

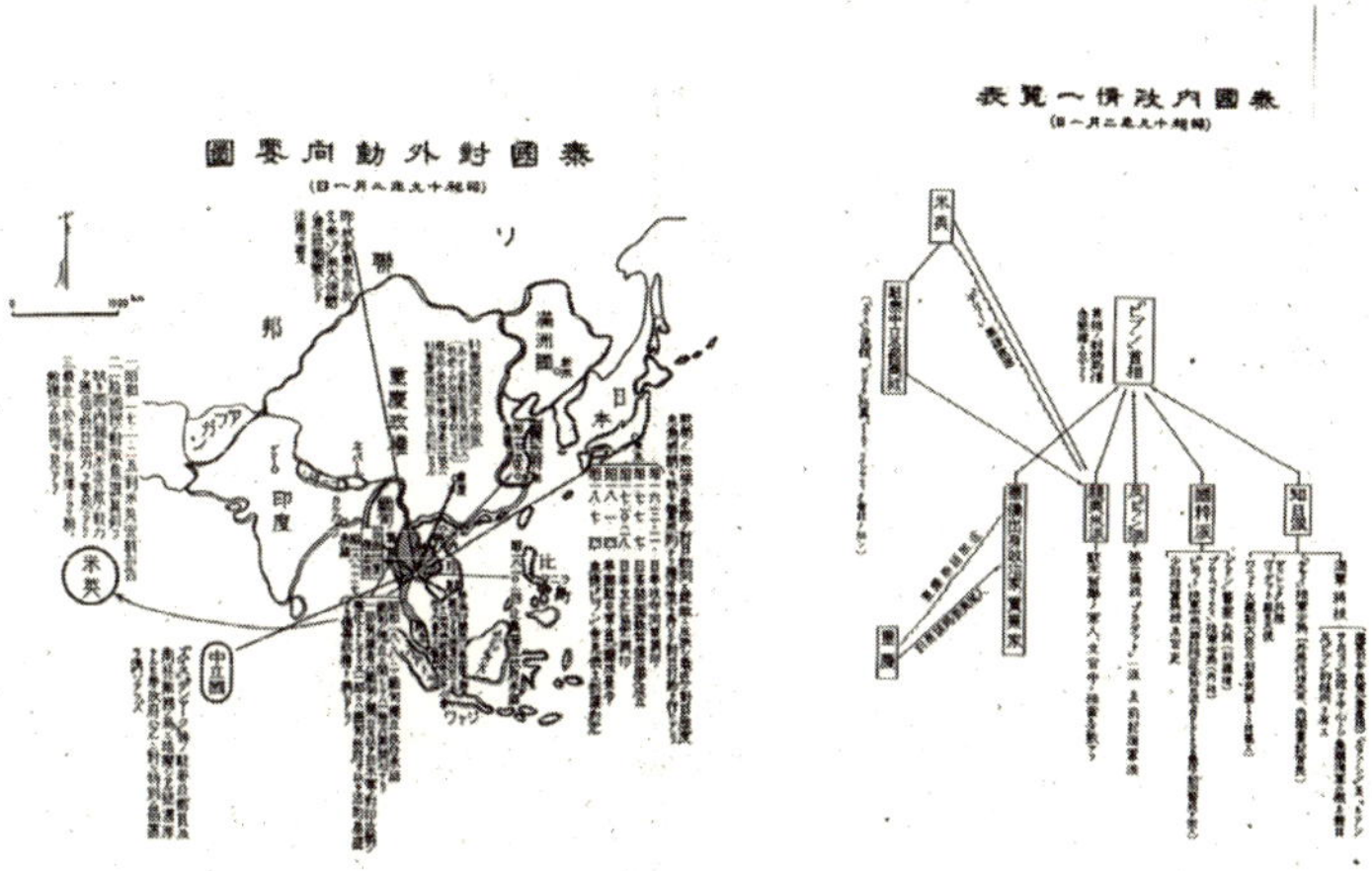

『最近に於ける泰国事情』中の「泰国内政情一覧表」、「泰国対外動向要図」

と日本側の要請に対しても、宣戦布告や国交断絶を行わないばかりか、「媚態」的態度を示しているという不信感を記していた。またタイ国の対ソ連、対中立国政策としても、

> 昨秋来東京に於ける泰「ソ」両大使館の連絡頻繁にして注意を要す
>
> 「スイス」「デンマーク」等の駐泰公館員及商社は　敵国の為に暗躍しある疑濃厚なるも泰政府は之に対し特別の措置を講じあらず

と、タイが積極的に多角的外交を展開していることを把握しながらも、日本側が手を打つことができていない状況が記されていたのである。

事実としてもタイにおいては、自由タイ系と呼ばれた抗日組織のメンバーらは四三年以降[86]、ピブーンもまた四四年一月以降には積極的に重

慶政府とのコンタクトをとって連合軍への内応を考慮し始めていた[87]。このようなことを踏まえれば、掲載されていたタイ国軍の兵力配置図や飛行場図が意味するところは明らかであろう。大本営陸軍部は大東亜共栄圏の構成国タイの離反を疑い、それに対する武力制圧戦を想定し始めていたのである。

その直前の一九四四年一月、大本営は、戦局の打開を求めてビルマに駐留していた第一五軍によるインド・インパールへの進軍を企図する「ウ号作戦」を発令した。日本軍はインド独立運動への波及効果を狙う意味もあって、第三章でみたようなマレー戦線での投降印度兵を機関としたインド国民軍との共同作戦という形態をとった。だが広く知られているようにこの作戦は、インパールを目前として英印軍の反撃を受けて頓挫し、日本軍の完全なる敗北に終わることになる。ピブーンが連合国との連絡を始めたのは、その前後のことであった。

同じころ絶対国防圏の一角を崩したアメリカ軍はニューギニア北部を確保しながら、フィリピンに迫った。先に引用したフィリピン独立式典の様相を書き残した歩兵第二〇連隊は、四三年一一月にはレイテ島に移動を命じられ、四四年一〇月二〇日に上陸してきたアメリカ陸軍部隊と死闘を繰り広げることになる。そしてその圧倒的火力によって粉砕され、翌二一日には連隊長が戦死し、二六日に玉砕した。連隊がフィリピン独立を目撃してから一年余り後のことであった。

アメリカ軍の上陸に呼応して蜂起したフィリピン人「匪団《ひだん》」は、アメリカ軍を解放者として迎え入れた[88]。大東亜共栄圏の理念なるものは通用しなかったのである。

「光機関」の一大尉による異文化折衝の記録

インパール作戦の失敗後、第一五軍は多くの兵力を失い、インド方面からの英印軍の反撃と、雲南地方からの中国軍の攻勢に対して劣勢を強いられた。だがこの時点でもインド国民軍との共同戦線という形は保持されていた。防衛省防衛研究所には一九四四年一一月の時点でのインド国民軍第四遊撃連隊指導将校であった泉達夫大尉の手になる陣中日誌が残されている。

これは現在も「アジア解放」の証ともいわれることのある特務機関、「光機関」の内実を記す貴重な記録であり、ここからは日本軍と共にビルマ防衛戦争を担ったインド国民軍（ＩＮＡ）への指導という、前線での異文化折衝を余儀なくされた一大尉の特異な体験を読み取ることができる。以下、この陣中日誌に依りながら、大東亜共栄圏崩壊期の異文化折衝の様態を再現してみたい。

一九四四年一一月一日、インド国民軍第四遊撃連隊（以下、連隊）は、ビルマの「ミンギャン」附近の防衛を任」ぜられ、泉大尉は三日にはじめてインド国民軍の「新任聯隊長Ｇ・Ｓ・ディロン少佐」との会見を果たした。一一月五日の日誌には「元第四遊撃聯隊附坂口伍長（ヒンドスタユー通訳）を掌握せり、昨四日「マンダレー」より帰来し急遽余の指揮下に入れり」と、通訳を得た喜びが記されている。[89] だが防衛戦線は過酷であった。一一月八日の日誌には次のように記されていた。

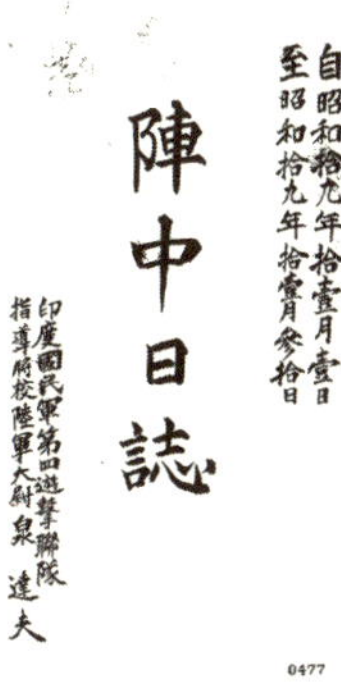

○九三〇　「メイクティラ」南方にて余等の前方疾走中の貨車に〔原文ママ〕「ブリストル、ビューファイタ」機の銃撃に依り炎上せり

すでに制空権を失った日本軍への英空軍の襲撃はこの後も止むことはなかった。そのような中でも一一月九日にマンダ

レーに到着したばかりであった泉大尉は、一一日には「印度国民軍第一師団長代理アルシャッド中佐、同副官ジャギールシン少佐を訪問せり」というように、同盟国軍上級士官への挨拶回りを行わなくてはならない立場であった。同月一四日の記事には次のようにある。

一一月一四日　一、憲兵隊より国民軍兵舎失火事件の調査方依頼ありき
此を機とし憲兵隊に挨拶に行けり　而して大乗的見地に立ちて印緬間の事件
処理に当られんことを要望せり

この失火事件の詳細は分からないものの、泉大尉はインド国民軍兵士とビルマ人との軋轢を念頭においていたようである。前途は多難であった。

一一月二三日、泉大尉はインド国民軍のディロン連隊長から、国民軍の副官や給養係将校、情報・連絡将校などを集めた会議を開催するので「本部迄来られ度しとの連絡」を受けた。「泉を彼等の会議の一席に加ふるには大いに感謝せる」としながらも、泉は次のように記さざるを得なかった。

I・N・A側よりの要求は例の如く給養係の一人舞台にして兵器手入布、繃帯《ほうたい》の不足、「ローソク」「マッチ」の不足を訴ふ
〝与へて後取れ〟も原則、〝給養将校に堕する勿れ〟も亦原則
「努力せん」の一言を以て答へしのみ、彼亦追求し来らず

泉がこの日呼ばれたのは、このようにＩＮＡ側からの不足物資の催促を受けるためであった。このように泉は作戦指導のみならず、事実上の「給養将校」として常日ごろから、インド国民軍側の物資の要求に応えるために奔走していた。だが泉はただ呼ばれただけではなかった。この機会を利用して、光機関から依頼を受けていた案件を片付けようとしたのである。泉は有能であった。

インド国民軍内の宗教対立の火種

この時の会議において、泉はディィロン少佐に対して「将校名簿の呈出を要求し　尚《なお》宗教別を明にすべく願」ったという。泉のこの指示は光機関からの要請に基づくものだったのだが、事実としてもインド国民軍内では、イスラーム教徒とシーク教徒、ヒンドゥー教徒との軋轢が頻発していた。泉が「前「ウ」号作戦の逃亡国民軍百数十名の主体を為せる回教徒宗教問題」と記していたように、インパール作戦のさなかインド国民軍内部では、イスラーム教徒の大量逃亡事件が起こっていた。

それだけではなく第四遊撃連隊においても、「「マンダレー」より「ミンジャン」移駐に際し第二大隊新兵「タミール」一五〇名の移駐拒絶問題」が発生していたのである。これはディィロン少佐の言によれば、その原因は「前聯隊長「ラナー」少佐（回教徒）の回・印分離策にして「ラナー」少佐はＩ・Ｎ・Ａの敵なり」と、ディィロン少佐の前任者の咎《とが》であったとされているが、実態としては後のインドとパキスタンの分離独立に連なる宗教的対立が主因だったのであろう。

だが実はディィロン少佐自身も「シーク」教徒であった。どうやら宗教対立事件の頻発を受けて光機関は、第四遊撃連隊内の「偵諜」を泉に命じていたようである。だが、泉は「新聯隊長の内務刷新の努力を疑ひ　露骨なる防諜施策を取り　徒《いたず》らに事を構ふる必要を認むるや否やは　指導者として深慮

を要す　願はくば聯隊長個人の空念仏に終ること無きを」と、この宗教問題を表面化させて「事を構ふる」よりも、ディロン少佐の人間性を信じることに決めたようであった。だがその翌日、早くも次の問題が発生したのである。

「日本軍対印度国民軍の摩擦」

一一月二四日、泉大尉はディロン少佐からの抗議書を受けとることになる。その日の日誌において泉は次のように記している。

「ディロン」少佐より抗議書を受領せり
日本軍隊（今坂大佐以下の築城要員を意味す）無断I・N・A宿営地区内家屋を利用しあり　不軍紀なるを以て所要の説明を求むと
早速連絡に行く「一応連絡を取られ度し」との事、文面に現れたる程の気勢無し
然れども逐日予期せる雑務の増加を見る、将来、日本軍対印度国民軍の摩擦防止は大なる問題ならん
文面左の如く「ミンギャン」駐屯に一抹の不安を見受く（後略）

このように連絡上の手違いからか、日本軍部隊の一部が、事前通知のないままインド国民軍の宿営地の一家屋を兵舎として使用したのである。これは本来は些末なはずの事件であり、翌二五日に問題となった日本軍部隊は「機関宿舎の北側家屋に移転」した。だが問題は解決しなかった。その建物に

はすでに別のインド国民軍部隊の小隊が居住していたのである。泉は再び二度にわたる猛抗議を受けることになる。その際の対応について泉は次のように記した。

小事に拘泥《こうでい》し　陣地構築の目的達成を逸するが如きことありては一大事、弱者の心理を看破し「連絡を取らざりしは機関の誤りなりき」と謝罪せるに　一瞬落着　意気揚々と引上ぐ
「機関は居眠りを為しあり何等連絡を取りあらず」とは彼等の常言する所、単なる連絡機関なれば寧ろ事務煩雑の障碍たるのみ　小川少佐の下に通訳二〜三名を置けば可なり
表面連絡機関たるもよし、内面鋭き指導の「メス」を入れん

このようにインド国民軍は、同盟国軍の軍隊としての自負を持って、日本軍に対して要求を突き付け、間に立つ「光機関」に対しても「機関は居眠りを為しあり何等連絡を取りあらず」というような侮りを隠そうとはしていなかった。

これが解放戦争を共闘していたはずの特務機関とインド人部隊との日常であった。それに対して、泉大尉は悔しまぎれもあったのか、「内面鋭き指導の「メス」を入れん」との決意を記したのだが、その意気込みをくじくかのように、一一月二七日に泉は再びディロン少佐に呼ばれ、次のように「口角泡を飛ばし血気を漲《みなぎ》らせ大声叱呼」せられたのであった。

宿舎の件に関しては勿論吾等《われら》は国なし、然れ共日本軍より貰ひ受けしものなり、I・N・A用として指示せられしにてはI・N・Aのものにて当方に責任あり、今坂大佐聯隊長なりとも連絡無

く追出せるは日本軍のＩ・Ｎ・Ａに対する行為なりと判断され　Ｉ・Ｎ・Ａを何とも思はざる証左なり

（中略）

光機関の密なる連絡を要請す

連絡の失敗一回二回と累積せば遂に失敗のみならず最早当《もはやあて》にならず

「ネタジー」〔チャンドラ・ボースの愛称〕は東京に於て中央より援助を受けつゝあり共に大東亜より英国を追払ふが目的なり、小事を問題とせば敵も亦笑ふ、共に尊敬を以て事に当り度し

小生少佐なりとも任務・資格は大佐と同じなり

ディロン少佐はインド国民軍の指導者であったチャンドラ・ボースの名前を出しながら、日本軍の同盟国軍の指揮官としての態度で、光機関への不満を述べたのであった。

それに対して、泉は「彼等の述ぶる所確に一理あり、機関の手落もあり、然れ共其の本質は〝僻《ひが》み根性〟にあり」と心の中では思いながらも、「光機関の極く近くの家屋なるにも拘らずＩ・Ｎ・Ａの宿舎たるを知らず　連絡を取らざりしは小生の誤なり」と、謝罪せざるを得なかった。その心労がたったのか、「右会談後泉俄然発熱す　食慾進まず、「マラリヤ」と判断さる」と、マラリアを発症してしまうのである。泉は不遇であった。

日本軍一大尉からの「声」

このような事件を踏まえて、「聯隊長の言葉は個人の言葉にあらず、I・N・Aの日本側に対する思想動向なり、敢て一個人聯隊長と口論するの愚を避く、名実共に備はりたる謀略施策は　蓋《けだ》し難中の難たるべし」と、対インド工作の現場に立たされた苦悩を日誌に記した泉は、翌二八日の日誌に次のように書き留めている。

印度施策の根本精神思想体系として　大東亜共栄圏として日本を中心とする統一原理、指導原理を押し進めんとするの積極的熱意に欠くるに於ては　諸施策地に着かず
彼等の仏教思想を以て日本との精神的連繋《れんけい》を求めんとするは一案なるも、自然性、歴史性、妥当性等より考察するに俄《にわか》に解決を求め得ず
彼等将兵一致せる精神的後拠の確立は将に現戦局の大問題なるべし、指導に任ずる光機関員亦然り

ここには、大東亜共栄圏建設の現場において異文化折衝をになった日本人一兵士の切々たる想いが述べられている。「彼等の仏教思想を以て日本との精神的連繋を求めんとする」といった発想は、広く開戦前から内地で繰り広げられてきた言説に他ならなかった。だが泉が日誌に記していたように、そもそもイスラーム、ヒンドゥー、シークといった多宗教・他民族から構成される地域の人々に対して、日本と共通するはずだというだけの理由で、「仏教思想」をもって臨むこと自体が愚かであったというほかはなかった。

異文化折衝の現場で苦悩した泉は、ここではあくまでも「印度施策の根本精神思想体系として　大

東亜共栄圏として日本を中心とする統一原理、指導原理を押し進めんとするの積極的熱意に欠くる」として、「熱意」の有無を問題としていたのだが、そもそもの問題は、本書で見てきたように大東亜共栄圏構想そのものに当初から異文化を理解しようとする意識が欠如していたことにあったのではなかったのか。そして大東亜共栄圏はついに、構成国の人々の「背反」によって崩壊に向かっていくのである。

ビルマ独立軍の離反

防衛省防衛研究所には、一九四三年一一月三日から一二月七日まで野戦高射砲第五一大隊が指導した「緬甸《ビルマ》国軍高射砲要員前期教育成果」についての報告書が残されている。[90] それによれば同大隊はビルマ国軍兵士計二七三〇名に対して、高射砲訓練をふくめた軍事教練を施した。同報告書によれば、ビルマ国軍の将校は、昭和一七年四月から六月までに当時ビルマ独立義勇軍に参加し、同年八月一日ビルマ軍幹部候補生隊に採用入隊した精鋭というべき人物であり、兵は昭和一八年四月に歩兵小隊教練を修了、あるいは同年八月から九月にかけて歩兵分隊教練を修了した者らであった。ラングーン防衛のため、ビルマ国軍のエリートらが選抜されて、日本軍から高射砲の技能訓練を受けたのである。

高射砲大隊では、精神教育をはじめとして内務教育、幹部教育・兵教育といった一般教育全般も行ったが、その成果を確認するために行われた査閲では、「言語の不如意、教育用兵器の不足（二門使用）等に拘らず教官以下の真摯なる指導と　被教育者の熱意とに依り予期以上の成果を収め　一部小隊教練に移行し得て　今後更に国軍幹部をして兵基本教育の徹底と小隊教練錬成を行へば独立して戦闘を実施し得るに至るものと認む」と、一定の評価を得るに至っていた。[91] だがこのような手厚い軍事指導が裏目となる事態が起こるのである。

一九四四年七月のインパール作戦の失敗以降、英印軍の反撃に備えるための戦場はビルマへと移行した。ビルマ防衛を担った第一五軍らは、イラワジ会戦として知られることになる防衛戦を計画したが、四五年三月一八日にはマンダレーからの撤退を余儀なくされるに至った。その最中に起こった出来事を、日本側の史料は次のように伝えている。

一、三月中旬より蘭貢《ラングーン》方面の情勢　稍々《やや》不穏なる点ありしを以て　蘭貢に於ては蘭部隊を編成し又、蘭貢地区警備要綱を定め防衛に遺憾なきを期したり
二、三月二十四日夜　緬甸《ビルマ》国軍士官学校生徒全員（百八十名）逃亡　若干《じゃっかん》国軍主要幹部行方不明等の事象ありて　逐次対策中の所　二十七日夜「ペグー」蘭貢附近の一部の国軍背反あり出動中の「プローム」方面の国軍主力一斉に其の行動不明となりたり
三、軍は之に対し　所在部隊及蘭貢独立混成旅団を以て　武装解除若しくは攻撃掃蕩せしめたり
四、然るに国軍は一部に非ず　全国軍の烽起〔原文ママ「蜂起」〕するありて　三月二十九日速かに国軍全力の所在を捜索　武装解除を命せり[92]

ビルマ国国防大臣アウン・サン率いるビルマ国軍は、このように突如として日本軍に対して反旗を翻した[93]。右史料からは三月二四日の段階でも、日本軍はその兆候を把握できないままに、全国軍の蜂起という事態を迎えたことがわかる。

右引用部分の最末尾には事態を把握した日本軍が、ようやく三月二九日になって追撃を始めたこと

が記されている。だが地の利のあるビルマ国軍はその追撃をかわした。その後のビルマ国軍の活動について他の報告書では次のように書かれている。

緬甸《ビルマ》国民軍（顧問少将桜井徳太郎）はオンサン首領直接指揮の下に　エナンヂョン西方イラワヂ右岸方面に作戦し　第二十八軍に協力する目的を以て著々其の準備を進めありしが　四月始め突然反乱し　軍の作戦地域就中《なかんずく》　蘭貢―プローム―エナンヂョン道に沿ふ地区を攪乱《かくらん》するに至り為に軍の有線通信及北方正面と軍司令部との地上連絡は　此頃より殆ど杜絶《とぜつ》せり[94]

このようにビルマ国軍はいまや全軍をもって、日本軍の生命線ともいうべき有線通信網を遮断する攪乱工作を開始したのであった。本書の「はじめに」で紹介した、ビルマ義勇軍と日本軍の連携が紙芝居に描かれた一年後、義勇軍から昇格したビルマ国軍は日本軍への叛乱を選んだのである。だがこれは盟主日本への「背反」の序曲に過ぎなかった。

「「タイ」国朝野の通敵行為又は背信行為の危険」

最高戦争指導会議は、四四年九月五日に「対「タイ」施策に関する件」を決定し、「「タイ」国朝野の通敵行為　又は背信行為の危険に対しては　常に探査を怠ふ〔原文ママ「ら」〕さると共に　最悪の事態の発生を能ふ限り防止し　又事態の急変に即応するの方策を考究するものとす」[95]と、タイ国軍との軍事衝突への対応を始めた。

四四年一二月、英印軍の進軍を阻止するために、泰国駐屯軍の作戦軍への転換がはかられ、第三九軍が編成された。四五年一月にはスマトラから第四師団が派遣され第三九軍に編入された。同一月に策定された第三九軍作戦計画の大綱では、方針として「軍は泰国と協同して　泰就中《なかんずく》中部泰を安定確保して　南方軍の兵站基地たらしむ」とされ、第四師団がタイ北部、編立混成第二九旅団が南部、独立歩兵第一六二大隊を中心としたバンコク防衛隊が首都を担当する計画が立案された。[96]

　ここではこのように「泰国と協同」することが示されていたが、それはあくまでも表向きの方針にすぎなかった。現地日本軍はこの時すでにタイ国政府要人への監視を行い、タイ国軍隊、警察組織の背反の場合には、機先を制して武装解除を行うことなどを決定していたのである。

バンコク籠城戦の想定

　だが事態はさらに悪化することになる。先述のように四五年三月にビルマのマンダレーが陥落、五月には首都ラングーンが陥落した。タイ国内では厭戦《えんせん》ムードが広まるばかりか、「一般国民のみならず中堅官吏層の「サボタージ」軍隊及○○〔二字分不明瞭　「警察」か〕の対日非協力乃至反日的策動の事例　益《ますます》頻発」する状態に陥ることになった。[97]

「軍側特に総軍方面に於て　「タイ」側に対する或る種の強力発動の問題か　内密に論議せられ居る模様」だと察知した駐タイ国大使山本熊一は、「当地出張の総軍首脳部に対し　対「タイ」策の根本義　並に「タイ」国民性等に鑑み　「タイ」国官民か何物にも代へて擁護せんとする主〔原文ママ「自主」〕独立の観念を毀損《きそん》することの　危険にして結局我方に取り不利な所以《ゆえん》の説得に努力」していた。[98]

　だがそれにもかかわらず、第一八方面軍は一九四五年六月上旬には「泰国軍の背叛を未然に封殺し、最悪の場合に於ても盤谷《バンコク》防衛隊は、優勢なる敵の包囲に対し　孤立して少くも約三個月間　盤谷市の要点を確保し、軍攻勢の支撐《しとう》たらしむ」ことを目的とする計画を立案した[99]。そしてバンコク駐留各部隊は、兵営および司令部に防禦陣地を構築し、「軍司令部を核心として、半円形に連接し、別にドムアン飛行場は、砲兵一中隊を増加し、主として敵空挺の降下を防止し得る如く最も堅固に築城す」というように、タイ国軍の背反と英印軍の誘因を想定して、「孤立防禦」計画を立案した。一般市民を巻き込みながらのバンコク市街地戦計画が立てられたのである。

七月一七日の最高戦争指導会議では、この事態に対する方針が討議され、武力処理の回避が正式に決定された[100]。ここで注目したいのは、その判断の根拠とされた内容である。

実利的見地より言ふも「タイ」国に対して武力処理の挙に出づるが如きことあらば伝統的に自主独立を何物よりも重視する「タイ」国民の総反抗を招き収拾すべからざる事態を招来することとなる公算極めて大であ〔る〕

ここには皮肉にも、一九四五年七月という段階になって、ようやく「伝統的に自主独立を何物よりも重視する」というタイ国民の他者性の意味が、中央の政策決定過程にも活かされることになった事実が示されていた。本書で見てきたように、在タイ国大使が幾度となく本国に伝えていたのは、日本の指導を不満的にながめるタイ国民の姿であり、自国を対等に扱おうとしなかった日本への批判を隠そうとしなかったタイ国政治家らの姿であった。ここには一九四五年七月になって、その意味を学んだ日本の政策指導者らの姿が表れていた。だが帝国日本に残された時間はなかった。

帝国の敗北

八月六日の広島への原爆投下、八日のソ連の対日参戦通告、九日の長崎への原爆投下をうけてポツダム宣言の受諾が決定され帝国日本は敗北した。八月六日の原爆投下によって、広島高等師範学校や広島文理科大学に在籍していた南方特別留学生のうち九名が被爆し、四名が命を落とした。シャリフ・アディル・サガラらは広島の興南寮で被爆したが、日本人医師の治療によって何とか生き延びた。

日本が敗北すると、次にソ連の支援によるインド独立を計画したチャンドラ・ボースは、八月一七日に九七式重爆撃機に搭乗し、サイゴン空港を発って満州へと向かった。だが一八日に給油のために立ち寄った台北の飛行場で、搭乗機が離陸に失敗して炎上、負傷したボースは同夜半に死去した。

ジャカルタでは、八月一六日に海軍少将前田精《ただし》らがスカルノら独立準備委員会のメンバーを公邸に招いて独立を協議させ、翌一七日にインドネシア人の手になる独立宣言が公表された。日本に滞在中であった南方特別留学生らにとっても日本の敗北は衝撃であった。ジャワやスマトラからの留学生らは、インドネシアが再びオランダ政府の管理下に置かれることになったことに反発して帰国せず、ある者はその言語能力を活かして、進駐軍の通訳になって糊口《ここう》をしのいだ。

「遂に敗けたのだ。戦いに破れたのだ。夏の太陽がカッカと燃えている。眼に痛い光線。烈日の下に敗戦を知らされた」と、[101]八月一五日正午の玉音放送を聞いた時の一瞬を記した高見順は、その後、新橋にあった文学報国会の事務所への道すがら、思いのほか平静そのものであった一般民衆の姿と対照的に、何故か街中の兵士の姿が「しょげて見え」、「何んだか捕虜のよう」に見えてしまうことに、敗戦の現実を見た。その高見は、帰宅後に自らの内面にわき上がった想念を次のように記した。

ビルマはどうなるのだろう。ビルマには是非独立が許されてほしい。私はビルマを愛する。ビルマ人を愛する。

日本がどのような姿になろうと、東洋は解放されねばならぬ。人類のために、東洋は解放されねばならぬ。[102]

日本が敗北した日に高見順をとらえたのは、共に過ごしたビルマ人への想いだったのである。

大東亜共栄圏後の東南アジア

一九四五年八月後の東南アジアの状況は多様な展開を見せることになる。大東亜共栄圏以前の「旧宗主国」を解放者として歓迎したのはフィリピンだけであった。フィリピンは戦前からの計画通りに、一九四六年に独立した。後述するように、滞在中の日本で敗戦を迎えたフィリピン共和国大統領ラウレルは、戦犯容疑で訴追されたが、一九四八年に恩赦を受けて五一年に上院議員に返り咲いた。

ビルマは、一九四八年一月にビルマ連邦としてイギリス連邦からの独立を果たした。だが、日本軍に反旗を翻したアウン・サンはビルマ人同士の政争の結果、一九四七年に暗殺されている。[103]

日本軍による一九四五年三月の明号作戦の結果、仏印領域では、バオ・ダイがベトナム帝国を、シアヌークがカンボディア王国を、シーサワーンウォンがラオス王国を建国した。日本の敗戦直後の八月革命によって権力を掌握したホー・チ・ミンは、バオ・ダイを退位させて九月二日にベトナム民主共和国独立を宣言した。そしてその後、再植民地化を図ったフランス軍と一九五四年まで、ついで一九七五年までアメリカとの独立戦争を戦い続けた末に南北ベトナムの統一を果たした。

タイでは、ピブーンのライバルでもあった自由タイ系の政治家らが、タイへの再進出を図る英帝国とアメリカとの対立を利用しながら、対英・対米宣戦布告の取り消し要求を勝ち取り、タイ国の保全に成功した。[104] その間に一時引退を迫られていたピブーンは、一九四八年に首相の地位に返り咲いたが、一九五七年の軍事クーデターで国を追われ、日本に亡命して相模原市で生涯を終えた。

インドネシアでは、再上陸してきたオランダ軍に対して、日本軍政下で軍事訓練を受けた義勇軍部隊を中心に、残留日本兵も参加した反オランダ闘争が沸き起こった。四年に及ぶ闘争の末、インドネシア共和国は一九四九年に自らの手で独立を勝ち取った。

ではその間、大東亜共栄圏構想にかかわった日本の政策決定者たちは何をしていたのだろうか。

おわりに

極東軍事裁判の被告たち

外相退任後に結核を再発した松岡は、静養中の長野県で八月一五日を迎えた。松岡は戦後自らに逮捕状が出たことを知って上京したが、体調は回復しなかった。一九四六年二月に巣鴨プリズンに収容された松岡に対しては、米法務官による四六年三月六日から二九日まで一三回の尋問が行われた。[1]国際検察局（IPS）の尋問調書を読む限りにおいて、質問の焦点は主に三国同盟、日ソ中立条約や日米交渉に絞られ、例えば三月七日の尋問においては、一九四〇年八月一日の共栄圏構想の発表について事実確認などはなされたものの、それ以上に詳細な大東亜共栄圏をめぐるやり取りがあったことは確認できない。[2]松岡はそれでも病身をおして五月三日の極東軍事裁判の開廷日に出廷した。その姿を目撃した朝日新聞社の記者は、重光葵に続いて到着した松岡の姿を次のように記している。[3]

松岡洋右元外相。ごましおのあごひげ、眼の光の黄昏《たそがれ》に似た鈍さ。やせこけて、これがあの松岡かと変わりはてたはかなさである。

松岡は五月六日の罪状認否では一人だけ英語で無罪を主張して気概を見せたが、その後は法廷に立つことのないまま、一九四六年六月二七日に世を去った。松岡が戦後、大東亜共栄圏について極東軍事裁判の場で弁明することはなかったのである。

松岡以外の大東亜共栄圏建設に関わった多くの被告たちは、共謀罪に問われることを恐れたのか、大東亜共栄圏構想について積極的に発言しようとはしなかった。一方で極東軍事裁判を機会として、大東亜共栄圏の意義を再提起しようとしたのが、首相退任後は表舞台から遠ざかっていた東條英機であった。

東條は開廷以降、自らノート十数冊に及んだメモを取り続け、弁護人であった清瀬一郎らに編集させた「口述書」を一九四七年一二月二六日の法廷に提出した。この「口述書」は一九四六年四月ごろから毎朝東條と面会した清瀬がその場で東條の口述を筆記し、翌日それを東條に見せて確認するといった作業をへて完成したものであった。[4]

現在に至るまで何度もタイトルを変えて出版され、いわゆる「解放戦争論」の根拠ともなってきた口述書はどのような内容だったのか。ここでは四八年一月刊行という、もっとも初期に刊行された口述書を使って分析してみたい。東條は自らの関わった大東亜政策について次のように述べていた。

> 右武力行使〔対英米開戦を指す〕の動機は申す迄もなく日本の自存自衛にありました。一旦戦争が開始せられた以後に於ては日本は従来採り来った大東亜政策の実現即ち東亜に共栄の新秩序を建設することを努めました。
>
> 大東亜政策の実現の方策としては先づ東亜の解放であり次で各自自由独立なる基礎の上に立つ一家としての大東亜の建設であります。[5]

ではこのような内容は、本当に「大東亜戦争」や大東亜共栄圏がアジア解放の成果であったという根拠になりえるのだろうか。東條がここで述べていたのは、戦争目的はあくまでも「自存自衛」のみにあり、「戦争が開始せられた以後に於ては」「東亜の解放」が目指されただけであった、という事実である。この点は、本書第二章でみたように、東條が一九四一年一一月の段階で、中国大陸からの撤兵という対米交渉の条件はのめないが、東南アジア地域を含む「南西太平洋」への侵攻作戦は対米妥協のために撤回してもよい、と述べていた事実とも符合する。[6] すなわち東條は「口述書」において、その戦争がそもそもはアジア解放を目的としていたわけではなかった事実を率直に述べていたのである。東條は「大東亜政策の眼目」についても次のように述べていた。

> 大東亜政策の眼目は大東亜の建設であります。大東亜建設に関しては当時日本政府は次のような根本的見解を持して居りました。抑々《そもそも》世界の各国が各々その所を得、相寄《あいよ》り相扶《あいたす》けて万邦共栄の楽を偕《とも》にすることが　世界の平和確立の根本要素である。而して特に大東亜に関係深き諸国が互に相扶け各自の国礎に培ひ　共存共栄の紐帯を結成すると共に　他の地域の諸国家との間に協《きょう》和《わ》偕楽《かいらく》の関係を設立することが　世界平和の最も有効にして且つ実際的の方途である。
> 是れが大東亜政策の根底を為す思想であります。[7]

確かに「相寄り相扶けて」「平和」を願っていくべきだとする内容そのものは、これを国家ではなく個人に置き換えても構わないような、一般道徳としても通用しえるものとも読めよう。

だが本書第四章でみてきたように、独立を許与したはずのビルマに対して、東條自身が「「ビルマ」

国は子供と云ふよりは寧ろ嬰児なり　一から十迄我方の指導の下に在り」と評価し、[8]「我方としては武力の存在する限り「ビルマ」の喉元を押へ居ることは腹の中にては充分承知し居るも　小国には小国の僻みあり」とも述べていたことを考えれば、[9]大東亜共栄圏が「相寄り相扶けて万邦共栄の楽を偕にする」ようなものだとは、東條自身が考えていなかったことは明らかではなかったか。

東京裁判では多数の政策文書が押収されたが、この時の発言を記載した枢密院文書は含まれなかった。もしこの時の文書が押収され、東條に示されていたとすれば、さすがの東條もこのようには口述できなかったはずである。

だが戦犯裁判に関わって、大東亜共栄圏構想への評価をあえて表明しようとした人物は他にも存在した。本書を閉じるにあたって最後に注目していきたいのは、大東亜共栄圏を美化しようとした弁明ではなく、それを冷徹に眺めていた人物による大東亜共栄圏への評価である。

「これらより無謀なものであるとは言えなかった」

巣鴨プリズンに収容されたのは日本人のみではなかった。フィリピン共和国大統領ラウレルは、一九四五年八月一五日を、家族やベニグノ・アキノらと共に奈良ホテルで迎えた。[10]ラウレルは九月一四日に自ら連合国総司令部に連絡を取り、翌一五日から政治犯として横浜拘置所に収容されることになる。ラウレルは唯一所持を認められた書籍の余白に、大東亜共栄圏建設に参加した自らの覚書をしため始め、一一月一六日に横浜から巣鴨プリズンに移送されてからも書き続け、一二月末には全七三章におよぶ回顧録を書き上げた。自らにかけられていた戦犯疑惑を晴らすことを念頭に置いていたはずの回顧録では、大東亜共栄圏について意外ともいうべき次のような評価が加えられている。[11]

共栄圏――緒戦の成果によって、日本の物理的勢力圏に入れられたフィリピンは、他国同様、引力の法則に従わざるを得なかった。これは賢明ではなかったが、不賛成の態度もとれなかった。

一方において、政治的イデオロギーとしての共栄圏思想は、すべてのアメリカ主義、違った形のモンロー主義、地域勢力圏機構（regional orbit organizations）、半球ブロック、カルロス・ロムロ（Carlos Romulo）将軍のマレー連邦、などの思想と対比して、これらより無謀なものであるとは言えなかった。

もし西欧諸国が東洋諸国を差別待遇し、〝ヨーロッパ人のためのヨーロッパ〟〝アメリカ人のためのアメリカ〟〝ロシア人のためのロシア〟という政策をとっていたとしたら、東洋人が団結して、〝アジア人のためのアジア〟〝中国人のための中国〟〝フィリピン人のためのフィリピン〟と唱えてはなぜいけないのか？


原則的に、共存と協力を意味する共栄圏の思想に反対する者はいなかったはずである。

大東亜会議時のラウレル大統領と東條首相

この引用箇所に続けて、「共栄圏の思想を地域的なものでなくて、全世界的で文明的なものにするためには、もっと一般に分かりやすいものにしなければならなかった」、「共栄圏の思想は、太平洋憲章〔大東亜宣言のこと〕よりもむしろ大西洋憲章の中に多く盛られている」とも述べていたラウレルは、大東亜共栄圏構想を無批判に賛美したわけではなかった。だが日本の被告らの多くが自ら口を閉ざしたのに対して、ラウレルは正面から大東亜共栄圏構想に向き合ったのである。

ラウレルがここで問うたのは、モンロー・ドクトリンといった勢力圏構想が存在していた「西欧諸国」中心の世界の在り方そのものが、大東亜共栄圏構想への賛同者を産んだ事実である。自己の保身よりも、「西欧諸国が東洋諸国を差別待遇し」てきたことへの真摯な反省を迫ることを選んだラウレルは、フィリピン統治の実態を誰よりもよく知るはずのマッカーサーに、そのような大東亜共栄圏の意味を突きつけようとしたのではなかったのか。

傍観者の視線

かつてF機関を率いてINA（インド国民軍）と共闘していた藤原岩市は、八月一五日を福岡衛戍《えいじゅ》病院の病床で迎えた。一〇月半ば、藤原はGHQを介して召喚状を受け取ることになる。藤原はイギリスがINA将兵の反逆罪を裁くためにデリーで開廷した軍事法廷に、インド人側証人として召喚されたのであった（その後、藤原はシンガポールに移送され、戦犯容疑の尋問を受けることになる）。

藤原の見るところでは、イギリス側は戦後のインド統治を全きものにするために、INA将兵を厳刑に処すつもりであった。それに対してガンジーやネルーらが率いる国民会議派は、裁判の公開を要求し、INAメンバーらの釈放を求める駆け引きに出ることになる。藤原はその弁護のための証人として、インドに召喚されたのであった。

証人とはいえ、キャンプ内に事実上拘留されていた藤原は、一九四五年一二月に思いがけない人物の訪問を受けることになる。それは第三章でみたように、初期のＩＮＡを率いながら、藤原が組織を離れた後に現地の日本陸軍と対立し、憲兵隊によってシンガポールのチャンギ刑務所に収容されていたモハン・シンであった。藤原の回想録ではその場面は次のように描かれている。

数日後、モ将軍が、鉄条網越しに、私を呼んだ。隣接の面会所裏から。実に、あの事件以来、三年越しの対面である。私は、ぐっと胸にこみ上げるものがあって、しばし言葉も出なかった。見つめ合うお互の眼に、熱いものがにじんだ。鉄条網がなければ、期せずしてかき抱き合ったことであろう。非情な有刺鉄線の間から、掌を差し伸べて、しびれる程固く握りあった。[12]

戦後、名誉を回復したモハン・シンもまた次のように述べている。

最初に私が彼と会った時、彼の顔面は大きな希望で輝いていた。だが、最後に会った時の彼は、苛酷なまでの幻滅と悲哀、そして落胆にさいなまれた形相で、顔は止めどなくほとばしる涙で覆われていた。傑出した人物との出会いで、最初と最後の印象は、我人生の中で忘れ難い重要なものである。[13]

本書第二、第三章でみてきたように、藤原本人がインド独立を心から願ってＩＮＡを支援したことも、そして日本の敗戦後、インド国内で復権を果たそうとしていたＩＮＡメンバーらが、藤原を支援したことも確かだったであろう。

ともすればこのような側面は、「解放」論者から評価され、大東亜共栄圏こそがアジア解放の証であった根拠ともされてきた。だが藤原が回想録の諸所にしるしたのは、ＩＮＡの意思を尊重しなかった陸軍中央への批判であり、[14] 初戦の勝利におごった日本軍上層部への非難であった。[15]

では藤原は何を訴えたかったのだろうか。藤原はＩＮＡ側の証人としてデリーのキャンプにいた時の光景を、次のような感慨をもって記している。

私達は毎朝、フォート〔ムガール帝国時代の王城であったレッドフォート〕の一角に収容されているＩＮＡ将兵数百人が、合唱するＩＮＡ軍歌の勇壮なる歌声に目を醒ました。英軍当局再三の制止を峻拒《しゅんきょ》して続けているのである。[16]

藤原が強調したかったのは、このように「ＩＩＬ〔インド独立連盟〕やＩＮＡの盟友は、最も清純な祖国愛にもとづき、自主的に決起したもので、断じて日本の傀儡でなかった」事実である。[17] 藤原は、自らがＩＮＡを支援した実績よりも、インド人自体がその組織を育み、ガンジーやネルーら国民会議派らと共に、自らの手で英帝国の植民地支配からの脱却を果たした歴史を後世に伝えたかったのであった。

さらにデリーからシンガポールに送られ、戦犯容疑の尋問を受けながらチャンギ刑務所で二年余りを過ごした藤原は、その間の心境を次のように記している。

この間、私は、青空に切り立つ高い獄の塀越しに、或は又、小鳥の巣箱の出入口程の小さい独房の丸窓越しに、印度、ビルマ、インドネシヤ、ヴェトナムのすさまじい独立抗争と民族の雄叫びを見聞して、アジアの曙を全身全霊をもって感得することができた。[18]

このように傍観者にしかなれなかった戦後の藤原が「独房の丸窓越しに」見聞したのは、「印度、ビルマ、インドネシヤ、ヴェトナム」の人々が自らの力で勝ちとった「アジアの曙」である。現在においても、解放か支配かというイデオロギー対立のはざまにあって、歴史学者も取り上げることが少ない藤原とF機関である。だが藤原はその独立が、自らも関わっていた大東亜共栄圏の成果ではなく、南アジアや東南アジアの人々の「すさまじい独立抗争と民族の雄叫び」によってもぎ取られたものだったことを、「全身全霊をもって感得」できる感覚を持ち続けていた人物であった。

現在につながる交流

第三章で登場したボロブドゥール遺跡を発掘した千原大五郎は戦後の抑留を経て帰国した後、金沢工業大学や拓殖大学を経て上智大学で教鞭をとることになる。千原は一九七二年にユネスコとインドネシア政府からの推薦を受けて、ボロブドゥール保存国際技術諮問委員会の委員に就任し、ふたたびインドネシアにわたり遺跡保存のための技術指導にあたった。この時に千原と共に、世界から五名のみが選出された委員となったのは、軍政下のバンドン工業大学の教員として机を並べていたインドネシア人研究者、ロセノ（Roosseno Soerjohadikoesoemo, 1908-1996）であった。大東亜共栄圏の中で育まれた千原とロセノの交流は続いていたのである。

千原は一九八二年にイコモス（国際記念物遺跡評議会）の執行委員に選ばれ、東南アジア各地の遺跡の保存活動に携わった。[19] 上智大学で長くアンコールワットの調査に携わり、カンボディア人自らによる遺跡保存活動の道を開いた上智大学元学長、石澤良昭は千原の弟子である。千原の大東亜共栄圏下の異文化体験は、後継者へと引き継がれながら日本と東南アジアの学術交流を導き続けている。

第四章に登場した南方特別留学生の一人であったアブドゥル・ラザクは戦後、マラヤ工科大学の教員となり、日本への研修生派遣に尽力した。[20] ジャワからの南方特別留学生、モハマッド・スジマンは、戦後も日本での滞在を続け、京都大学卒業後に進駐軍の法律アドバイザーをつとめ、一九五〇年一一月にオランダからの独立を果たしたインドネシアに帰国した。スジマンはその後に母国の文部省に勤務し、他の南方特別留学経験者らと共にダルマ・プルサダ大学の設立にかかわり、退職後には同大学の副学長に就任して、日本語教育の普及に努め続けた。

おなじく南方特別留学生の一人であったハッサン・ラハヤは、インドネシアの国会議員となってインドネシア元日本留学生協会（プルサダ）やダルマ・プルサダ大学の創設にも深くかかわり、日本とインドネシア両国の友好関係の強化にも努めた。ラザクとラハヤと共に学んだペンギラン・ユソフは、帰国後、初代ブルネイ国首相となった。ユソフは首相退任後の二〇〇一年から二〇〇二年にかけて駐日ブルネイ大使を務め、ブルネイと日本の友好関係を築いた。

二〇一三年二月から四月にかけて、南方特別留学生として広島文理科大学に学び、被爆したアブドゥル・ラザクとハッサン・ラハヤ、ペンギラン・ユソフの三名に対して、広島大学は名誉博士号を贈った。[21] 大東亜共栄圏がもたらした解放でも植民地支配でもない交流は今も花開きつづけているのである。

注

「はじめに」

1　経済史分野での代表的な研究は以下の通りである。小林英夫『「大東亜共栄圏」の形成と崩壊』(御茶の水書房、一九七五年)、疋田康行編著『「南方共栄圏」——戦時日本の東南アジア経済支配』(多賀出版、一九九五年)、同「「大東亜共栄圏」における経済統制と企業」(『岩波講座「帝国」日本の学知』第二巻、岩波書店、二〇〇六年)、山本有造「「大東亜共栄圏」交易論」(『人文学部研究論集』二〇号、二〇〇八年七月)、同「「大東亜共栄圏」と日本の対外収支」(『人文学部研究論集』二二号、二〇〇九年七月)、同「「南方圏」交易論——市場から資源へ貿易から交易へ」(『人文学部研究論集』二四号、二〇一〇年七月)、同『「大東亜共栄圏」経済史研究』(名古屋大学出版会、二〇一一年)、柴田善雅『占領地通貨金融政策の展開』(日本経済評論社、一九九九年)、同『南洋日系栽培会社の時代』(日本経済評論社、二〇〇五年)、安達宏昭「「大東亜建設審議会」と「経済建設」構想——「大東亜経済建設基本方策」の形成をめぐって」(『史苑』六五巻一号、二〇〇四年一一月)、同「「大東亜建設審議会」と「経済建設」構想の展開——「大東亜産業(鉱業、工業及電力)建設基本方策」を中心に」(『史苑』六六巻一号、二〇〇五年一一月)、同「戦時期の「大東亜経済建設」構想——「大東亜建設審議会」を中心に」(同時代史学会編『日中韓ナショナリズムの同時代史』日本経済評論社、二〇〇六年)、同「「大東亜建設審議会」と「食糧自給」構想」(『歴史』一〇八号、二〇〇七年四月)、同「「決戦体制」下の「大東亜建設審議会」と繊維原料増産——綿花を中心に」(『東北大学文学研究科研究年報』五八号、二〇〇八年)、同「「決戦体制」下の「大東亜建設審議会」と鉱産資源開発」(『日本植民地研究』第二一号、二〇〇九年)、同「「大東亜建設審議会」論——戦時期の「自給圏建設」をめぐって」(粟屋憲太郎編『近現代日本の戦争と平和』現代史料出版、二〇一一年)、同『「大東亜共栄圏」の経済構想——圏内産業と大東亜建設審議会』(吉川弘文館、二〇一三年)、同「「大東亜共栄圏」論」(『岩波講座　日本歴史』第一八巻、岩波書店、二〇一五年)、倉沢愛子『資源の戦争——「大東亜共栄圏」の人流・物流』(岩波書店、二〇一二年)。

政治史的観点からの研究は、次のようなものを挙げることができる。岡部牧夫・小田部雄次「「大東亜共栄圏」の支配と矛盾」（藤原彰ほか編『太平洋戦争』青木書店、一九八九年）、後藤乾一「「大東亜戦争」の意味」（『講座東南アジア学』第一〇巻、弘文堂、一九九一年）、岡部牧夫「「大東亜共栄圏」論」（歴史学研究会編『戦争と民衆』東京大学出版会、一九九六年）、同「〈大東亜共栄圏〉と東条政権」（『歴史評論』五〇八号、一九九二年八月）、同「大東亜共栄圏の思想」（岡本幸治編著『近代日本のアジア観』ミネルヴァ書房、一九九八年）、山本有造「「大東亜共栄圏」構想とその構造」（古屋哲夫編『近代日本のアジア認識』緑蔭書房、一九九六年）、ピーター・ドウス・小林英夫編『帝国という幻想』（青木書店、一九九八年）、源川真希「「大東亜共栄圏」思想の論理とその帰結」（『人文学報』三〇六号、二〇〇〇年三月）、同『近衛新体制の思想と政治——自由主義克服の時代』（有志舎、二〇〇九年）、山室信一『思想課題としてのアジア——基軸・連鎖・投企』（岩波書店、二〇〇一年）、有馬学「誰に向かって語るのか」（『岩波講座「帝国」日本の学知』第一巻、岩波書店、二〇〇六年）。

外交史からの研究は以下のとおりである。塩崎弘明『日英米戦争の岐路——太平洋の宥和をめぐる政戦略』（山川出版社、一九八四年）、安部博純『日本ファシズム論』（影書房、一九九六年）、森茂樹「松岡外交における対米および対英策——日独伊三国同盟締結前後の構想と展開」（『日本史研究』四二一号、一九九七年九月）、同「第二次日蘭会商をめぐる松岡外相と外務省」（『歴史学研究』七六六号、二〇〇二年九月）、波多野澄雄『太平洋戦争とアジア外交』（東京大学出版会、一九九六年）、拙稿「外務省「大東亜共栄圏」構想の形成過程」（『歴史学研究』七九八号、二〇〇五年二月）、拙稿「「帝国」と「独立」——「大東亜共栄圏」における「自主独立」問題の共振」（『年報　日本現代史』第一〇号、現代史料出版、二〇〇五年）、拙稿「日米交渉と「大東亜共栄圏」問題——「井川交渉」を中心に」（『東北学院大学論集　歴史と文化』四三号、二〇〇八年）、拙稿「「独立」国という「桎梏」」（『岩波講座　東アジア近現代通史』第六巻、岩波書店、二〇一一年）、拙著『帝国日本の拡張と崩壊——「大東亜共栄圏」への歴史的展開』（法政大学出版局、二〇一二年）。

2
インドネシア史からの研究としては、倉沢愛子『日本占領下のジャワ農村の変容』（草思社、一九九二年）、同編著『東南アジア史のなかの日本占領』（早稲田大学出版部、一九九七年／新装版、二〇〇一年）、後藤乾一『昭和期日本とインドネシア——一九三〇年代「南進」の論理・日本観の系譜』（勁草書房、一九八六年）、同『日本占領期インドネシア研究』(龍溪書舎、一九八九年)、同『近代日本と東南アジア——南進の「衝撃」と「遺産」』(岩波書店、一九九五年)、Ken'ichi Goto, *Tensions of empire: Japan and Southeast Asia in the colonial and postcolonial world* (edited and with an introduction by Paul H. Kratoska, Athens, Ohio: Ohio University Press, 2003) 等がある。

フィリピン史の立場からは、池端雪浦編『日本占領下のフィリピン』(岩波書店、一九九六年)、リディア・N・ユー・ホセほか編『近現代日本・フィリピン関係史』(岩波書店、二〇〇四年)、中野聡『フィリピン独立問題史——独立法問題をめぐる米比関係史の研究(一九二九—四六年)』(龍溪書舎、一九九七年)、同『歴史経験としてのアメリカ帝国——米比関係史の群像』(岩波書店、二〇〇七年)などがある。

タイ史からは、市川健二郎『日本占領下タイの抗日運動』(勁草書房、一九八七年)、村嶋英治「日タイ同盟下の軍費交渉」(『東南アジア 歴史と文化』二一巻、一九九二年六月)、同「日タイ同盟とタイ華僑」(『アジア太平洋研究』一三巻、一九九六年)、同『ピブーン——独立タイ王国の立憲革命』(岩波書店、一九九六年)、吉川利治『同盟国タイと駐屯日本軍——「大東亜戦争」期の知られざる国際関係』(雄山閣、二〇一〇年)などがある。

ビルマ史では、根本敬「ビルマのナショナリズム——中間層ナショナリスト・エリートたちの軌跡」(『岩波講座 東南アジア史』第七巻、岩波書店、二〇〇二年)、同「ビルマの独立——日本占領期からウー・ヌ時代まで」(『岩波講座 東南アジア史』第八巻、岩波書店、二〇〇二年)、同『抵抗と協力のはざま——近代ビルマ史のなかのイギリスと日本』(岩波書店、二〇一〇年)、武島良成『日本占領とビルマの民族運動——タキン勢力の政治的上昇』(龍溪書舎、二〇〇三年)、同「カボゥ谷地の米不足とインパール作戦」(『桃山歴史・地理』三九号、二〇〇四年一二月)、同「日本占領期のビルマにおける「ビルマ化」政策」(『京都教育大学紀要』一一〇号、二〇〇七年三月)、同「日本占領期ビルマにおける国立銀行問題」(『史林』九二巻二号、二〇〇九年三月)、同「日本占領期のビルマにおける米不足再考——戦争末期のシャン連合州を中心に」(『京都教育大学紀要』一一六号、二〇一〇年三月)、同「日本占領期ビルマにおける敵国資産の移譲問題——日本とバ・モオ政府の角逐」(『東南アジア 歴史と文化』四三号、二〇一四年)、同「日本占領期のビルマ・ボードウィン鉱山について」(『京都教育大学紀要』一二五号、二〇一四年九月)などがある。

仏印に関しては、吉沢南『戦争拡大の構図——日本軍の「仏印進駐」』(青木書店、一九八六年)、白石昌也『ベトナム民族運動と日本・アジア――ファン・ボイ・チャウの革命思想と対外認識』（巌南堂書店、一九九三年）、同「チャン・チョン・キム内閣成立（一九四五年四月）の背景――日本当局の対ベトナム統治構想を中心として」（土屋建治・白石隆編『東南アジアの政治と文化』東京大学出版会、一九八四年）、同「アジア太平洋戦争期のベトナム」（『岩波講座　東アジア近現代通史』第六巻、岩波書店、二〇一一年）、立川京一『第二次世界大戦とフランス領インドシナ――「日仏協力」の研究』（彩流社、二〇〇〇年）、同「第二次世界大戦期のベトナム独立運動と日本」（『防衛研究所紀要』三巻二号、二〇〇〇年一一月）、同「第二次世界大戦における日本と仏印の関係について――日仏双方の史料的状況を中心に」（『外交史料館報』二二号、二〇〇八年一二月）がある。

マレー、シンガポールについては、明石陽至「南洋華僑と満州事変」（『東南アジア　歴史と文化』一号、一九七一年）、同「第二次大戦中の日本軍政の東南アジアにおける文化政策」（『東南アジア　歴史と文化』一九号、一九九〇年）、同「日本軍政下（昭和一六年〜二〇年）マラヤ、シンガポールにおける抗日運動と剿共作戦」（『軍事史学』二八巻三号、一九九二年一二月）、同「軍政下シンガポール、マラヤにおける日本の教育政策」（『国立教育研究所紀要』通号一二一号、一九九二年三月）、明石陽至編著『日本占領下の英領マラヤ・シンガポール』（岩波書店、二〇〇一年）がある。

二〇〇〇年代に入ってから研究が進みつつある大東亜共栄圏における文化問題に関しては、池田浩士編『大東亜共栄圏の文化建設』（人文書院、二〇〇七年）、姫本由美子「日本占領期のインドネシア文学――啓民文化指導所に集った作家達の作品」（『アジア太平洋研究科論集』二〇号、二〇一一年一月）、藤原辰史『稲の大東亜共栄圏――帝国日本の「緑の革命」』（吉川弘文館、二〇一二年）、後小路雅弘「日本軍政と東南アジアの美術」（『哲学年報』第七二号、二〇一三年三月）などがある。

また人々の体験に焦点を当てた研究としては、中野聡『東南アジア占領と日本人――帝国・日本の解体』（岩波書店、二〇一二年）が大東亜共栄圏研究に新たな研究視点をもたらした。

拙著『帝国日本の拡張と崩壊――「大東亜共栄圏」への歴史的展開』（法政大学出版局、二〇一二年）では、外交・政治面だけではなく、文学者の体験などにも焦点を当てて大東亜共栄圏を考察した。本書はその中でも、第四章から七章の内容を基にしている。

3

4　小山栄三『南方建設と民族人口政策』（大日本出版株式会社、一九四四年）三頁。

「第一章」

1　石田勇治『ヒトラーとナチ・ドイツ』（講談社、二〇一五年）。
2　「昭和一四、一〇二八四、倫敦、四月四日、重光大使発、有田外務大臣宛」『欧米政情一般報告関係雑纂』第一巻（A-2-0-0-X10_001）、外務省外交史料館、B02030772000. 現在、外務省外交史料館、国立公文書館、防衛省防衛研究所所蔵資料の一部は、アジア歴史資料センター（http://www.jacar.go.jp）で公開されている。本書で使用した該当史料にはレファレンスコードを付した。
3　「昭和一四、二五四五五、倫敦、八月一日、重光大使発、有田外務大臣宛」および「昭和一四、二六一四五、莫斯科、八月七日、東郷大使発、有田外務大臣宛」『欧米政情一般報告関係雑纂』第四巻（A-2-0-0-X10_004）、外務省外交史料館、B02030775700.
4　「昭和一四、二八〇〇六、倫敦、八月二二日、重光大使発、有田外務大臣宛」同右史料、B02030775900.
5　「昭和一四、二七九六六、海牙、八月二一日、石射公使発、有田外務大臣宛」同右史料、B02030775900.
6　「帝国外交施策要領〔綱〕私案」（一四、八、二五　欧、二）『支那事変関係一件』第七巻（A-1-1-0-30_007）、外務省外交史料館、B02030529700. なお原本の文字表記が不鮮明であるため、「要領私案」であるのか「要綱私案」であるのかは判別できない。
7　「欧州情勢に対する帝国政府の不介入声明通告に関する件」（外務省情報部発表、昭和一四年九月五日）『欧米政情一般報告関係雑纂』第五巻（A-2-0-0-X10_005）、外務省外交史料館、B02030778000.
8　同右。
9　「昭和一四、三一〇七九、広東、九月八日、岡崎総領事発、阿部外務大臣宛」『欧米政情一般報告関係雑纂』第六巻（A-2-0-0-X10_006）、外務省外交史料館、B02030778800.
10　「事変処理上第三国の活動及権益に対する措置要領案」（昭和一四年六月一五日、省部決定）『支那事変関係一件』第七巻（A-1-1-0-30_007）、同右史料 B02030529700. また同様に、八月二九日に外務省東亜局がまとめた「帝国外交方針（案）」（昭和一四、八、二九、欧亜局訂正）においても、「租界は究極に於て之か回収を目標とする」とされている。同右史料、B02030529700.

11 「帝国の対欧外交政策に関する卑見」（昭和一四年八月二八日、情一、松井事務官稿）同右史料、B02030529700.

12 「依願免本官　内閣総理大臣　男爵平沼騏一郎」『公文別録・親任官任免・明治二十二年〜昭和二十二年』第八巻（昭和十三年〜昭和十五年）（別00226100）、国立公文書館、A03023502800.

13 遠山茂樹・今井清一・藤原彰著『昭和史』（新版、岩波書店、一九五九年）一七二頁。

14 「帝国対欧外交基本方針案」（一四、八、二八　欧亜局）『支那事変関係一件』第七巻、B02030529700.

15 「七〇〇五、第四一九号、昭和一五年三月一六日、倫敦、重光大使発、有田外務大臣宛」『第二次欧州大戦関係一件／各国ノ態度』第一巻（A-7-0-0-8_3_001）、外務省外交史料館、B02032384300. なお注15から42までの内容は、拙稿「外務省「大東亜共栄圏」構想の形成過程」（『歴史学研究』七九八号、二〇〇五年二月）および、拙著『帝国日本の拡張と崩壊――「大東亜共栄圏」への歴史的展開』（法政大学出版局、二〇一二年）第五章の内容を基にしている。

16 「仏印問題に関する対伊申入の件、昭和一五年六月一七日、有田外務大臣発、在伊天羽大使宛」（大久保達正ほか編『昭和社会経済史料集成　第一〇巻　海軍省資料（一〇）』大東文化大学東洋研究所、一九八五年）一八－一九頁。以下『海軍省資料（一〇）』と省略。

17 「昭和一五、一八五九四、華府、六月二六日、堀内大使発、有田外務大臣宛」『帝国ノ対外政策関係一件（対支、対満政策を除く）』第一巻（A-1-0-0-6_001）、外務省外交史料館、B02030012400.

18 「事務連絡委員会小幹事会開催の件」（昭和一五年七月三一日）同右史料、B02030012800.

19 「Z委員会研究事項（欧州戦争後の国際情勢及びこれに対する対策）㈠㈡の研究要領（腹案）」（『海軍省資料（一〇）』五－六頁）などの史料はあるが、実態解明は今後の課題である。

20 この時期に非常に優れた松岡外交の研究を展開したのは森茂樹氏である。森茂樹「松岡外交における対米および対英策――日独伊三国同盟締結前後の構想と展開」（『日本史研究』四二一号、一九九七年九月）、同「枢軸外交および南進政策と海軍」（『歴史学研究』七二七号、一九九九年九月）、同「第二次日蘭会商をめぐる松岡外相と外務省

――「好機便乗的南進」説の再検討」（『歴史学研究』七六六号、二〇〇二年九月）、同「松岡外交と日ソ国交調整――勢力均衡戦略の陥穽」（『歴史学研究』八〇一号、二〇〇五年五月）。また最近の研究としては、森山優『日本はなぜ開戦に踏み切ったか――「両論併記」と「非決定」』（新潮社、二〇一二年）、服部聡『松岡外交――日米開戦をめぐる国内要因と国際関係』（千倉書房、二〇一二年）がある。

21　「五月二二日　第二五回連絡懇談会」『杉山メモ』上巻（原書房、一九八九年）二一一－一二頁。

なお『杉山メモ』とは、陸軍大将杉山元が参謀総長就任中に記した、大本営政府連絡懇談会・連絡会議の審議状況を克明に筆記したメモを基にした史料である。杉山が敗戦後に自決した際、杉山が記録したメモの原本も処理されたと考えられているが、存命中の杉山は参謀本部戦争指導班の部長以上の者を集めて、メモを基にした報告を行っていた。

初代戦争指導班（第二〇班）長、有末次大佐はこの時の総長伝達事項を残らず筆記し、これを浄書し、杉山の点検を受けてから、杉山が花押あるいは捺印した文書を保管していた。この文書を復刻したものが、現在『杉山メモ』と呼ばれている史料群であり（「資料解説」『杉山メモ』上、三－四頁）、昭和天皇の臨席を得れば御前会議となった、政策決定機関としては最上位にあった大本営政府連絡懇談会・連絡会議の議事内容を伝える貴重な史料である。なお現在では防衛省防衛研究所が所蔵している有末の浄書した原本もアジア歴史資料センター上で公開されている。本書ではその原文と対照した上で、『杉山メモ』を使用した。

22　「組閣中四柱会議（荻窪会談）決定」（四〇年七月一九日）（国際政治学会太平洋戦争原因研究部編著『太平洋戦争への道』別巻『資料編』、新装版、朝日新聞社、一九八八年）三二〇頁。

23　「基本国策要綱」『支那事変関係一件』第一五巻（A-1-1-0-30_015）、外務省外交史料館、B02030544700.

24　『松岡外相演説集』（日本国際協会、一九四一年）五頁。

25　「松岡外務大臣車中談（昭和一五年八月一〇日）」『帝国ノ対外政策関係一件（対支、対満政策ヲ除ク）』第一巻、外務省外交史料館、B02030011100.

26　「帝国外交方針案」（昭和一五年七月二四日）同右史料、B02030011100. なおこの時の「帝国外交方針案」にいたる政策案の変化については、拙稿前掲「外務省「大東亜共栄圏」構想の形成過程」および拙著前掲『帝国日本の拡張と崩壊——「大東亜共栄圏」への歴史的展開』第五章で考察している。

27 「世界情勢の変動に対処すべき帝国外交施策要綱（案）」（七月九日）同右史料、B02030010900.

28 安部博純『日本ファシズム論』（影書房、一九九六年）三八五－九五頁。

29 No.273. *The Ambassador in Japan to the Foreign Ministry,* (Tokyo), August 2, 1940, *Documents on German Foreign Policy 1918-1945,* Series D, V.10 (London, H.M's Stationery Office, 1954), pp.393-395.

30 「日独伊提携強化案の説明に関する件（在独来栖大使宛訓令案）」『海軍省資料（一〇）』二六三頁。

31 「日独伊提携強化に関する件、昭和一五年七月三〇日外務省起案」『杉山メモ』上、三三頁。

32 なおこの点に関連して、三国同盟締結には「ドイツ封じ」という目的があったことは、義井博『増補　日独伊三国同盟と日米関係』（南窓社、一九八七年）二一一－一二頁、細谷千博『両大戦間の日本外交』（岩波書店、一九八八年）一五四－五五頁、井上寿一「国際協調・地域主義・新秩序——三国同盟への日本外交の転換過程」（『日本近現代史三　現代社会への転形』岩波書店、一九九三年）、森前掲「松岡外交における対米および対英策」、加藤陽子「大政翼賛会の成立から対英米開戦まで」（『岩波講座　日本歴史』第一八巻、二〇一五年）などでも指摘されている。いずれの論考も優れたものだが、論考の性格上この点を大東亜共栄圏構想と結びつけて詳細に論じたものではない。

33 No.280. *The Foreign Minister to the Embassy in Japan,* (Berlin), May 20, 1940, *Documents on German Foreign Policy 1918-1945,* Series D, V.9 (London, H.M's Stationery Office, 1954), pp.385-386「蘭印に関与せず」『東京朝日新聞』一九四〇年五月二三日附。

34 塩崎弘明『日英米戦争の岐路』（山川出版社、一九八四年）三一八頁。

35 「第八七〇号ノ五（「リ」外相との会談内容）、来栖大使発、有田外相宛」（昭和一五年七月一〇日）『海軍省資料（一〇）』一七〇頁。

36 No.260. *Memorandum by the State Secretary,* (Berlin), July 30, 1940, *Documents on German Foreign Policy 1918-1945,* Series D, V.10 (London, H.M's Stationery Office, 1954), pp.368-369.

37 注29参照。

38 同右。

39 「日本国、独逸国及伊太利国間三国条約」『御署名原本・昭和十五年・条約第九号・日本国、独逸国及伊太利国間三国条約』(御 24359100)、国立公文書館、A03022538200.

40 「帝国外交方針要綱」(一九四〇年九月二八日)『支那事変関係一件』第二巻(A-1-1-0-30_002)、外務省外交史料館、B02030515200.

41 日本国際政治学会太平洋戦争原因研究部編著『太平洋戦争への道』第七巻(新装版、朝日新聞社、一九八七年)六二頁。

42 「対南方策試案」(一九四〇年一〇月四日)『帝国の対外政策関係一件(対支、対満政策を除く)』第一巻(A-1-0-0-6_001)、外務省外交史料館、B02030011600. 同史料は手書きの史料であり、戦後極東軍事裁判に提出される際に複製された可能性がある文書である。

同史料では、(1)として「帝国外交方針要綱(自昭和一五年九月二八日)」、(2)が「対南方策試案(自昭和一五年一〇月四日)」となっている。(1)に関しては、全く同一の原本が別に存在しており(B02030515200)、(2)「対南方策試案」も、本来タイプされた原本が別に存在した可能性があると判断しているが、現在のところ未見である。

またこの「対南方策試案」には作成者の氏名が記載されていないが、当該時期にこのようなグランドヴィジョンを描き、それを書き残せる人物は松岡以外には想定できない。外務省外交史料館には、同案と極めて類似した内容を持つ、松岡の外相就任以前の一九四〇年七月一七日に外務省で作成された「南方政策」という史料も存在しており(『帝国南方政策関係一件(第一次有田声明を含む)』〈A-1-0-0-7〉、外務省外交史料館、B02030016600)、同案は「南方政策」といった既存の政策案に、松岡が新たなアイディアを付加したものだと判断できる。

43 『杉山メモ』上、一七六―一七七頁。

44 「講和の基礎条件の東洋に於ける帝国の地位に及ほす影響に就て」『支那政見雑纂』第三巻(1-1-2-77_003)、外務省外交史料館、B03030277800.

45 ピブーンについては、村嶋英治『ピブーン』(岩波書店、一九九六年)が詳細である。

46 「「タイ」仏印国境紛争調停成立に至る迄の経緯」(昭和一六年三月一三日)『泰国、仏領印度支那間国境紛争一件

（日泰、日仏間保障及政治的了解に関する議定書締結関係を含む）』第一巻（A-4-6-1-F/SI1_001）、外務省外交史料館、B02031243000、および「昭和十六年二月乃至五月「タイ」、仏印国境紛争調停会議調書」（南洋局第二課作成）同右史料、B02031247400. なお同時期の日本と仏印との関係については、立川京一『第二次世界大戦とフランス領インドシナ――「日仏協力」の研究』（彩流社、二〇〇〇年）が詳細である。

47 「連絡懇談会設置の趣意」『杉山メモ』上、一五五頁。

48 「一月三〇日　第七回連絡懇談会」『杉山メモ』上、一六六－六七頁。

49 「対仏印、泰施策要綱ニ関シ奏上　二月一日　允裁」『杉山メモ』上、一六九頁。

50 「一月三〇日　第七回連絡懇談会」『杉山メモ』上、一六五頁。

51 同右。

52 大本営陸軍部戦争指導班『機密戦争日誌』（上、軍事史学会編、錦正社、一九九八年）六一頁。

53 野村吉三郎『米国に使して――日米交渉の回顧』（岩波書店、一九四六年）一二頁。なお注53から63までの内容は、拙著『帝国日本の拡張と崩壊』第四章を基にしている。

54 「松岡大臣の野村大使に対する訓令」（昭和一六年一月二二日、野村大使ノ赴任ニ際シ手交セルモノ）外務省編『日本外交年表並主要文書』下巻（原書房、一九六五年）、四七八－七九頁。

55 中嶋啓雄『モンロー・ドクトリンとアメリカ外交の基盤』（ミネルヴァ書房、二〇〇二年）。

56 たとえば一九一九年八月一七日附の『国民新聞』では、「東亜の事は帝国主として其任に膺《あた》る事は帝国の世界に於ける権利にして且義務也。米国の南北米大陸に於てモンロー主義を把持し、英国は世界に於ける大英帝国主義を把持し日本も東亜に於てモンロー主義を把持す、是れ並行して相戻らざるもの也。近くは石井ランシングの協約の如き、兎も角も米国をして日本の極東に於る優越権を認めしむる迄に漕ぎ付けたるは聊か吾人が快心の事となしたる所なり」と、石井－ランシング協定を例として、東洋モンロー主義の堅持が主張されている。

57 一九六〇年代から始まった日米交渉の研究は、一九八〇年代以後、細谷千博、須藤眞志、塩崎弘明、森山優氏らによって進められてきた。細谷千博『両大戦間の日本外交――一九一四－一九四五』（岩波書店、一九八八年）、細谷千博ほか編『太平洋戦争』（東京大学出版会、一九九三年）、細谷千博編『日米関係通史』（東京大学出版会、一九九五年）、須藤眞志『日米開戦外交の研究——日米交渉の発端からハル・ノートまで』（慶應通信、一九八六年）、同『真珠湾〈奇襲〉論争——陰謀論・通告遅延・開戦外交』（講談社、二〇〇四年）、塩崎弘明『日英米戦争の岐路』（山川出版社、一九八四年）、伊藤隆・塩崎弘明編『井川忠雄日米交渉史料』（山川出版社、一九八二年）、塩崎弘明「ルイス・ストロースと日米交渉の背景」（『純心人文研究』第一号、一九九五年）、森山優『日米開戦の政治過程』（吉川弘文館、一九九八年）、同「近衛新体制の形成と日米開戦」（『国際問題』五四六号、二〇〇五年）、同前掲『日本はなぜ開戦に踏み切ったか』。

また一九九〇年には外務省編『日本外交文書』シリーズの一冊として『日米交渉　一九四一年』が刊行され、二〇〇五年にはアジア歴史資料センターによって、詳細年表を掲載したインターネット特別企画展「公文書に見る日米交渉」も公開された。

58　カトリック信徒であったウォーカーは、ルーズヴェルトのニューヨーク知事時代からの側近であり、ハル国務長官とも良好な仲であったとされている。

59　伊藤隆・塩崎弘明「解題」（伊藤・塩崎前掲『井川忠雄日米交渉史料』）一五頁。「ドラウト覚書」は同書八〇－一一二頁に収録されている。

60　現段階までのところ松岡がこの覚書を受け取った確証はない。だが一方では、その翌月に先述のような野村への訓示が行われていることを考えれば、松岡も覚書の内容を踏まえて、日米両国による勢力圏相互承認が成り立ちえると判断した可能性は残されている。

カトリック教徒の人脈が深くかかわっていた日米交渉には、明らかにバチカン当局の関与があったと考えることができる。現在はその点に関わる史資料は公開されていないが、今後、新史料の公開によって上記の点も含めた日米交渉と松岡の関わりが明らかになる可能性も存在する。

61　*Memorandum Handed to President Roosevelt by Bishop James E. Walsh*, *Foreign Relations of the United States, 1941, vol.IV, The Far East*, pp.14-16.（以下、*F.R.U.S.*, 1941. と省略）

62　*The Secretary of State to President Roosevelt*, Washington, February 5, 1941. *Ibid.*, pp.22-26. 同意見の草案はハミルトン国務省極東部長とホーンベックが作成している。

63 *Ibid.*, p.25.
64 「対独、伊、蘇交渉案要綱」(昭和一六、二、三、連絡会議決定)『杉山メモ』上、一七六頁。
65 「「リッペントロップ」腹案内容」『大東亜戦争関係一件／開戦に直接関係ある重要国策決定書(第二次近衛内閣より開戦まで)』(A-7-0-0-9_49_001)、外務省外交史料館、B02032959700.
66 同右。
67 『杉山メモ』上、二〇〇頁。なおこの時、松岡はルーズヴェルトからの返信を待ったものの、それを得ることは出来ず、帰途にアメリカに立ち寄ることもなかった。
68 「野村大使発、松岡外相宛」(外機密、館長符号、三月一日発、三月二日着)『日、米外交関係雑纂／太平洋の平和並東亜問題に関する日米交渉関係(近衛首相「メッセージ」を含む)』(A-1-3-1-1_3_001)、外務省外交史料館、B02030714300. なお注68から78までの内容は、拙著前掲『帝国日本の拡張と崩壊』第四章を基にしている。
69 *Draft Statement Prepared for the Secretary of State. F.R.U.S., 1941*, pp.64-65.
70 野村前掲『米国に使して』三九－四二頁。
71 グルー駐日大使は四一年四月九日に、平沼騏一郎の発言を紹介する中で、"the East Asia Co-prosperity Sphere"という用語を本国に伝えており、アメリカ側も「大東亜共栄圏」という用語を知らないわけではなかった。*The Ambassador in Japan (Grew) to the Secretary of State*, Tokyo, April 9, 1941. *F.R.U.S., 1941*, pp.131-132.
72 *Memorandum of Conversation, by the Secretary of State*, (Washington,) March 14, 1941. *Ibid.*, pp.77-79.
73 *The Postmaster General (Walker) to the Secretary of States*, (New York,) March 16, 1941. *Ibid.*, pp.95-96.
74 *Ibid.*
75 *Memorandum by the Adviser on Political Relations (Hornbeck)*, (Washington,) April 8. 1941. *Ibid.*, pp.130-131.
76 *Memorandum by the Adviser on Political Relations (Hornbeck)*, (Washington,) April 7. 1941. *Ibid*, pp.123-126.
77 *Memorandum by the Chief of the Division of Far Eastern Affairs (Hamilton) and Mr. Joseph W. Ballantine, Differences Between Japanese Draft and Our Revision of Japanese Draft. Ibid.*, pp.154-158.
78 野村吉三郎「対米試案」(昭和一六年一月一三日)野村前掲『米国に使して』二四－二五頁。

79 「松岡外務大臣「リ」外相会談記録（要領）」『外務大臣其他本省員会談要領集』（A-1-0-0-5_001）、外務省外交史料館、B02030004200／「松岡・リッベントロップ会談要領」（昭和一六年三月二七日）外務省『日本外交文書　第二次欧州大戦と日本』第一冊（六一書房、二〇一二年）三三五頁。

80 「松岡外務大臣「ヒットラー」総統会談記録（要領）」『外務大臣其他本省員会談要領集』同右、同右史料B02030004300／「松岡・ヒトラー会談要領」（昭和一六年三月二七日）外務省前掲『日本外交文書　第二次欧州大戦と日本』第一冊、三三六頁。

81 注79参照。

82 注80参照。

83 「東郷大使発、有田外務大臣宛」（第八七九号の二、至急、館長符号扱、莫斯科、一九四〇年七月四日発、同日着）『日、蘇中立条約関係一件（満州国、外蒙の領土保全並不可侵声明を含む）』第一巻（B-1-0-0-J/R1_001）、外務省外交史料館、B04013480200.

84 「東郷大使発、有田外務大臣宛」（第八七九号の四、至急、館長符号扱、莫斯科、一九四〇年七月四日発、同日着）、同右史料。

85 「東郷大使発、松岡外務大臣宛」（第一一三九号の七、別電、館長符号扱、莫斯科、一九四〇年八月一六日発、同日着）同右史料。

86 「日「ソ」国交調整要綱案に対する意見交換記録」外務省『日本外交文書　第二次欧州大戦と日本』第一冊、三一三頁。

87 『杉山メモ』上、一七七頁。

88 「日ソ中立条約」（昭和一六年四月一三日調印）外務省前掲『日本外交文書　第二次欧州大戦と日本』第一冊、三四七－四八頁。

89 「北樺太利権に関する附属議定書を除く中立条約案への調印をわが方提議について」（建川大使発、近衛臨時外務大臣事務管理宛、一九四一年四月一〇日）同右、三三九－四〇頁。

90 注87参照。

「第二章」

1 「五月三日　第二一回連絡懇談会」『杉山メモ』上巻（原書房、一九八九年）二〇二―〇五頁。
2 「五月一二日　第二三回連絡懇談会」同右、二〇九頁。
3 「五月一五日　第二四回連絡懇談会」同右。
4 「五月二二日　第二五回連絡懇談会」同右、二一四頁。
5 同右、二一一頁。
6 「五月二九日　第二六回連絡懇談会」同右、二一五頁。
7 同右、二一五―一六頁。
8 「五月二二日　第二五回連絡懇談会」同右、二一一頁。
9 同右、二一二頁。
10 森茂樹「第二次日蘭会商をめぐる松岡外相と外務省――「好機便乗的南進」説の再検討」（『歴史学研究』七六六号、二〇〇二年九月）においても、この間の松岡の言動については「場面ごとに使い分けられ、収拾がつかないほど複雑になって行く」とされている。
11 大本営陸軍部戦争指導班『機密戦争日誌』（上、一一月二六日附、軍事史学会編、錦正社、一九九八年）四二頁。
12 同右史料、一二月二一日附、五一頁。
13 「対南方施策要綱」『重要国策決定綴　其一（昭和一五年七月二七日～一六年一二月六日）』（中央―戦争指導重要国策文書―1098）、防衛省防衛研究所、C12120207100／『杉山メモ』上、二二七―一八頁。
14 「対仏印、泰施策要綱」『杉山メモ』上、一六六―六七頁。
15 注13参照。
16 「軍事上経済上政治上の見地より北部仏印と共に南部仏印に速に所要兵力を進駐せしむるの絶対必要なる理由に就て」（昭和一六年六月二三日、大本営陸軍部・大本営海軍部）『杉山メモ』上、二三一―三三頁。
17 同右、二三五―四〇頁。

18 「六月一六日　第三一回連絡懇談会」『杉山メモ』上、二三二頁。
19 「六月二七日　第三四回連絡懇談会」同右、二四五－四六頁。
20 同右、二四四頁。
21 「六月三〇日　第三六回連絡懇談会」同右、二四八頁。
22 同右、二四九頁。
23 「情勢の推移に伴ふ帝国国策要綱」『御前会議議事録（昭和一六年七月二日）』（中央－戦争指導重要国策文書－1065）、防衛省防衛研究所、C12120183800.
24 「内閣総理大臣御説明案」同右史料、C12120184000.
25 「軍令部総長説明事項」同右史料、C12120184200.
26 「二月二六日　第八九回連絡会議」『杉山メモ』下巻（原書房、一九八九年）四一頁。
27 「二月二八日　第九〇回連絡会議」同右、四二頁。
28 「六月三〇日　第三六回連絡懇談会」『杉山メモ』上、二四九頁。
29 「日米了解案交渉の経緯」（一六、九、六）同右、三一八頁。
30 同右、三二九頁。
31 「九月三日　第五〇回連絡会議」同右、三〇三頁。
32 「七月一日　第三七回連絡懇談会」同右、二五一－五二頁。
33 「帝国国策遂行要領（御前会議議題）」『帝国国策遂行要領　御前会議議事録（昭和一六年九月六日）』（中央－戦争指導重要国策文書－1067）、防衛省防衛研究所、C12120185100.
34 「内閣総理大臣口述」同右史料、C12120185200.
35 「日米了解案交渉の経緯」同右史料、C12120185400.
36 「御下問奉答」（昭和一六年九月五日）『杉山メモ』上、三一〇－一一頁。
37 「帝国国策遂行要領に関する御前会議に於ける質疑応答資料」『帝国国策遂行要領　御前会議議事録（昭和一六年九月六日）』、防衛省防衛研究所、C12120185600.

38 「別紙　対米交渉要領」『杉山メモ』上、三七九－八〇頁。
39 「帝国国策遂行要領」同右、三七八－七九頁。
40 「第六六回連絡会議」（一一月一日自午前九時～二日至午前一時半）同右、三七三頁。
41 「一一月二日両総長総理列立上奏に方り参謀総長上奏資料」同右、三八三頁。
42 同右、三八二頁。
43 同右。
44 「軍事参議会に於ける質問要旨」（昭和一六年一一月四日）同右、三九五－九六頁。
45 注41参照、三八三頁。
46 同右。
47 注44参照、三九七頁。
48 同右。
49 注40参照、三七六頁。
50 「第七回　御前会議質疑応答の概況」『杉山メモ』上、四〇八頁。
51 白鳥圭志「戦時体制下における日本銀行の金融調節と地方銀行――国際オペレーションとの関連から」（『社会経済史学』第七二巻第五号、二〇〇七年一月）。
52 「軍事参議会に於ける軍令部総長説明」『杉山メモ』上、三九一頁。
53 注50参照、四一〇頁。
54 同右。
55 同右、四〇七－〇八頁。
56 藤原岩市『F機関』（原書房、一九六六年）七四－七七頁。
57 『杉山メモ』上、一七五－七七頁。
58 「上奏案（修正案）南方作戦全般に関する件」『上奏関係綴　其一（昭和一六年一〇月～昭和一六年一二月）』（中央－作戦指導上奏－32）、防衛省防衛研究所、C13071081200.

59　「南方占領地行政実施要領」『大東亜戦争関係一件／占領地行政関係』(A-7-0-0-9_18)、外務省外交史料館、B02032867900.
60　『南方事情展』(南方事情展覧会事務所、一九四一年八月)。
61　「御署名原本・明治二六年・詔勅二月一〇日・在廷の臣僚及帝国議会の各員に告く」『御署名原本・明治二十六年・詔勅二月十日・在廷の臣僚及帝国議会の各員に告く』(御01310100)、国立公文書館、A03020134100.
62　「世界的混乱に対処　八紘一宇の顕現へ」『中外商業新報』一九四〇年一〇月八日附。なお以下の新聞記事については、神戸大学図書館新聞記事文庫 (http://www.lib.kobe-u.ac.jp/sinbun/) を利用した。
63　「日本国独逸国及伊太利国間三国条約締結ニ関スル詔書案」『公文類聚・第六十四編・昭和十五年・第六十八巻・外事一・国際一』(類02349100)、国立公文書館、A02030207600. 以下、次注前までの引用はすべて同じ。
64　群馬県農会『群馬県統制肥料配給自給肥料奨励関係資料』(一九四〇年)。
65　満洲司法協会編『満洲帝国常識模範論説全集』(満洲司法協会、一九四二年) 一〇-一一頁。
66　「齋藤氏の〝舌禍〟問題――政府、善後処置を協議」『大阪毎日新聞』一九四〇年二月三日附。
67　「齋藤氏の質問重大化――陸軍、取消しを要求　けふ陸相、衆議院で反駁」『大阪朝日新聞』一九四〇年二月三日附。
68　「時局協議会より郵送された声明中には二月二日余が衆議院における質問演説中に「皇道の根本原則、八紘一宇の皇謨は理解し難し」と述べたりと記載されてあるが右は全く無根の事柄で余の演説中この如き文句は絶対になく、従ってこの如き無根の事柄を根拠として余に対する非難が加へらるるは以ての外の誤りと思ふのでこの点は直に取消されたい」(「非難受くる理由なし――齋藤氏反駁」『大阪毎日新聞』一九四〇年二月二二日附)。
69　「来るべき東亜新秩序犠牲償ひて余すなし――三相、聖戦真義を宣明」『大阪毎日新聞』一九四〇年二月五日附。
70　「けふ首相、陸海相より今次聖戦の意義闡明――斎藤氏の所論を駁撃」『大阪朝日新聞』一九四〇年二月四日附。
71　「聖戦目的実現は可能　弱肉強食執らず！　近衛声明支持――軍の総意・畑陸相の反駁内容」『読売新聞』一九四〇年二月四日附。
72　「八紘一宇――文相、真意義を闡明〝神武天皇御創業の御精神〟」『大阪毎日新聞』一九四〇年二月一四日附。

73 同右。
74 「帝国は飽まで道義外交　これぞ世界平和への道——毅然、大使命を語る平沼首相」『大阪朝日新聞』一九三九年五月二一日附。
75 「商都頑張りの表情——夜の街を飛ぶ本社号外」『大阪朝日新聞』一九四〇年九月二八日附。
76 「詔書」『大阪毎日新聞』一九四〇年九月二八日附、「日独伊三国同盟成立——大詔を渙発あらせらる　昨日、ベルリンで条約調印」『大阪朝日新聞』一九四〇年九月二八日附、「日独伊三国同盟成る——畏くも大詔渙発さる」『中外商業新報』一九四〇年九月二九日附。
77 高石真五郎「同盟の使命——世界を教育せよ」『大阪朝日新聞』一九四〇年九月三〇日附。
78 白鳥敏夫「主眼は新秩序建設——日独伊同盟成立に際して」『大阪朝日新聞』一九四〇年九月二九日附、外務省外交顧問・白鳥敏夫氏談「同志国家の血盟　歴史に前例なき内容——日独伊三国条約の意義」『東京朝日新聞』一九四〇年九月三〇日附（引用元）。
79 「世界的混乱に対処　八紘一宇の顕現へ——外相訓示」『中外商業新報』一九四〇年一〇月八日附（引用元）、「大東亜経済の緊密化——外相訓示　外交の大理想説く」『大阪朝日新聞』一九四〇年一〇月九日附。
80 三又たかし『ある塔の物語——甦る日名子実三の世界』（観光みやざき編集局、二〇〇二年）。
81 矢部周「松岡外交今後の展開」（『文藝春秋』第一九巻第六号、一九四一年六月）。
82 「帝国国策遂行要綱に関する御前会議に於ける質疑応答資料」（昭和一六年九月六日、参謀本部）『杉山メモ』上、三二二頁。
83 倉沢愛子『資源の戦争——「大東亜共栄圏」の人流・物流』（岩波書店、二〇一二年）。
84 戸部良一『外務省革新派』（中央公論新社、二〇一〇年）。
85 外務省調査部『アジア民族運動と日本英帝国及蘇聯邦』（一九三八年）六五頁。
86 同右、六三－六四頁。
87 守屋典郎「仏印経済と東亜共栄圏経済の今後」（『中央公論』一九四一年一〇月号）。

「第三章」

1　「南方占領地帰属に関する思想調整の腹案」『大東亜戦争関係一件／戦時中の重要国策決定文書集』（A-7-0-0-9_52）、外務省外交史料館、B02032970700.

2　「総理大臣施政演説中対外処理方針の件」（昭和一七年一月一五日、連絡会議決定）『杉山メモ』下巻（原書房、一九八九年）五頁。注2から6までの内容は、拙著『帝国日本の拡張と崩壊――「大東亜共栄圏」への歴史的展開』（法政大学出版局、二〇一二年）第七章を基にしている。

3　「二月九日　第八三回連絡会議」同右『杉山メモ』下、一九頁。

4　「二月二六日　第八九回連絡会議」同右、四一頁。

5　「二月二八日　第九〇回連絡会議」『大本営政府連絡会議議事録』（昭和一七年一月一〇日～一八年一月三〇日）（中央－戦争指導重要国策文書－1133）、防衛省防衛研究所、C12120259000. 同一の史料は『杉山メモ』（下、四一－四五頁）に収録されている。

6　大東亜建設審議会「昭和一七年三月一一日　第一回議事速記録」（企画院・大東亜建設審議会『大東亜建設審議会関係史料』第二巻、復刻版、龍溪書舎、一九九五年）一六頁。大東亜建設審議会については安達宏昭『大東亜共栄圏の経済構想――圏内産業と大東亜建設審議会』（吉川弘文館、二〇一三年）が詳細である。

7　「富集電第二五号、富集団参謀長発、次官宛」『昭和一七年「陸亜密大日記 第一号」』（陸軍省－陸亜密大日記－S17-1-113）、防衛省防衛研究所、C01000005400.

8　富集団司令部「戦時月報（軍政関係）昭一七年三月末日」『戦時月報（軍政関係）』（昭一七．三．末～一七．六．末）（南西－軍政－1）、防衛省防衛研究所、C14060525800.

9　同右。

10　同右、C14060525900.

11　同右。

12　同右。

13　「社説　世界史の改まる日　シンガポール英軍遂に降伏」『朝日新聞』一九四二年二月一六日附。

14 第二五軍軍政部調査班「土侯と統治機構」『第二五軍軍政部資料統計集（一～一〇号）』（昭一七・二・二七～一七・三・三一）、（南西－軍政－11）防衛省防衛研究所、C14060567400.

15 富集団司令部「戦時月報（軍政関係）昭一七年四月末日」『戦時月報（軍政関係）』（昭一七・三・末～一七・六・末）、C14060527200.

16 「「マライ」「スマトラ」各州土侯代表昭南会同に関する件」『ソルタン会同関係書類』（一九四三年一月二〇日）（南西－軍政－36）、防衛省防衛研究所、C14060662400.

17 「土侯会同の際に於ける　軍司令官訓示」同右史料、C14060663000.

18 同右。

19 「土侯代表行動予定時間表」同右史料、C14060662900.

20 『F機関の馬来工作に関する報告』（一九四二年三月一五日）（南西－マレー・ジャワ－123）、防衛省防衛研究所、C14110646200.

21 藤原岩市『F機関』（原書房、一九六六年）二九頁。

22 注20参照。

23 注21、七四－七七頁。

24 注20参照。以下、断りのない次注までの引用はすべて同じ。

25 同右。

26 「三宅喜二郎元大使寄贈史料」『大東亜戦争関係一件／印度問題』（A-7-0-0-9_29）、外務省外交史料館、B02032938100.

27 「印度兵取扱に関する規定」『昭和一七年「陸亜密大日記　第四三号」』（陸軍省－陸亜密大日記－S17-113-225）、防衛省防衛研究所、C01000675100.

28 「特殊労務隊の給与に関する件」『昭和一七年「陸亜密大日記　第一七号」』（陸軍省－陸亜密大日記－S17-42-154）、防衛省防衛研究所、C01000272100. 給与は支払われたが、同時に「特殊労務隊員は印度兵俘虜なるを以て其の給与が皇軍の兵の現地給与を超過するは不可な」りと制限されている（同右史料）。

29 「特殊労務隊編成規定」(南方軍総司令部、一九四二年三月一日)、同右史料。

30 「上奏案　南方占領地域の現状と兵力運用に就て」『上奏関係書類綴　巻一其二(昭和一七年一月〜昭和一七年五月)』(中央－作戦指導上奏－4)、防衛省防衛研究所、C13071038300.

31 「華僑対策要綱」『占領地行政に関する決定綴(昭和一六年一一月〜昭和一八年三月)』(中央－戦争指導重要国策文書－989_1)、防衛省防衛研究所、C12120152300.

32 第二五軍軍政部「華僑工作実施要領」(日附なし)『軍政施行上の諸規定方針　計画領等綴』(一九四二年二月一三日〜一九四四年一月三〇日)(南西－軍政－19)、防衛省防衛研究所、C14060608800.

33 同右史料。

34 「秘電報　富参二電第八五二号　富集団参謀長発、次官・次長宛」(一九四二年三月一七日)、『陸亜密大日記　第一一号』(陸軍省－陸亜密大日記－S17-26-138)、防衛省防衛研究所、C01000167700.

35 この点に関して、藤原岩市は「この頃、シンガポールにおいて、国軍の歴史に拭うことのできない不祥事が展開されていた」として、F機関の機関員に命じて状況を視察させた後に、直接軍司令部を訪ねて、「この結果が、日本軍の名誉のためにも、又原住民の民心把握、軍政の円滑な施行の上にも、決して良い結果をもたらさない」として抗議したことを書き記している(藤原前掲『F機関』二七〇－七二頁)。藤原は「無辜の民との弁別も厳重に行わず、軍機裁判にも附せず、善悪混淆珠数つなぎにして、海岸で、ゴム林で、或はジャングルの中で執行された大量殺害は、非人道極まる虐殺と非難されても、抗弁の余地がない」と明確に述べている(同右)。

36 注34参照。

37 「(陸亜密電)次官より南方軍総参謀長第二十五軍参謀長宛電報案　富参二電第八五二号返」同右史料。

38 注31参照。

39 注8参照。

40 「天長節奉祝行事要項」「戦時月報(軍政関係)昭一七年四月末日」同右史料、C14060527600.

41 同右。

42 「附録第一　日本人に対する敬礼並民族相互の敬礼実施要綱」『戦時月報(軍政関係)』(昭一七．五月末日)(南西

－軍政－1）、防衛省防衛研究所、C14060528400.
43 谷萩那華雄「序」（文化報公会編『大東亜戦争　陸軍報道班員手記　マレー電撃戦』（大日本雄弁会講談社、一九四二年六月）四頁。
44 同右、三頁。
45 井伏鱒二「旅館・兵舎」（初出『時局情報』第七年第二号、一九四三年二月一〇日／『井伏鱒二全集』第一〇巻、筑摩書房、一九九七年収録）。
46 『近衛歩兵第四連隊馬来作戦　戦闘詳報』（昭和一六年一二月九日～一七年一月一一日）（南西－マレー・ジャワ－32）、防衛省防衛研究所、C14110558700.
47 第二五軍軍政部調査班『資料統計集第七号　マレーの人口と人種』（一九四二年三月六日）『第二五軍軍政部資料統計集（一～一〇号）』、防衛省防衛研究所、C14060567100.
48 注43参照。
49 「続刊予告」同右。
50 里村欣三「魂の進撃」『大東亜戦争　陸軍報道班員手記　マレー電撃戦』五八頁。
51 同右、六七－六八頁。
52 堺誠一郎「マレー西岸部隊」同右、三－四頁。
53 同右、五頁。
54 同右。
55 同右。
56 同右、二〇頁。
57 同右、六頁。
58 同右。
59 同右、六－七頁。
60 同右、一七－八頁。

61 同右、九頁。
62 寺崎浩「彼南から(第一信)」『大東亜戦争　陸軍報道班員手記　マレー電撃戦』一一二－一一三頁。
63 同右、一一三－一一四頁。
64 同右、一一四頁。
65 同右、一一四－一一五頁。
66 同右、一一五頁。
67 同右、一一四頁。
68 同右、一一六－一一七頁。
69 同右、一一七頁。
70 同右、一一八頁。
71 井伏鱒二「アブバカとの話」『大東亜戦争　陸軍報道班員手記　マレー電撃戦』二三〇－二三一頁。
72 井伏鱒二「マレー人の姿」『大東亜戦争　陸軍報道班員手記　マレー電撃戦』二七二－二七三頁。
73 同右、二七六頁。
74 北原武夫「爪哇の自然について」(『大東亜戦争　陸軍報道班員手記　従軍随想』(大日本雄弁会講談社、一九四三年六月) 七三頁。
75 北原武夫『雨期来る――ジャワ従軍記』(文体社、一九四三年) 七八頁。
76 同右、七九頁。なお注76から81までの内容は拙著『帝国日本の拡張と崩壊――「大東亜共栄圏」への歴史的展開』(法政大学出版局、二〇一二年) 第八章の内容を基にした。
77 北原前掲『雨期来る――ジャワ従軍記』八一頁。
78 拙著前掲『帝国日本の拡張と崩壊』第八章。
79 北原前掲『雨期来る――ジャワ従軍記』一四七－一四八頁。
80 同右、一四八頁。
81 武田麟太郎『ジャワ更紗』(筑摩書房、一九四四年) 四－五頁。

82　ジャワ新聞社『ジャワ・バル』八号、一九四三年四月一五日附（復刻版、龍溪書舎、一九九二年）。
83　啓民文化指導所に関わったインドネシア人文学者らの作品を分析した研究としては、姫本由美子「日本占領期のインドネシア文学——啓民文化指導所に集った作家たちの作品」（『アジア太平洋研究科論集』第二〇号、二〇一一年一月）がある。
84　武田麟太郎・横山隆一「旅だより」（『大東亜戦争　陸軍報道班員手記　ジャワ撃滅戦』（大日本雄弁会講談社、一九四二年一二月）三〇〇－〇一頁。
85　井伏鱒二『花の町』（『井伏鱒二全集』一〇巻）三〇－三一頁。初出時は「花の街」として『東京日日新聞』・『大阪毎日新聞』に一九四二年八月から一〇月まで連載された。
86　井伏鱒二「昭南日記」（『井伏鱒二全集』一〇巻）一〇八頁。初出は『文学界』第九巻第九号（一九四二年九月）。
87　井伏鱒二「或る少女の戦争日記」（『井伏鱒二全集』一〇巻）一六四－六六頁。初出は『新女苑』第七巻第三・四号（一九四三年三－四月）。
88　同右、一六七－七八頁。なおこの日記を残した少女は、戦火を生き延び、その後は昭南日本学園に入学したとされている。井伏鱒二「待避所」（『井伏鱒二全集』一〇巻）二〇一頁。
89　同右、一七八頁。
90　「陸軍派遣画家　南方戦線座談会」『南方画信』第一輯（陸軍美術協会、一九四二年九月）八頁。
91　伊原宇三郎「大東亜戦争と美術家」（『新美術』六号、一九四二年二月）、河田明久「「作戦記録画」小史1937~1945」（針生一郎ほか編『戦争と美術　1937－1945』国書刊行会、二〇〇七年）一五七頁。
92　福田豊四郎「小鳥」『南方画信』第二輯（陸軍美術協会、一九四二年一二月）頁表記無し。
93　宮本三郎「自序」『宮本三郎南方従軍画集』（陸軍美術協会出版部、一九四三年九月）。
94　宮本三郎「マライの少女」同右、三〇－三一頁。
95　宮本三郎「洋服」同右、三七－三八頁。
96　宮本三郎「戦争画に就いて」同右、五〇－五一頁。
97　宮本三郎「ブキ・テマで戦った兵隊」同右、四頁。

98 宮本三郎「英国兵の捕虜」同右、一一二頁。
99 宮本三郎「画材と伝統」同右、五二頁。
100 武富邦茂『南方の国めぐり』(新潮社、一九四二年)五頁。
101 松原晩香『南方の芝居と音楽』(誠美書閣、一九四三年)三一八頁。
102 厚生省研究所人口民族部編『南方民族図譜』(国際報道株式会社、一九四三年)三頁。
103 拙著『帝国日本の拡張と崩壊』(法政大学出版局、二〇一二年)第八章。
104 当節の内容に関しては、大沢広嗣「日本軍政下ジャワの仏教遺跡ボロブドゥール」(『宗教学論集』第三三輯、二〇一四年)を参照した。

「第四章」

1 「日緬同盟条約及在緬帝国大使館設置の件並に日華課税権に関する条約　枢密院審査委員会議事録(昭和一八年七月二九日)」(B-1-0-0-J/X5)、外務省外交史料館、B04013494600. なお注1から9までの内容は、拙稿「「独立」国という「桎梏」」(『岩波講座　東アジア近現代通史』第六巻、岩波書店、二〇一一年)を基にしている。
2 村嶋英治「日タイ同盟下の軍費交渉」(『東南アジア　歴史と文化』二一号、一九九二年六月)。
3 「「タイ」軍の「ビルマ」進撃に伴ふ対「タイ」措置に関する件」『杉山メモ』下巻(原書房、二〇〇五年)、一二〇－一二二頁。
4 「「タイ」国情勢」(第一六三一号、館長符号扱、盤谷、昭和一七年七月三一日、坪上大使発、東郷外務大臣宛)『大東亜戦争関係一件／館長符号扱来電綴』第六巻(A-7-0-0-9_63_006)、外務省外交史料館、B02033030100.
5 「自由タイ」系政治家らの活動については、市川健二郎『日本占領下タイの抗日運動――自由タイの指導者たち』(勁草書房、一九八七年)が詳細である。
6 「(不明)情報」(第七七四号、盤谷、昭和一七年一一月八日、坪上大使発、東郷外務大臣宛、第七七四号)『大東亜戦争関係一件／館長符号扱来電綴』第三巻(A-7-0-0-9_63_003)、外務省外交史料館、B02033018400.
7 伊藤隆ほか編『東條内閣総理大臣機密記録』(東京大学出版会、一九九〇年)三九頁。

8 「ピヤ、パホン「タイ」国特派使節来訪挨拶の際の会談要旨」（昭和一七年四月二七日、於総理官邸参議室）同右、四一頁。

9 「ピヤ、パホン「タイ」国特派使節離京挨拶に来訪の際の会談要旨」（昭和一七年五月四日、於総理官邸参議室）同右、四六頁。

10 「「タイ」国の対日感情に関する件」（第一六五七号、館長符号扱、盤谷、昭和一七年八月四日、坪上大使発、東郷外務大臣宛」『大東亜戦争関係一件／館長符号扱来電綴』第六巻（A-7-0-0-9_63_006）、外務省外交史料館、B02033030100. また、この四ヵ月後の一二月には、タイ国で崇敬を集めていた僧侶を日本軍兵士が殴打した事件を発端として、日・タイ双方で死者を出したバーンポーン事件も起きている（吉川利治『同盟国タイと駐屯日本軍――「大東亜戦争」期の知られざる国際関係』雄山閣、二〇一〇年、五八－五九頁）。

11 吉田裕「戦局の展開と東条内閣」『岩波講座　日本歴史』第一八巻（岩波書店、二〇一五年）四九頁。

12 前川佳遠理「日本占領期インドネシアにおける現地人兵士たち――兵補制度の展開とその経験の受容」（『上智アジア学』第一五巻、一九九七年一二月）。

13 後藤乾一『日本占領期インドネシア研究』（龍溪書舎、一九八九年）第一章。

14 この時期の重光の外交意見書類は『重光葵　外交意見書集』第三巻（武田知己監修、重光葵記念館編、現代史料出版、二〇〇八年）にまとめられている。

15 「大東亜政略指導大綱」（昭和一八年五月二九日、大本営政府連絡会議決定、昭和一八年五月三一日御前会議決定同日裁可）『大東亜戦争指導　基本大綱等文書綴』（昭和一六．一二．一五～一九．一二．一二）（中央－戦争指導その他－89）、防衛省防衛研究所、C14060855200.

16 同右。

17 「第八十二回帝国議会に於ける内閣総理大臣演説」『帝国議会関係雑件／議会に於ける総理、外務大臣の演説関係』第九巻（A-5-2-0-1_2_009）、外務省外交史料館、B02031345500. なお注17から24までの内容は、拙著『帝国日本の拡張と崩壊――「大東亜共栄圏」への歴史的展開』（法政大学出版局、二〇一二年）第七章（一七一－七四頁）を大幅に加筆したものである。

18　「東條首相議会演説に関する件」（九九一六、昭和一八年六月一六日、主幹調査局、重光外務大臣発、在独大島大使宛）同右史料。
19　「東條首相及ヒ重光外務大臣ノ議会演説反響」（昭和一八年六月一九日、調査四課）同右史料、B02031345600.
20　注17参照、B02031345500.
21　注19参照、B02031345600.
22　注17参照、B02031345500.
23　「東條首相議会演説に関する件」（九三九五、盤谷、昭和一八年六月二四日、坪上大使発、青木大東亜大臣宛）『帝国議会関係雑件／議会に於ける総理、外務大臣の演説関係』第九巻、B02031345600.
24　「東條首相ノ施政方針演説に対する反響に関する件」（秘第四九三号、昭和一八年七月五日、在満特命全権大使梅津美治郎発、大東亜大臣青木一男宛）同右史料。
25　『出版警察報』第一四八・一四九合併号、一九四三年一〇月〜四四年三月、一〇頁／『復製版　出版警察報』（四〇、不二出版、一九八二年）。
26　大本営陸軍部戦争指導班『機密戦争日誌』（下巻、九月二六日附、軍事史学会編、錦正社、一九九八年）四三二頁。
27　東條内閣のこのようなメディア戦略について、吉田裕は『アジア・太平洋戦争』（岩波書店、二〇〇七年）の中で、それが従来の内閣にもみられなかった特徴であったことを指摘し、吉田前掲論文「戦局の展開と東条内閣」では、「東条首相は、映像・音声メディアが急速に発達した時代の政治家であり、そうしたメディアを意識的・本格的に利用した最初の政治家でもあった」（五七頁）と評価している。
28　注1参照、B04013494600. なお注28から35までの内容は、拙稿前掲「「独立」国という「桎梏」」を基にしている。
29　同右、B04013494600. 以下、次注前までの引用はすべて同じ。
30　同右。なおこの時の枢密顧問官には、南弘の他に陸軍大将にして第八代朝鮮総督であった南次郎がおり、両者ともに同会議に出席している。議事録の中でも「南（弘）」と「南（次郎）」が区別されている個所もあるが、当該箇所にはその区別がない。だが議事内容の前後関係と、この後に発言する南について「南（次郎）」という表記があることから、当該箇所の発言者は南弘であると判断した。

31　「「マライ」及「シャン」地方に於ける「タイ」国の領土に関する日本国「タイ」国間条約枢密院審査委員会議事録」（昭和一八年八月一八日）『大東亜戦争関係一件／「タイ」国問題／失地回復問題（東条首相ノ泰国訪問並日、泰共同声明）』（A-7-0-0-9_3_3）、外務省外交史料館、B02032442900.
32　同右。
33　同右。
34　同右。
35　「東條首相南方旅行及「タイ」領土問題の各国に対する反響概要（昭和一八、七、二二）」同右史料、B02032442800.
36　なおこの失地恢復について、古川利治氏はこのうち、特に旧マレー四州の運用はタイにとって負担というべきものであり、またこれとバーターで行われた対日借款によって、タイ国内のインフレが進行したことを指摘している。吉川前掲『同盟国タイと駐屯日本軍』六〇－六一頁。
37　比律賓軍政監部「比律賓共和国憲法（仮訳）」（昭和一八年一〇月）『諸外国内政関係雑纂／比律賓の部』第二巻（A-6-0-0-1_33_002）、外務省外交史料館、B02031588900. なお注37から40までの内容は、拙著前掲『帝国日本の拡張と崩壊』第八章を基にしている。
38　『朝日新聞』一九四三年一〇月八日附。
39　「独立準備委員会に対する現地軍示達経過」（昭和一八年七月二日）『大東亜戦争関係一件／比島独立ト日比同盟条約締結関係』（A-7-0-0-9_46）、外務省外交史料館、B02032953300. この間の交渉についてフィリピン側から考察した優れた研究としては、リカルド・T・ホセ「信念の対決」（池端雪浦、リディア・N・ユー・ホセ編『近現代日本・フィリピン関係史』岩波書店、二〇〇四年）がある。
40　『機密戦争日誌』（下、八月二三日附）四一四頁。
41　「歩兵第二〇連隊　比島全島粛正討伐戦闘詳報（昭和一八年七月一日～一八年一二月三一日）」（比島－防衛－191）防衛省防衛研究所、C13071533200.
42　同右。

43 同右。

44 このようなフィリピンの状態が、日本の宣伝工作にどのような影響を与えたのかについては、中野聡『東南アジア占領と日本人——帝国・日本の解体』（岩波書店、二〇一二年）第三章が詳細である。

45 中野聡『フィリピン独立問題史——独立法問題をめぐる米比関係史の研究（一九二九—四六年）』（龍溪書舎、一九九七年）。

46 南方特別留学生制度の研究としては、後述する倉沢愛子、江上芳郎氏らの研究の他にも後藤前掲『日本占領期インドネシア研究』第四章などがある。一九八九年までの同分野の研究動向については、同書二二四－三五ページに記載がある。

47 倉沢愛子『南方特別留学生が見た戦時下の日本人』（草思社、一九九七年）七四頁。

48 江上芳郎『南方特別留学生招聘事業の研究』（龍溪書舎、一九九七年）九一－九二頁。

49 同右、一〇五頁。

50 同右、第四章。

51 同右、一四七頁。

52 同右、一五一頁。

53 倉沢前掲『南方特別留学生が見た戦時下の日本人』一二八－一二九頁。

54 「大東亜会議並に大東亜共同宣言に関する宣伝実施概況」（情報局、昭和一八、一一、一八）『各種情報資料・主要文書綴（一）』（情 00062100）、国立公文書館、A03025363300.

55 「大東亜会議及び大東亜共同宣言の世界史的意義」『大東亜戦争関係一件／大東亜会議関係／調書ノ原稿』（A-7-0-0-9_48_1）、外務省外交史料館、B02032958600.

56 「第一一回御前会議質疑応答経過概要（次長口述）」『今後採るべき戦争指導の大綱　御前会議議事録（昭和一八年九月三〇日）』（中央－戦争指導重要国策文書－1081）、防衛省防衛研究所、C12120196700.

57 「世界情勢判断」同右史料、C12120196000.

58 「御前会議に於ける外務大臣説明」同右史料、C12120196400.

59 同右。
60 注56参照。
61 「大東亜会議開催に関する帝国政府訓令」『大東亜戦争関係一件／大東亜会議関係』（A-7-0-0-9_48）、外務省外交史料館、B02032957900.
62 『大東亜会議開催に関する経緯概要（執務報告）』（昭和一八年一一月、大東亜省）同右史料、B02032958100.
63 同右。
64 同右。
65 市川前掲『日本占領下タイの抗日運動』第四章。
66 注62参照。
67 同右。
68 「大東亜会議に於ける東條内閣総理大臣挨拶及所見開陳」『大東亜戦争関係一件／大東亜会議関係』、外務省外交史料館、B02032956000.
69 「フィリピン」国代表所見訳文」同右史料、B02032956400.
70 波多野澄雄『太平洋戦争とアジア外交』（東京大学出版会、一九九六年）一七八頁。
71 注62参照、B02032958100.
72 「泰国代表所見訳文」『大東亜戦争関係一件／大東亜会議関係』、B02032956200.
73 『写真週報』二九八号、一九四三年一一月一七日。
74 注62参照、B02032958100.
75 同右。
76 同右。
77 同右。
78 中野前掲『東南アジア占領と日本人』第四章。
79 注62参照、B02032958100.

80 北原武夫「戦いの厳粛さについて」（初出『三田文学』一九四四年四・五月合併号／木村一信編『南方徴用作家叢書 ジャワ篇』一二巻、龍溪書舎、一九九六年）一三三―三九頁。
81 同右。
82 同右。
83 同右。
84 大本営陸軍部『最近ニ於ケル泰国事情』（昭和一九年二月一日）（返赤64012000）、国立公文書館、A03032259400.
85 同右。
86 市川前掲『日本占領下タイの抗日運動』六〇―六一頁。
87 村嶋英治『ピブーン』（岩波書店、一九九六年）二四三頁。
88 中野前掲『東南アジア占領と日本人』第五章。
89 印度国民軍第四遊撃聯隊指導将校陸軍大尉泉達夫『陣中日誌（昭和一九年一一月一日～一一月三〇日）』（南西―ビルマ―257）、防衛省防衛研究所、C14060286900. 以下、次注までの断りのない引用はすべて同じ。
90 野戦高射砲第五一大隊「緬甸国軍高射砲要員前期教育成果」『野戦高射砲第五一大隊 陣中日誌（昭和一六．一二．一～一八．一二．三一）』（南西―ビルマ―281）、防衛省防衛研究所、C14060313200.
91 同右。
92 『緬甸派遣軍作戦経過の概要（昭和一六．一二．中旬～二〇．八．中旬）』第二五章（南西―ビルマ―8）、防衛省防衛研究所、C14060178400.
93 根本敬『アウン・サン――封印された独立ビルマの夢』（岩波書店、一九九六年）一三四―五六頁。
94 『緬甸作戦記録 アキャブ方面 第二八軍の作戦』第六章（南西―ビルマ―440）、防衛省防衛研究所、C14060399700.
95 「対「タイ」施策に関する件（昭和一九、九、五、最高戦争指導会議報告）」『大東亜戦争関係一件／「タイ」国問題』（A-7-0-0-9_3）、外務省外交史料館、B02032441400.
96 『泰作戦記録』（昭和二六年九月調製、復員局）（南西―泰仏印―37）、防衛省防衛研究所、C14060505500. この記録

は元第三九軍参謀陸軍大佐小西健雄の記憶をもとに、復員局資料整理部が編纂したものである。同時期の第一八方面軍の記録は残されていないため、当史料を使用した。
97 「対「タイ」施策に関する件」(昭和二〇年五月二四日、盤谷、山本大使発、東郷大東亜大臣宛)『大東亜戦争関係一件「タイ」国問題』、外務省外交史料館、B02032441400.
98 同右。
99 注96参照、C14060505500.
100 「対泰措置に関する件」最高戦争指導会議付議の際に於ける東郷大臣発言要領案」(昭和二〇年七月一七日)『大東亜戦争関係一件/「タイ」国問題』(A-7-0-0-9_3)、外務省外交史料館、B02032441400.
101 高見順『敗戦日記』(文芸春秋新社、一九五九年)二八一-八四頁。
102 同右、二八四-八五頁。
103 根本前掲『アウン・サン』第四章。
104 市川前掲『日本占領下タイの抗日運動』第七章。

「おわりに」

1 粟屋憲太郎『東京裁判への道』(下巻、講談社、二〇〇六年)一五〇頁。
2 粟屋憲太郎・吉田裕編集・解説『国際検察局(IPS)尋問調書』第一九巻(日本図書センター、一九九三年)一三九頁、三一三頁など。
3 朝日新聞東京裁判記者団『東京裁判』(上巻、朝日新聞社、一九九五年)二九頁。
4 清瀬一郎『秘録 東京裁判』(中央公論社、一九八六年)一四八頁。
5 東京裁判研究会編『東條英機宣誓供述書』(洋洋社、一九四八年一月)一四一頁。
6 『杉山メモ』上、四〇七-〇八頁。
7 東京裁判研究会前掲『東條英機宣誓供述書』一四四頁。
8 「日緬同盟条約及在緬帝国大使館設置ノ件並ニ日華課税権ニ関スル条約 枢密院審査委員会議事録(昭和一八年七

月二九日)」『大東亜諸条約締結経緯関係一件』(B-1-0-0-J/X5)、外務省外交史料館、B04013494600.
9 同右。
10 ホセ・P・ラウレル『ホセ・P・ラウレル博士戦争回顧録』(日本教育新聞社出版局、一九八七年)「緒言」。
11 同右、一五二-一五三頁。
12 藤原岩市『F機関』(原書房、一九六六年)三八一頁。
13 藤原岩市『F機関』(バジリコ株式会社、二〇一二年)三六一頁。『F機関』は何度か異なる出版社から刊行されている。当該箇所のモハン・シンの手記は原書房版には付されていないので、こちらを使用した。
14 藤原前掲『F機関』(原書房)三三〇-三三一頁。
15 藤原は、「シンガポールの改名は、緒戦の成功に驕り、大東亜戦争の大義を忘れ、大英帝国の亜流に溺れんとする日本の混迷がひそんでいた」と批判している。同右、三二九頁。
16 同右、三八〇頁。
17 同右、三六九頁。
18 同右、三二六頁。
19 以上の記述は、石澤良昭「故千原大五郎先生を偲んで」(『東南アジア史学会会報』六七号、一九九七年)を参照した。
20 宇高雄志『南方特別留学生ラザクの「戦後」――広島・マレーシア・ヒロシマ』(南船北馬舎、二〇一二年)。
21 広島大学編『被爆した南方特別留学生への名誉博士号授与の記録』(広島大学、二〇一五年)。

あとがき

私は一次史料が大好きである。本書のどのページをめくってみても目に入るのは一次史料の引用だと思う。歴史学者で史料好きではない人間はいないだろうが、諸先生方の著書を読んでいても、この先生は本当に一次史料を溺愛しているのだなぁ、と息をのむときがある。

本書では一次史料にこだわりながら、一九三〇年代末から四五年までの「当事者の世界」を再現しようと心掛けた。今を生きるわれわれの世界は五〇年後、一〇〇年後にどのように描かれてしまうのか、本書に取り組みながら頭の中から離れなかったのはそのことである。

ちょうど本書の最終段階で、校正をお願いしていた講談社学芸クリエイトの林辺光慶氏（元講談社メチエ編集長）に仙台に来ていただき牛タンを食べながら打ち合わせをしていた時、氏の背中越しの一六型のテレビ画面に映ったのは、「英国ＥＵ離脱決定」というテロップである。離脱派優勢のニュースを耳にしながらも、なんだかんだ言っても最後は残留だろうという、漠然としつつも確たる思い込みが打ち砕かれる衝撃を受けながら、「今日は世界が変わった日になるんでしょうね」と、もぐもぐと牛タンをかみ砕いていた。ちょっとの高揚と諦観と、そしてそれを何事もなかったように洗い流していく日常、それが歴史そのものだとしたら歴史学には何ができるのだろう。

歴史学を因果関係を明らかにするだけの学問だととらえてしまえば、われわれはおそらく知らず知らずのうちに「果」の大きさに搦めとられてしまう。本書で描きたかったのは、結果的に外れてしまった将来予測や、因果関係からこぼれ落ちてしまった当事者の論理である。アメリカとの戦争のためではなかった構想、開戦以後になっても「国防圏と何が違うのか」が総理大臣にもわからなかった構想、だが数百万人に及ぶ日本人と数千万人の東南アジアの人々とが初めて触れ合う広大な接触空間を作った大東亜共栄圏構想は、小さな小さな「因」が絡まりほつれ合いながら作られていった。

東條英機も松岡洋右も、藤原岩市も、そして井伏鱒二も一次史料を残した主体としてはフラットな存在である。彼らは何を予測し、何とたたかい、何を残そうとしたのか。後世を知ってしまったがゆえに傍観者にしかなりえない歴史家ができることは、一次史料のはざまから立ち昇ってくる「当事者の世界の姿」を、明日に伝えていくことであろう。講談社メチエとしては少し多すぎるかもしれない量の注を附したのは、アジア歴史資料センターなどの一次史料へのアクセスを残したかったからである。ご存知の方も多いと思うが、アジア歴史資料センターによって、自宅や職場から、あるいは電車の中からでも歴史的な文書をいつでも閲覧し、保存も印刷もできるようになった。至福の時代が来たものだ。ぜひ多くの方々に実際に一次史料に触れてもらえれば幸いである。

本書執筆の最初のお声がけを講談社の所澤淳氏からいただいてから、はやくも一〇年が過ぎてしまった。前書『帝国日本の拡張と崩壊——「大東亜共栄圏」への歴史的展開』(法政大学出版局)からも三年半が過ぎた。その間もあきらめずに声をかけ続けていただいた所澤氏に深く感謝したい。

本書は科学研究費・若手(B)「異文化問題としての「大東亜共栄圏」の研究」(二〇一二年〜二〇一四年度、課題番号二四七二〇三〇二、研究代表者・河西晃祐)および、基盤研究(A)「比較植民地史:近代帝国の周縁地域・植民地統治と相互認識の比較研究」(二〇一三年度〜二〇一八年度、課題番号二五二四四〇二五、研究代表者・宇山智彦)による成果の一部である。同じく大東亜共栄圏を対象とする研究を続けてきた安達宏昭氏ほか、多くの方々にも感謝申し上げたい。

二〇一六年七月

河西晃祐

大《だい》東《とう》亜《あ》共《きょう》栄《えい》圏《けん》

帝国《ていこく》日本《にほん》の南方《なんぽう》体験《たいけん》

二〇一六年 八月一〇日 第一刷発行
二〇二〇年 七月一四日 第二刷発行

著者 河《かわ》西《にし》晃《こう》祐《すけ》

発行者 渡瀬昌彦
発行所 株式会社 講談社
東京都文京区音羽二丁目一二―二一 〒一一二―八〇〇一
電話 （編集）〇三―三九四五―四九六三
（販売）〇三―五三九五―四四一五
（業務）〇三―五三九五―三六一五

装幀者 奥定泰之
本文データ制作 講談社デジタル製作
本文印刷 株式会社新藤慶昌堂
カバー・表紙印刷 半七写真印刷工業 株式会社
製本所 大口製本印刷 株式会社

ISBN978-4-06-258634-4 Printed in Japan
N.D.C.210 317p 19cm

講談社選書メチエ　刊行の辞

書物からまったく離れて生きるのはむずかしいことです。百年ばかり昔、アンドレ・ジッドは自分にむかって「すべての書物を捨てるべし」と命じながら、パリからアフリカへ旅立ちました。旅の荷は軽くなかったようです。ひそかに書物をたずさえていたからでした。ジッドのように意地を張らず、書物とともに世界を旅して、いらなくなったら捨てていけばいいのではないでしょうか。

現代は、星の数ほどにも本の書き手が見あたります。読み手と書き手がこれほど近づきあっている時代はありません。きのうの読者が、一夜あければ著者となって、あらたな読者にめぐりあう。その読者のなかから、またあらたな著者が生まれるのです。この循環の過程で読書の質も変わっていきます。人は書き手になることで熟練の読み手になるものです。

選書メチエはこのような時代にふさわしい書物の刊行をめざしています。

フランス語でメチエは、経験によって身につく技術のことをいいます。道具を駆使しておこなう仕事のことでもあります。また、生活と直接に結びついた専門的な技能を指すこともあります。

いま地球の環境はますます複雑な変化を見せ、予測困難な状況が刻々あらわれています。

そのなかで、読者それぞれの「メチエ」を活かす一助として、本選書が役立つことを願っています。

一九九四年二月　　野間佐和子